U0470917

马云的谜
阿里巴巴的那套办法

闫 岩 ◎ 著

ALIBABA

▶ 马云最希望年轻人从他身上学到的人生经验! ◀

JITUAN

中国财富出版社

图书在版编目(CIP)数据

马云的谜:阿里巴巴的那套办法 / 闫岩著.—北京:中国财富出版社,2016.1

ISBN 978-7-5047-5900-9

Ⅰ.①马… Ⅱ.①闫… Ⅲ.①电子商务—商业企业管理—经验—中国 Ⅳ.①F724.6

中国版本图书馆CIP数据核字(2015)第238483号

策划编辑	刘 晗	责任编辑	白 昕 杨 曦		
责任印制	方朋远	责任校对	杨小静	责任发行	邢小波

出版发行	中国财富出版社		
社　　址	北京市丰台区南四环西路188号5区20楼　邮政编码　100070		
电　　话	010-52227568(发行部)　　　010-52227588转307(总编室)		
	010-68589540(读者服务部)　010-52227588转305(质检部)		
网　　址	http://www.cfpress.com.cn		
经　　销	新华书店		
印　　刷	北京高岭印刷有限公司		
书　　号	ISBN 978-7-5047-5900-9/F·2480		
开　　本	640mm×960mm　1/16	版　次	2016年1月第1版
印　　张	17.5	印　次	2016年1月第1次印刷
字　　数	227千字	定　价	39.80元

版权所有·侵权必究·印装差错·负责调换

前言

今天的马云,已经是一位光芒四射的企业家,也是创业者们追逐的目标和效仿的楷模。

他没有帅气的容貌,也没有过人的才智,三次高考落榜的经历让他对人生产生了很多感慨,可就是这样一个人却缔造了中国最大的电子商务帝国——阿里巴巴。一路走来,马云所取得的成功被无数人当作话题来讨论。

"英雄不问出身",这句话蕴含着中国人对有才能但出身贫寒者的尊敬。古今中外,成长于恶劣环境的名人不胜枚举,而恶劣的生存条件与成长环境往往能塑造一个人坚忍的性格,激发其奋起拼搏的斗志。也许正是由于家庭贫困、相貌平庸的先天条件,在劣势环境中成长的马云,有了一种更加强烈的突破欲望,使得当年平庸无奇的他多年以后被人们称为"怪才"。

马云的成长,就是一个从平庸无奇到出奇制胜的过程。马云从小身体瘦弱、相貌平庸、资质平平,没有谁会注意他,更没有谁会认为他将来能够出人头地。马云在总结自己的"战斗"经验时说:"因为我人小,人家不防备,所以进攻速度快。"马云往往能出其不意、攻其不备,让自己频获先机。一次次的"战斗"经历使他渐渐养成了勇敢果断的性格,这也是一个成功人士不可缺少的要素。所以,马云掌舵阿里巴巴后,一直像世外高人一样保持着自我,以其宁静的步伐走在中国互联网的前面,可谓尽得风流。

马云善于学习,精通于西方的企业运作方式,重视企业文化建设。他经常看历史、军事类书籍，并能引经据典、灵活运用，用历史上成功战役的案例来指导阿里巴巴一场又一场的"商战"。在阿里巴巴成立初期，马云就开始用文化为企业打下根基。后来，便有了"六脉神剑"，即客户第一、拥抱变化、团队合作、诚信、激情、敬业这六条价值观。与众不同的是，阿里巴巴的价值观不仅仅停留在宣传教育层面，而且落实在管理制度中。马云倡导简单的企业文化，使文化落地，形成有远见、有内涵、有创意的执行，他用严格的制度保证整个公司在高效、严谨的模式下运行。

马云更是一个演讲天才，他的演讲中不乏脍炙人口的经典语句，不时有惊艳四座的"狂言痴语"。几年来，马云演讲的场所扩大到了全世界。他多次应邀在美国的哈佛大学、斯坦福大学、耶鲁大学、英国的沃顿商学院等培养MBA（工商管理硕士）的全球顶尖学府、达沃斯论坛和世界企业峰会上演讲，不遗余力地推广品牌，宣传造势。

作为一名商人，马云当然更是勘探、开发市场的高手。他有着敏锐的市场意识，善于抓住每一次稍纵即逝的机会，不断创造出新的市场。

然而，马云最让人钦佩的不是他的财富，而是他所倡导的社会价值观，企业的责任与社会责任的和谐统一。从阿里巴巴到阿里妈妈，从提倡诚信交易的广告平台到发布企业社会责任报告，一系列价值观的输出不仅获得了网民的高度认可，对中国电子商务的发展起到了积极的促进作用，而且也赢得了社会大众的尊重。

本书将理论与实践相结合，以马云的经典语录点题，以精辟的关键词高度概括，结合他本人以及商业上的经典案例，针对创业中的关键问题，如创业精神、经营模式、市场策略、市场营销、企业文化、领导力、融资方略等方面，给青年创业者以指导。无论是从内容上，还是形式上，都会使你耳目一新，让你受益匪浅。

目录

第一章　永远激情,坚持梦想 ………………………………… 1
1. 激情比聪明更重要 ……………………………………… 1
2. 将不可能变成可能 ……………………………………… 4
3. 燃烧激情,也要注意策略 ……………………………… 7
4. 不给梦想机会,你就永远没有机会 …………………… 9
5. 仰望星空做梦,脚踏实地追梦 ………………………… 12
6. 做你最想做的事 ………………………………………… 14
7. 傻坚持要比不坚持好 …………………………………… 17
8. 不要满足于一时的成就 ………………………………… 21
9. 不忘初心,始得善终 …………………………………… 24

第二章　重视失败,错误犯得越早越好 ……………………… 27
1. 失败比成功更可贵 ……………………………………… 27
2. 经历是最宝贵的财富 …………………………………… 30
3. 在失败中寻找成功的方法 ……………………………… 34
4. 错误犯得越早越好 ……………………………………… 37
5. 看到灾难比看到机会更重要 …………………………… 39

6. 不要照搬别人的经验 …………………………… 42
7. 时刻保持冷静的心 ……………………………… 44
8. 错了,就承认 …………………………………… 47
9. 困难时,用左手温暖右手 ……………………… 51

第三章 敢冒风险,抓住机遇立刻行动 …………… 55
1. 不安分才能不断突破 …………………………… 55
2. 创业要有冒险精神 ……………………………… 57
3. 做别人不愿意做的事 …………………………… 61
4. 果断是成功者的品质 …………………………… 64
5. 不盲目,不去冒无谓的风险 …………………… 66
6. 100次心动不如一次行动 ……………………… 69
7. 不犹豫,一有想法就马上行动 ………………… 72
8. 别为不去做找借口 ……………………………… 74
9. 持之以恒的行动力最重要 ……………………… 77

第四章 勇于创新,唯一不变的是变化 …………… 81
1. 善于思考,巧于变通 …………………………… 81
2. 把80%的人都说"好"的决定扔进垃圾桶 …… 84
3. 天马行空的想象力是成功之道 ………………… 87
4. 从实际出发去创新 ……………………………… 90
5. 挖掘事物的潜在优势 …………………………… 93
6. 创新不是打败对手,而是与明天竞争 ………… 95
7. 相信你的直觉 …………………………………… 98
8. 向你的竞争对手学习 …………………………… 100
9. 创新是被"逼"出来的 ………………………… 102

第五章　知舍善得,树立正确的金钱观 ······ 106
1. 不抓鲸只抓虾米 ······ 106
2. 舍得放弃小"金子" ······ 109
3. 失败的原因不是钱太少,而是钱太多 ······ 112
4. 有人就有钱 ······ 115
5. 投资者只是我们的"娘舅" ······ 117
6. 商人要有所为,有所不为 ······ 121
7. 上当不是别人太狡猾,而是自己太贪婪 ······ 124
8. 在小事中成就大事 ······ 127
9. 一辈子都要勤俭节约 ······ 130

第六章　诚信经营,人格比合同更有力量 ······ 135
1. 成为有人格魅力的人 ······ 135
2. "六脉之一",诚信至上 ······ 138
3. 把诚信融进产品 ······ 140
4. 支付宝实现"诚信繁荣" ······ 143
5. 考虑如何帮助别人,而不是赚钱 ······ 147
6. 坦率说"我不知道" ······ 149
7. 最根本的是高质量服务 ······ 153
8. 承诺了,就该兑现 ······ 156

第七章　慧眼识才,打造卓越团队 ······ 161
1. 不一定要用拔尖人才 ······ 161
2. 不轻易挖对手的墙脚 ······ 164
3. 人尽其才,合适的人做合适的事 ······ 167
4. 不穿衣服的公司:构筑和谐团队 ······ 170

5.开除"野狗",留下"小白兔" …………………… 174
6.制定严格的培训管理制度 …………………… 177
7."晋升三步走"模式 …………………………… 181
8.价值观一致的重要性 ………………………… 186
9.激励士气的团队精神 ………………………… 188

第八章 激情战斗,阿里激励员工的独特模式 …………… 192
1.抓住人性本真,满足员工需求 ……………… 192
2.以身作则,人格魅力影响员工 ……………… 196
3.用尊重和宽容去感动人才 …………………… 199
4.倒立者必胜 …………………………………… 202
5.财富激励,提高员工的积极性 ……………… 205
6.永远保持一颗年轻的心 ……………………… 207
7.没有笑脸的公司是痛苦的 …………………… 211
8.善于授权,做个"懒"领导 …………………… 213

第九章 进退有度,比兔子快比乌龟有耐心 ……………… 217
1.一只兔子才好抓 ……………………………… 217
2.阿里巴巴的四次重大决策 …………………… 220
3.先求生存,再求战略 ………………………… 223
4.审时度势,进退有度 ………………………… 225
5.别奢望一口吃成个胖子 ……………………… 227
6.三流的理念,一流的执行 …………………… 230
7.做好一个,再做第二个 ……………………… 232
8.进攻是最好的防守 …………………………… 235
9.御敌之道,跟对手打太极 …………………… 238

第十章　营销高手,酒香也怕巷子深 …………………… 242
1.事件营销,在被人忽略的角落里找商机 ………… 242
2.名人效应,金庸"西湖论剑" ……………………… 245
3.娱乐营销,用支付宝让"天下无贼" ……………… 249
4.禁果效应,让阿里巴巴更抢眼 …………………… 252
5.媒体营销,互惠双赢的和谐关系 ………………… 254
6.超级买家,寻找成熟的网购用户 ………………… 257
7.与雅虎合作,一石激起千层浪 …………………… 259
8.招兵买马,全力打造直销团队 …………………… 261
9.正视问题,别把灾难当公关 ……………………… 265

第一章

永远激情,坚持梦想

1.激情比聪明更重要

所谓激情,就是要有一种面对困难,敢于克服;面对机遇,敢于挑战;面对艰险,敢于探索;面对落后,敢于奋起;面对竞争,敢于争先的勇气。激情不是一个空洞的名词,而是一种力量、一种精神支柱。

马云的一句口头禅就是:"只有你想不到的,没有你做不到的。"从这句话中,我们就可以体会到他无与伦比的激情。激情对于成功者来说相当重要,一个人如果没有激情,就会觉得什么事都不想做,也什么事都做不好,导致越来越消极颓废,最终只能是碌碌无为、一事无成,走向失败。

美国《今日心理学》杂志曾有报道,一般人可能认为,成功只需要一个聪明的脑袋,但事实上,对于大多数成功者来讲,聪明并不是第一位的,更重要的是激情。

的确,激情常常能激发出人意想不到的创意。因为拥有激情,人的大脑便会保持长时间的兴奋,思想随意碰撞、交织、融会,创意便常常在其中诞生。并且,人拥有激情,便习惯从事物中发掘其本质,激发自己的灵感。激情还使人敢于谋事,善于做事,让创意践于实际,以务实的作为映衬空谈的懦弱。

马云无疑是一个很有激情的人,见过马云的人,都会被他那种好像全身都充满着的激情所感染。事实上,马云也正是因为激情才获得了极大的成功。

1999年,当阿里巴巴还并不被大多数人知道并接受的时候,马云就对同伴宣称:"我们要做一家80年的公司,要进入全球网站的前十名。"就在这时,曾在瑞典瓦伦堡家族主要投资公司瑞典银瑞达集团任副总裁的蔡崇信,到阿里巴巴来探讨投资。几次接触下来,蔡崇信被马云的思维和激情捕获了。他当即决定抛下75万美元年薪的工作,加盟到阿里巴巴,领取每个月500元的薪水。马云的激情,不仅使自己突破重重困境,并且也吸引并感染着和他接触过的每一个人。

后来,马云更是激情四溢地宣称:"我们要做一家102年的公司,要进入全球网站的前三名。"所有这些疯狂的想法,都是激情使然。

正是看中了他的这一点,当时软银集团董事长孙正义在选择投资对象时,只用了短短6分钟时间,便毅然决然地选择和阿里巴巴合作,融资2000万美元。

孙正义的软银公司,每年要接受700家公司的投资申请,但是大约只有10%,也就是只有70家左右的公司能够如愿以偿地得到投资资金,其中只有一家孙正义会亲自去谈判。而阿里巴巴却让孙正义在短短的6分钟时间内就做出了投资决定,他说正是马云的这种创业激情和领导气概吸引了他。孙正义见到马云经常会说:"马云,保持你独特的气质,这是我为你投资最重要的原因。"

激情让人相信任何事情都有解决的办法,关键在于你的对策是否切实有效,具有针对性。激情促使人们想方设法找到问题症结,寻求对症下药的良方,让困难在自己面前低头。面对同样的问题,激情的勇者,想的是如何设法化解、战胜;懦弱者,则想的是如何一停二看三逃避。一样的难题,一样的挑战,却有不同的态度,不仅表现出不同的思想境界,而且必然带来不同的发展局面和结果。

美国成功学大师拿破仑·希尔认为,激情是一种意识状态,能够鼓舞和激励一个人对手中的工作采取行动。有一天晚上,他工作了一整夜,因为太专注,使得这一夜仿佛只是1个小时,一眨眼就过去了。之后,他又继续工作了一天一夜,除了其间停下来吃点清淡食物外,未曾停下来休息。如果不是对工作充满激情,他不可能连续工作一天两夜而丝毫不觉得疲倦。因此,激情是一种力量。

每次拿破仑·希尔在评价一个人的时候,除了考虑他的能力才干之外,还非常看重他的激情,因为如果有了激情,就会有无限的精力。要是你没有能力,却有激情,你还是可以使有才能的人聚集到你的身边。假如你没有资金或设备,若你有激情说服别人,还是有人会回应你的梦想的。很多时候,激情就是成功和成就的源泉,你的意志力、追求成功的激情越强烈,成功的概率就越大。

如果我们留意身边的人,可以发现,有些人专业知识并不过硬,人也不是很聪明,但往往能取得令人咋舌的成就。这样的事实证明,有些人的成功,往往归结于他追求理想的激情。激情能够让人尝试平常人从未想过、自己也没有一点把握的事情,但内心的激情涌动,禁不住尝试前所未有的事情,人的潜能继而被激发。

现今,我们正置身在一个欣欣向荣的大时代,正是可以大有作为的时候。虽然在前进的道路上会有许多困难和挑战,但即使这样,我们也应该正确面对,勇于克服,敢于拼搏。只要始终保持一颗不断进取之心、一股激情勃勃之气,便会有着追赶、超越、必胜的信念,最终取得成功。

当然，激情也并不等于头脑发热、盲目决策、好高骛远，更不等于随心所欲、目中无人，而是从客观实际出发，积极乐观地面对现实，刻苦奋进、锐意进取、开拓创新。如此，才能实现自己的理想、奋斗目标和人生价值！

2.将不可能变成可能

"将不可能变成可能"，这是马云一路走来一直都在用实践证明的一件事。在许多人眼里，马云是个"疯子""狂人"，他也笑说自己和阿里巴巴是"一路被人骂过来的"，这也许就是马云的偏执。

1999年，当全世界的互联网企业都在克隆美国模式时，马云却另辟蹊径。他颠覆了所谓的"二八原则"，提出了"八二原则"——为中国80%的中小企业服务，并语出惊人："听说过捕龙虾富的，没听说过捕鲸富的。"

2000年，当全世界的网络弄潮儿都想尽办法、绞尽脑汁地从投资人口袋中圈钱时，马云又"发疯"了——他居然拒绝赫赫有名的全球"网络风向标"——日本软银公司的老板孙正义的3000万美元，而他的理由仅仅是"钱太多了，我不能要"。最后，这个"疯子"脑子一热，只收了2000万美元。

2003年，全球电子商务巨头eBay(易贝)收购国内C2C(个人与个人之间的电子商务)在线拍卖领域的老大易趣，实现了强强联合，准备独霸中国网拍市场。两"易"的合并，对国内企图继续在C2C领域分一杯羹的人来说，无疑是个令人绝望的信号。而令所有人都意想不到的是，在这一年的5月，马云又做出了一个大胆的决定，进军C2C，准备向eBay易趣发起挑战。当马云将这个听起来有些冒天下之大不韪的决定告诉当时阿里巴巴的首席技术官、曾在雅虎美国工作过数年的吴炯时，对方吓呆了："Jack(杰克，马云英文名)，你疯了吗？你这样会害了公司，我在雅虎跟eBay交锋了这么多年，输得心服口服，那是个太可怕的家伙……"当时的马云固执己见，谁也不管。当一个富有激情的人做出决定时，纵然有八匹马也拉不回。2003年7月，阿里巴巴就风风火火地在上海、杭州、北京同时宣布：投资淘宝网，进军C2C领域！

此后，一场"蚂蚁对大象"的商业战争就此拉开了帷幕。结果，不到两年时间，淘宝网占领中国C2C市场70%的份额，而那个强大的对手eBay选择"止损"出局。此时，马云狂言再起："现在我就是拿着望远镜也找不到对手！"在总结战胜eBay易趣的经验时，马云说："eBay是大海里的鲨鱼，淘宝则是长江里的鳄鱼，如果我们在大海里对抗，我肯定斗不过它。但如果我们在江河里较量，我们能赢！"

从马云的这些偏执故事中，我们看到了他身上无处不在的激情。所有的偏执狂几乎都有这样一个特点，一旦他们认准了某个方向，就会拼尽全力向目标发起总攻。他们通常不会太在意外界的目光，但这并不表示他们狂妄自大，相反，这些想法都是他们经过深思熟虑的。一个正确的方向，加上勇往直前的激情，相信没有什么可以阻挡成功的到来。

有一句话叫"不疯魔不成活"，对一件事热爱到发疯，狂热到几乎倾尽生命，然后付出不求回报的努力，那么你就能将这件事做好，就能在你所钟爱的领域活出精彩。曾有位作家说："做一件事成功的秘诀，跟追求人生其他很多宝贵的东西，如工作、爱情、婚姻、幸福一样，就是你必须想要！非常非常想要！想要到想疯了！想要到为了得到它，可以付出别人想象不到的努力。大多时候，我们之所以得不到我们想要的东西，并不是因为我们命不好，只是因为我们没有想要到发疯！"

因为想要到发疯，所以这时候人的精神状态是最饱满的，也就能够做出最好的东西来。从这一点来看，许多成功的企业家大都具备近乎偏执的激情。

原通用电气董事长兼CEO（首席执行官）杰克·韦尔奇就是一个不折不扣的偏执狂，他认为坦诚是人类最可贵的优秀品质，于是他在通用电气讲了整整20年的"坦诚"，他偏执地认为企业只有消灭官僚主义，才能获得良性发展，于是坚决地同官僚主义进行了长达20年的斗争。

戴尔公司的创始人迈克尔·戴尔也承认自己是个偏执狂，他坦诚地说，自己总是生活在恐惧中，担心一些关键因素会发生变化，然后所有的事情比如客户、业务、产品等都发生变化，所以，他偏执地认为必须永远对这些因素保持警惕，不能松懈。

华为的创始人任正非更是如此，少年时代的苦难记忆在他心底埋下了永恒的烙印，让他时刻对生存问题怀有严重的焦虑感，这种焦虑让他偏执于技术创新，而不愿涉足其他领域，因为技术创新门槛较高，抗风险能力强，存活的概率也就较大。

因为偏执，所以会在某个方面倾尽所有的热情，寻找一切方法，利用一切可利用的资源来实现自己的想法。因为偏执，所以他们才成就了最好的自己。

生活之中，我们之所以常常抱怨自己做事效率低下，或者对工作产生厌倦，对生活失去信心，变得无精打采、精神不振、消极沉郁，就是因为自己从没有那么疯狂地想做一件事，或者去得到一件东西。如果我们真的有那种想要到发疯的渴望,我们将不会变得郁郁寡欢、消极度日,因为对于心中有梦想的人来说,他的身上是会"发光"的,你能从他身上看到或感受到那种追逐希望的激情。

3.燃烧激情,也要注意策略

从创办海博翻译社,到中国黄页,再到阿里巴巴,马云始终以饱满的热情投身于事业中,但是在这个过程中,马云并不是盲目地往前冲,而是始终在整理思路,在思考未来,在适当的时候做出最重要的决定。

在创办海博翻译社时,让马云没有想到的是,翻译社第一个月的经营非常惨淡,全月收入只有700元,连房租都没有赚回来。后来马云通过去义乌贩卖礼品、鲜花、衣服等方式赚取了一些收入以弥补翻译社入不敷出的艰难状况。贩卖小商品可以赚钱,那么是不是应该放弃翻译社呢?马云觉得,虽然赚钱的方式很多,但是当初的目标是什么呢?当初创办翻译社是为了给退休老师提供一个发挥余光余热的地方,这个目标让马云决定继续经营翻译社。

自始至终,马云都懂得把握住前进的方向。

2010年11月30日,马云在阿里巴巴组织部会议上发表了演说:

阿里巴巴前段时间做了一个很重要的决策,整个公司未来三年的战略思考是"积极地休养生息发展"。我们这么多年奔波下来,需要进行休整,尤其是B2B(企业对企业的营销关系),B2B从主力舰变成旗舰,又从旗舰变成潜水艇。我从中看到的是,每个人都必须为自己所做的事情找到快乐的方向,要有乐观主义精神。

等你看到很多人因为我们而生活发生了变化,这是我们的荣幸。我们休养生息,不是想一口气吃成个大胖子,创业不要做最难的事情,最具战略的事情,而是做最快乐的事情,最容易的事情。B2B这个模式听起来有点tough(困难),但是说实在的,如果我们当年不把B2B打出水来,会有淘宝吗,会有支付宝吗,没有。很多人到沙漠上找水源,一看水太少了,就想再找一个大的,结果在路上就死掉了。有一口泉水,赶紧挖下去,喝好了,再找下一口,等到你们家七口泉都出水的时候,再找有战略意义的东西。

今天我们已经有淘宝这口泉,有阿里巴巴这口泉,有支付宝这口泉,我们要为社会做一个物流体系,完善整个社会化大发展,让更多人参与生态建设,这就是我们的导向。但是我们要稳着做,踏实着做,不要让我们的员工觉得疲惫,经过这么多年,我们可以稍微relax(放松)些。这是积极的,而不是消极的休养生息。

很多人觉得马云做事情充满激情,永远都在往前冲。其实不是这样的,马云也懂得适时休整的重要性,他会让团队休息,为下一次的突围积蓄力量。这种稳扎稳打、从不冒进的行事策略是马云在激情之外的一种清醒。

富有激情并不是一味地往前冲,而是富有策略,懂得什么时候该出手,什么时候该停止。如果一个人不讲究策略,只是一味地向前冲的话,那么结局也一定不堪设想。

大海里有一种马嘉鱼,它不仅长得漂亮,银肤燕尾大眼睛,而且肉质细腻鲜美,口感极佳,所以非常为渔民所喜爱。但是,马嘉鱼常年潜藏在深海之中,很难捕捉,让渔民很是头疼。还好,渔民摸清了它们的生活习性,了解到它们在春夏两季生产幼鱼,会随着潮水浮现于水面。因而春夏两季便是捕捉马嘉鱼的大好时节,渔民会布设帘网来捕捉它们。

马嘉鱼活力十足,行动敏捷。但它们有个致命弱点,那就是生性倔强,不知进退。渔民们将渔网沉入水底,马嘉鱼碰到渔网后不是立即撤退,而是朝着渔网继续前行,像一只无头苍蝇一样往上撞,谁知越撞越被束缚,越陷越深。这时候马嘉鱼非常恼怒,于是鳃也张开了,鱼鳍也展开了,被钩在渔网上,不得脱身。

人虽然比马嘉鱼聪明得多,但也常会犯同样的错误。如果仅凭一腔激情,拼命往前冲,而不去思考方向的话,不就像那些最后被烹煮的马嘉鱼一样吗?所以,在燃烧激情的同时,也要注意策略。

激情不是冲动,而是清醒意识中的动力。理性的激情对于我们处理事情能够起到非常重要的作用,而随性的激情,有时可能就是冲动,当一个人处在冲动中时,他就会竭力地去表达自己的内心感受,释放能量,但不幸的是,由于被情绪控制,人的分析能力下降,别人的劝告、之前的做事经验等都被掩盖了,这时候就很难正常地处理问题,甚至可能犯下大错。

4.不给梦想机会,你就永远没有机会

梦想,这个词对于每个人来说都不陌生,每个人从小都有梦想,无论大小。梦想可以说是年幼的时候,上天赐给我们每一个人的礼物。这份礼物每个人都有,但是却不是每个人都能让它开花结果。

马云第一次接触互联网是在美国西雅图。当时他登录了一个搜索网站，输入"Chinese（中国）"时搜索到的结果是"no data"（没有数据）。因为当时的中国还没有接入互联网，所以浩瀚无比的互联网世界里偌大的中国空白一片。

马云对互联网感到神奇的同时也十分沮丧，于是他就叫朋友做了一个他创办的海博翻译社的网页，挂到网上。虽然网页十分简陋，只有一些简单的介绍和一个临时注册的邮箱。但到了晚上，他居然收到了5个人的回信。当时马云特别激动，尽管他并不懂网络，但嗅觉灵敏的他觉得互联网这东西将来肯定有戏，互联网将改变世界！马云意识到这是一口很深的井，底下有一座富矿。

就是这样一个偶然的机会，马云与互联网擦出了火花。大多数人认识到马云是从阿里巴巴开始的，但准确来讲，马云最初并没有这样清晰的目标。从互联网到阿里巴巴，这中间也经历了一些曲折。

马云第一次接触网络后便萌生了一个想法：要做一个网站，把国内的企业资料收集起来放到网上向全世界发布。这个梦想促使马云开始下海创业，创办了"中国黄页"。

后来，马云离开"中国黄页"，受对外经济贸易部邀请，加盟其新成立的公司——中国国际电子商务中心（EDI）。中心由马云组建、管理，他也参与开发了外经贸部的官方站点以及后来的网上中国商品交易市场。在这个过程中，马云的B2B思路渐渐成熟，"用电子商务为中小企业服务"。

是梦想使人生更有意义，把很多人从困境中解脱出来。我们都要感谢人类中的梦想者！

在人类历史中，如果把梦想者的事迹删去，谁还愿意去读那些枯燥乏味的历史呢？梦想者是人类的先锋，是前进的引路人。他们毕生劳碌，不辞艰辛，替人类开辟出平坦的大道。今天的一切，不过是过去各个时代梦想的实现。

　　假如没有梦想者到美洲西部去开辟领地,那么美国人至今还在大西洋的沿岸漂泊。对世界最有贡献、最有价值的人,就是那些目光远大,有胆量与魄力的梦想者。他们用智慧和知识造福人类,把那些目光短浅、不思进取而又陷于迷信的人解救出来。有胆识的梦想者,还能把常人看来不可能的事情变为现实。

　　毛姆在小说《月亮和六便士》中描写了一个追梦人:主人翁查理斯是一个成功的证券经纪人,他有一个令人羡慕的家庭,妻子温和优雅,还有两个健康活泼的孩子。查理斯的前半生一直过得平淡而温馨。

　　但是直到有一天,对艺术的追求让他离开了这个他曾经熟悉的家庭与城市。在人们的不解与谩骂声中查理斯离开了现实生活,进入了艺术的世界。为了画画,他去了巴黎,过上了穷困潦倒的生活;为了画画,他甚至舍弃文明生活,来到了南太平洋群岛的塔希提岛,与土著人一起生活。最终,他终于创作出了许多艺术杰作。

　　俞敏洪说:"一个人要实现自己的梦想,最重要的是要具备以下两个条件:勇气和行动。"比尔·盖茨的梦想是在信息技术领域开创一片自己的天地。于是,他放弃大学生活,专心于实现自己的梦想。最终,世界上出现了微软,他收获了成功与满足。

　　一个人若没有了追求,没有了梦想,那么他的一生活得又有什么意思呢?给梦想一个机会,不管结果如何,那样到老的时候才不会因为自己的碌碌无为而遗憾。

5.仰望星空做梦,脚踏实地追梦

拿破仑说过:"不想当将军的士兵不是好士兵。"阿姆斯特朗则在很小的时候就对母亲说:"我要跳到月亮上去。"这些梦想有的是个人的梦想,有的是人类的梦想,但要实现这些梦想,需要我们志向远大,需要我们持之以恒,更需要我们脚踏实地去追求。

康拉德·希尔顿曾经对他的母亲说:"我要集资100万美元,盖一座以我命名的旅馆。"然后他还指了指报纸上一大堆地名说:"我要在这些地方都建起旅馆,一年开一家。"说这句话的时候,他20岁,也就在那一年,他在美国新墨西哥州圣安东尼奥镇一间堆满杂货的土坯房里,开办了自己的第一家家庭式旅馆。

希尔顿从来都没有忘记过自己的梦想,从开第一家旅馆开始,他就一直在为梦想不懈地努力着。就这样过了20多年。1928年,希尔顿41岁生日这一天,他的所有梦想都一一实现了,并且速度大大超过预期。在达拉斯阿比林、韦科、马林、普莱恩维尤、圣安吉诺和拉伯克相继建起了以他的名字命名的旅馆——希尔顿酒店。

马云说:"在中国我找不到一个没有理想的人,但很多人只是空想空谈。"许多人看过很多成功人士的书,听过许多成功人士的讲座,也看过他们的传记,但他们为什么没有成功呢?其实成功人士告诉你的那些道理,你早就知道,之所以没有成功,是因为梦想不仅仅要构想,更要去行动。

2010年"五四"青年节,温家宝总理去北大看望大学生,书画社社长、哲学系学生李丹琳想到了温总理那首著名的诗歌《仰望星空》，随即为温总理书写了"仰望星空"四个大字，但温总理看完后，却挥毫写下了"脚踏实地"。

人应当懂得仰望星空，否则就会缺少梦想，变得目光短浅，同时我们也应当脚踏实地，不然就会缺少把梦想付诸实践的力量，从而变得一无所有。

仰望星空是我们捕捉梦想的开始，脚踏实地则是我们让梦想成真的途径。我们需要用一颗孩童般的心去找寻梦的光芒，更需要用成熟和坚忍完成我们实现梦想的征程。既然目标在远方，便只顾风雨兼程，向着天际最亮的星出发，一步一步，才能摘取梦想。

马云认为现在的年轻人应该脚踏实地，不能好高骛远，他说："最早的时候我也以比尔·盖茨、巴菲特为榜样，但是以他们为榜样，我真的不知道怎么做，后来我才明白，一个人创业其实应该以隔壁卖馄饨、做理发的小李小王为榜样，只有那样你才知道怎么做，才有操作性。"

正所谓"万丈高楼平地起"，如果我们做不到脚踏实地，就如同是新生儿没学会走路就想跑一样，结果自然只能是跌倒。一个人要走得远就必须从起点由近及远，要登得高必须从底层一步步往上攀登，要想自己高贵就必须先从低卑开始。

东汉太傅陈蕃，字仲举，是汝南平舆人。他的祖父曾经担任过河东太守。不过到了陈蕃一辈，家道中落，不再威显乡里。在陈蕃十五岁的时候，他曾经独处在一个小院中读书习文。

有一天，他父亲一位老朋友薛勤来看他，看到院中杂草丛生、秽物满地，又脏又乱，于是就教育他说："你这孩子，怎么接待客人的时候，也不把院子打扫一下呢？"陈蕃回答道："大丈夫身处世间，应当以扫清天下为己任,怎么能把目光放在这么一间小小的院子里呢?"

这个回答让薛勤暗自吃惊,他知道眼前的这个少年不一般,感悟之余,就劝陈蕃道:"你连身边的一间小院都打扫不干净,又有什么能力去扫清天下呢?"以此言来激励他从小事、从身边事做起。

脚踏实地是一切事业的根本,只有立志高远、脚踏实地、艰苦奋斗,最终才能成就事业。在生活中,有许多人"半瓶子水乱晃荡",却不知"天下大事,必作于细"。任何伟大的事业,辉煌的成就都是由无数具体的、细小的、平凡的工作做起的,不愿干平凡工作的人,不仅不能成就伟大的事业,还会因此一事无成,正所谓"道虽迩,不行不至;事虽小,不为不成"。成功都是需要积累的,"不积跬步,无以至千里;不积细流,无以成江海"。

马云说:"真正着手去做的人很少,遇到困难就躲起来的人很多,埋怨社会的人很多,抱怨没钱的人很多。"在马云看来,创业中最重要的就是赶紧着手去做,因为很多机会,不去踏踏实实做,是看不出来,也做不出来的。

6.做你最想做的事

马云认为,任何一个企业家面对的问题都很多,但无论如何,你一定要做你最想做的事情。

当代著名的精神病专家威廉·孟宁吉博士在第二次世界大战期间曾主持过陆军精神病治疗工作。他说:"在军队中,我发现了挑选和布置的重要性,即让适当的人去做适当的事的重要性,以及使人相信自己工作的重要性。一个对自己的工作毫无兴趣的人，会认为自己被安排在一个错误的职位上，他会感觉到自己怀才不遇，并由此导致情绪低落。在这种情况下，即使没有患上精神病，也会留下精神病的隐患。"

事实正是如此，一个人如果不喜欢某样事物，被逼着去做某件事，那么效率一定是极低的，即使他迫于压力，最终完成了这件事，也不一定做得好。而一个对事物感兴趣的人，他不仅能够高效率地完成任务，还能充分发挥自己的创造性，将事情做到最好。而这，归根结底是源于激情。当一个人从事他所热爱的工作时，才最有激情，这种激情能够使一个人最大限度地发挥自己的才华。

马云不懂电脑，不懂管理学，还不会高薪聘人。但是，在竞争激烈的互联网世界，马云不仅没有倒下去，还创造了神话。这是为什么呢？一位IT（互联网技术）业的老总给出了答案："马云是一个很有想法的人，他知道自己想做的是什么，而且坚持地去做了，所以，他做了别人做不到的事。"

看看马云的成功历程，我们会发现这句话说的确实很有道理。

创业之初，马云的教师生涯已经进入"辉煌期"，但这不是他的追求。虽然当时他还没有找到内心真正的发展方向，但他清楚，教学并不是他一辈子所追求的东西。后来通过创建"中国黄页"、北上在国家经贸委的一段时间的工作学习和参加在新加坡举行的亚洲电子商务大会的经历，马云才真正明白了，互联网是他一生所钟情的东西，所以他又义无反顾地离开了经贸委。

从"中国黄页"和对外经济贸易部的两次撤离让马云懂得，自己最感兴趣的才是自己最想做的，人只有做自己最想做的事情才有激情。此时此刻的马云对自身及外部环境进行了深入剖析，他最终意识到，和其他互联网经营者不同，自己既没有丁磊那样的国内名校出身的背景，也没有杨致远的海外留学经历，他一直生活在草根阶层，所以这就注定了自己的构想和当时所有的电子商务模式不同——不去做20%大企业的生意，而应该去做80%中小企业的生意。当真正找到自己感兴趣的东西和方向后，马云开始了行动。

在2005年的亚布力会议上，马云这样说道："有人说只有具备了许多条件才能成功。往往来说，一个人的成功是说不出来的，分析出来的人往往是在大学里写书的人，而真正的实干家总是边说边做。北方企业家说：我要做什么，我能做什么？而南方企业家说：我该怎么做？今天我要告诉大家的一个问题，就是任何一个企业家面对的问题都很多，但无论如何，你一定要做你最想做的事情。"

"做你最想做的事情"，这不仅是马云给大家的建议，更是自己的肺腑之言。马云对自己有着透彻的了解，他常常说自己性格非常外向，活泼好动，是个闲不住的人，比较喜欢和人打交道，喜欢冒险，喜欢做一些具有挑战性的工作。马云还坦言，自己具有很强的沟通和演说能力，这一点从他活泼的教学风格和成功拉拢企业老总加入"中国黄页"的经历中都可一一洞悉。

马云对自己能力的认识非常到位，他常常强调自己的技术水平是0段，管理水平是9段。马云明白自身技术能力的缺陷，同时又极大地发挥着自己的管理实力，打造出一支超豪华的管理和技术团队。

正是源于对自己的全面剖析和了解，马云找到了自己的兴趣所在，然后将所有的激情融入其中。当一个人将自己的爱好与激情结合起来的时候，他还有什么做不到的呢？

7.傻坚持要比不坚持好

现代人在马云身上看到的大都是他的睿智,但在过去很长的一段时间里,曾经有很多人都给了他相同的评价,那就是"傻"。事实上,从马云选择创业开始,无数人都见证了马云是如何通过自身"傻坚持"的那股劲儿一步步走向成功的。

1992年,马云已经是一位优秀的青年教师了,但他始终认为自己年纪太轻,没有什么经验,还不适合做老师。

而此时,浙江一些做外贸生意的民营企业经常邀请马云做他们的专职翻译。请马云的人很多,有时他一天能接到很多"订单"。渐渐地,马云感觉自己一个人根本做不过来。此时,他想到了学校里的一些退休老教师。他们整日赋闲在家,工资又很低,最重要的是退休后心理上的寂寞和失落整日困扰着他们。于是,马云开始考虑成立一个专业的翻译机构。如此一来,既能减轻自己的负担,也能让那些老师赚点外快补贴家用。

这种想法闪现在马云的脑海之后,他感到很兴奋,犹如哥伦布发现了新大陆一般。马云最大的优点就是,他不是一个喜欢空想的人,他习惯把自己每一个成熟的想法都付诸实践。

之后不久,马云和朋友一起在杭州注册成立了一家专业的翻译机构——海博翻译社。这是杭州第一家专业的翻译社,在马云的创业历程中,它不是最光辉、最灿烂的一页,却是马云试水商海迈出的第一步。

海博翻译社的员工,除了马云和他的创业伙伴之外,主要由一些退休的英语老师兼职来做。仍然是全职教师的马云平时要在学校给学生们上课,只有在课余时间他才有空打理这个翻译社。于是,在课余时间,马云四处活动,尽可能地接更多的翻译业务。

然而,这个新成立的翻译机构并没有迅速为市场所接受。虽然很多场合都需要翻译,精通英语的人也确实有限,但这毕竟是杭州第一家翻译机构,精明的商人是不愿为不了解的公司埋单的。因此,成立之初的海博翻译社经营举步维艰。成立后的第一个月,海博的全部收入为700元,而当时仅一个月的房租就是2400元。

这时候,周围好心的同事、朋友都开始劝马云"回头是岸"了。有人说:"马云,你真是犯傻了,安安稳稳地当大学老师多好,瞎折腾什么啊?"也有人讥讽和嘲笑他不知天高地厚。更要命的是,当初一起合伙创办翻译社的几个朋友这时也开始动摇了,他们甚至考虑让翻译社趁早"关门大吉"。然而,马云却偏不信这个邪,他感到在内心深处,有一种信念在召唤他,那是一种无比强烈的内心呐喊:一定要继续做下去,一定不能放弃,一定能熬过去,光明一定会来临的……

为了继续生存下去,马云开始寻找新的利润增长点。大热天里,他总是一个人背着个大麻袋出发,从杭州跑到义乌、广州,四处批发些小工艺品、小礼品,再一个人气喘吁吁地背回杭州。混在一群小商贩中间,没人能看得出,眼前这个头发凌乱、瘦弱的年轻"小老板"竟然是一名大学教师。

就这样,在马云的一手操劳和打理下,原本以接翻译业务为主的海博翻译社,一夜之间竟变成了"海博杂货店"。从鲜花到礼品,从袜子到内衣,但凡稍微能有些利润的小商品,马云通通背回来卖。

此外,马云的"多元化"战线甚至一度拉到医疗领域,他还销售过一年有余的医药和医疗器材。而当时推销的对象,上至大医院,下至赤脚医生。为了能把货卖出去,他吃尽了闭门羹,遭尽了白眼。

日复一日,年复一年,马云的"倒爷"生涯持续了整整三年,就这样靠他卖小商品、推销医药赚来的钱,足足养了海博翻译社三年,才让这个原本早已奄奄一息的翻译社奇迹般地起死回生。到1994年时,海博翻译社基本实现收支平衡;1995年,开始逐步实现赢利。如今的海博翻译社,正如马云当年所愿,已经成为杭州最大的专业翻译机构。

马云那种不轻言放弃的顽强毅力,被如今的海博翻译社当成一种伟大的企业精神。现在登录海博翻译社的网站时,首页上四个大字赫然在目:永不放弃。这四个字,是马云亲笔题写的。这种精神,马云在之后的事业中也一直坚持着,并对其日后的发展起到了重要作用。

一次,马云在香港出席"菁英论坛"时表示,他自己对计算机一窍不通,平日只会收发邮件或浏览网页,成功之道全因坚持自己"很傻很天真"的想法。中国第一家互联网商业信息发布网站"中国黄页"的创办可以说就是源于马云"很傻很天真"的想法。

1995年年初,马云受托作为翻译来到洛杉矶沟通落实一起高速公路投资方案,未果。马云从洛杉矶飞到西雅图找他在杭州电子工业学院认识的外教比尔。信仰互联网的比尔带领马云去西雅图第一个ISP(互联网服务提供商)公司VBN参观。就是在这里,马云第一次见识到了网络的神奇,他和VBN公司约定:对方在美国负责技术,自己到中国找客户,一起来做中国企业上网。

1995年5月,"中国黄页"上线,马云的生意经是,先向客户描述互联网的好处,然后向他们要资料,再将资料寄到美国,VBN将主页做好,打印出来,再快递寄回杭州。马云将网页的打印稿拿给客户看,并告诉客户这些在互联网上能看到。"中国黄页"当时的收费标准是,一个主页3000字外加一张照片,收费2万元,其中1.2万元给美国公司。

1995年的时候,互联网没多少人知道,马云就开始搬出比尔·盖茨来"忽悠",并且把Internet直接翻译成了一个中文名字——因特乃特网。在一次外出游说时,有人问他:"你说的因特乃特跟《国际歌》里的英特纳雄耐尔有什么关系吗?"为了鼓动别人参与他的事业,马云拿大家熟知的比尔·盖茨来说事儿,他说:"比尔·盖茨说了,因特乃特网将改变人类的方方面面。"

很多年后,马云承认这其实是他自己说的。因为他知道,当时的情况没有人会相信他的话。事实上,比尔·盖茨那个时候甚至是反对Internet的。

在当时的情况下,向企业老板们推销一种看不见、摸不着的所谓"网站",那些企业老板们都认为马云是个大骗子,一见马云上门来推销,都唯恐避之不及。

马云决定先从身边的朋友做起。他在杭州电子工业学院任教时,为了贴补家用,还在一些夜大做兼职,教国际贸易。夜大里有一些学生是中小民营企业的老板,马云也借此机会认识了不少做企业的朋友。于是,他开始做起电话推销员来,每天都给那些做企业的朋友打电话,一遍一遍地打,不厌其烦地向他们讲解互联网的好处,结果弄到后来,那些朋友一听到是马云的电话,就叫苦不迭、胆战心惊。

有一次,马云为了拿下一家企业,一连去拜见了那个老板五次。这个老板根本不相信马云说的东西,把他当骗子。但马云不放弃,一遍一遍地跟他讲解互联网的神奇作用,后来为了让老板相信,他请美国的VBN公司给这个公司做了一个网站,叫老板亲眼看看他的公司网站在互联网上的样子。老板最后在马云的诚心感召下,终于把这个单给签了。

随后,马云又敲开了钱江律师事务所、杭州第二电视机厂等单位的大门。每一笔单子,都做得非常艰辛。但是,有付出就有回报,

"中国黄页"在马云的努力下终于开始起飞了。

正是在那个做推销员的年月里锻炼出来的勇气、执着、能力和意志,才有了今天的马云;也正是秉持着"傻坚持要比不坚持好很多"的理念,马云才把那些"很傻很天真"的想法坚持下来,才有了今天阿里巴巴举世瞩目的辉煌成就。

坚强的毅力是人最可贵的财富,在走向成功的路上,没有任何东西能代替它。在对手比你强的时候,坚持到底不一定能取得胜利,但是你不坚持就注定会失败。

8.不要满足于一时的成就

许多人在刚开始创业的时候,都会有一个梦想,并且为了达成这个梦想不辞辛苦,不断努力,奋发图强。然而,一旦取得了一些小成绩,就开始得意忘形,自我陶醉,不思进取。还有一些人,知道前方的路更加艰难,而自己手里又有了那么一点可以炫耀的资本,就止步不前。抱着"守成"的观念,再也不肯为最初的梦想而努力。

马云说:"人永远不要忘记自己第一天创业时的梦想。"如果你放弃了,那么不但会让自己失去成长的机会,有时候可能还会阻碍其他人前进的道路。因此,眼前的一点成就可以让你暂时地兴奋一下,但切不可为了它迷失自己,忘记自己最终的目标是什么。

马云还在教书的时候,他的领导对他说:"马云,好好干。再过一年你就有煤气瓶可以发了,再过两三年你就可能有房子了,再过五年你就能评副教授了。"而马云并没有被这种许诺诱惑。相反,他却从领导身上看到了自己以后的样子——每天骑着自行车,去拿牛奶、买菜。

马云说:"我当然不是说这种生活不好,只是希望换一种方式。等到在创业的路上越走越远的时候,我发现自己的梦想越来越大,也越来越现实。每个人都有梦想,梦想未必要很大,但一定要真实。"

马云一直强调,创业者要记住自己最初的梦想,而不要满足于一时的成就。

十年的时间,阿里巴巴从中国杭州最初仅有18名创业者开始成长为在三大洲20个办事处拥有超过5000名员工的公司。但马云并没有就此满足,他说:"全世界最赚钱的机构是什么?是国家。我们的社区实际上就是一个虚拟的巨大的经济体,虚拟的商业王国。我们是这个商业王国的建设者。"

马云要把阿里巴巴建成一个商业王国,而且还不止于此,他要做一个102年的大企业,到那时,阿里巴巴刚好经历了三个世纪。马云不仅要做一个商业王国,还要做一个屹立三个世纪不倒的大企业。

盛大网络创始人陈天桥曾说过这么一段话:"当每天收入到100万元的时候,我觉得它是诱惑,它可以让你安逸下来,让你享受下来,让你能够成为一个土皇帝。但是我们只有30岁左右,急需要一个人在边上鞭策自己。就像唐僧西天取经一样,到了女儿国,有美女有财富,你是停下来还是继续去西天取经?我们希望有人不断地在边上督促说:'你应该继续往你取经的地方去,这才是你的理想。'"

作为一个创业者,常常会面对很多诱惑、困难,如何才能克服一切干扰,坚持追逐自己最初的梦想呢?这个时候,就要求创业者要仔细分析和掂量一下坚持梦想的诸多好处。

小小成就虽然也是一种成功,也是安身立命的资本,但社会的变化太快,长江后浪推前浪,如果你在原地踏步,社会的潮流就会把你抛在后头,后来之辈也会从后面追赶过去。相比起来,你的"小小成就"过一段时间后根本就不是成就,甚至还有被淘汰的可能。

如果创业者不满足于目前的小小成绩,他就会充实自己,提升自己,为社会作出贡献,努力实现自己的人生价值。一个不满足于目前成就的人,就会积极向高峰攀登,就能使自己的潜力得到充分发挥。

对于那些永不停歇地追求自己梦想的人来说,他们总觉得自己身上还存在某些不完美的因素,因而总是渴望着进一步地改善和提高,他们身上洋溢着旺盛的生命力,从不墨守成规,这使得他们总认为任何东西都有改进的余地。这些人是不会陶醉在已有的成就里的,他们想方设法达到更美好、更充实、更理想的境界,正是在这一次次的进步当中,他们完善着自我,也完善着人生。

远大的理想就像《圣经》中摩西一样,带领着人类走出蛮荒的沙漠,踏进充满希望、生机勃勃的大陆,进入太平盛世。那些满足于现有的生活和被困难吓倒的人,往往就会停止前进,最终无法到达自己梦想的大陆。

无论是一个社会,还是一个集体或组织,我们都不能指望那些满足于一时成就的人会有什么大作为,即使他们还有许多的潜能可以挖掘,但这些最终也只会以各种各样的方式白白浪费耗损。

面对一点点的小成就,他们就安之若素,永远只能被眼前的小小成就蒙蔽双眼,看不到山外有山,人外有人。也不知道人生还有更伟大的目标等着去实现。

无论是对于一个企业还是一个人来说,安于现状,最终的结果只能是逐渐荒废和消亡。只有那些不满足于现状,渴望着点点滴滴的进步,时刻希望登上更高层次的人生境界,并愿意为此挖掘自身全部潜能的人,才有希望达到成功的巅峰。

9.不忘初心,始得善终

从创建到如今取得的辉煌成就,阿里巴巴也不是顺风顺水走过来的,它也经历了非常困难的时期。最终,阿里巴巴坚持住了,活了下来,并且成为了全球最大的企业电子商务网站。

与那些有着光鲜背景的互联网神话制造者不一样,马云太普通了。他没有上过名牌大学,他不懂电脑,不懂网络,对软件、硬件一窍不通;他没有钱,没有家庭背景,没有社会关系,没有海外留学的经历,没有MBA学位。于是,很多人会疑惑:他为什么会成功呢?答案很简单,因为他有梦想。他用自己的梦想吸引和团结了一帮有梦想的人,他们的共同梦想和实干又带来了资本的青睐,并在资本的支持下逐步把梦想变成了现实。

一个企业的持续发展需要一个远大的梦想。即使在阿里巴巴最困难的时候,马云依然坚持自己的梦想不动摇,勇往直前。

网络泡沫破灭之后,是无情的现实,但马云仍然觉得契合中国国情的电子商务事业是主导未来的新网络经济体系。这种经营理念使马云敢于面对严峻的商业环境,也正是这种简约模式使阿里巴巴度过了特殊时期。2001年起,互联网遭受了人们的质疑和排斥,一改往昔狂热追捧的局面,主要原因是很多互联网公司的不规范运作。随之而来的是互联网公司的股票大跌,加上美国"9·11事件"的影响,整个市值蒸发了60%以上。

直到2002年年底,互联网世界开始回暖。新浪、搜狐等相继实现盈利,一些颇有市场前景的互联网项目也初露端倪。此时,阿里巴巴的用户已经超过400万家,而马云也正面临着新的诱惑。

马云回忆说,当时摆在自己面前有三条路:第一是发展短信业务,以搜狐、网易为代表的门户网站都在这个聚宝盆里淘到了"黄金",阿里巴巴完全有抢夺"蛋糕"的实力;第二是进入网络游戏领域,当时中国还没有一家大型网络游戏公司,陈天桥的盛大才刚刚起步,如果阿里巴巴进入网络游戏,应当会大有作为;第三条是继续在尚未成熟的电子商务的"老路"上探索。

马云是一个"一条路走到黑"的人,他义无反顾地选择了自己原来的路线,拒绝了摆在面前的种种诱惑。他给阿里巴巴制订了一个"宏伟"目标:全年只赚一块钱!

2002年12月,阿里巴巴赚到了第一个一块钱;到下一年年底,阿里巴巴的赢利便冲破了600万元。

今天,阿里巴巴没有成为另一家网易,马云也失去了被称为"中国首富"的机会。但在电子商务领域,阿里巴巴无人可比。马云曾这样说:

大家知道我的合作伙伴,日本软银的孙正义,他跟我在1999年认识。2001年互联网冬天,也就是互联网的形势非常残酷的时候,我们在上海有一次会议,孙正义的日本软银公司投资的七八十家公司都来了,每家公司的负责人都要在上面做演讲。我是最后一个讲的,我上去讲了三句话:第一,孙正义你投资我的时候,我做电子商务;第二,今天我还是做电子商务;第三,今天和你投资的时候唯一的区别就是往前挺进了一步,我没有改变。我那时候发现,七八十家被投资的公司,有80%都把梦想换掉了,我没有换掉自己的梦想。直到今天为止,我还是没有换掉自己的梦想。我有一个梦想,就是要用互联网电子商务去帮助自己的客户成功,帮助更多的中小企业,帮助更多的创业者。只要这个梦想不改变,你坚持地走下去,走十年,走二十年，你一定能走出去。那天孙正义听了以后说：'初恋是最美好的，但是绝大多数人把初恋忘掉了。'所以，创业者永远要回忆一下自己的'初恋'。你为什么要做？你想做多久？你要做多久？用这些问题不断地反问自己。在成功的时候你要想这些问题，在遇到挫折的时候你仍然要想这些问题，这样你才有可能会成功。

马云不是网络的幸存者，他是一位坚守者。我们可以用"骑士"来形容马云，因为在最困难的日子里，他是那位冲向风车的"堂吉诃德"。而当一切好转的时候，马云便成了新的英雄。

第二章

重视失败，错误犯得越早越好

1.失败比成功更可贵

恩格斯曾说："无论从哪方面学习，都不如从自己所犯的错误中学习来得快。"马云是一个钟情于失败的成功创业者，他曾说过："永远记住，每次成功都可能导致你的失败，每次失败了都好好接受教训，也许就会走向成功。"

马云说的不是空话，他自己的经历足以验证这个道理。

马云从小就和别的孩子不同。用他的话说，他的学习成绩在班级里从来不是最好的，一般在十几名，而且数学极差，往往不及格。初中升高中的时候，由于成绩不佳，他甚至考了两次，其中一次数学只得了31分，这是马云人生的第一次挫败。

马云在数学方面缺乏天赋，成绩极差，可英语却出奇得好，而这个特长对马云的人生有着决定性的影响。很多人都感到好奇：为什么数学奇差无比的马云英语却学得很好呢？除了自身的爱好和努力之外，中学时代的一位地理老师也起着非常重要的作用。

有一次上课时，这位老师讲了一件事，使马云受益终身，甚至可以说改变了他的一生。据老师讲，有一次她在西湖边上，几个外国人问她关于中国地理的问题，她英文很好，自然对答如流。老师总结说："你们要学好英语，不然他们问你的时候，你会给中国人丢脸。"这句话成了马云学习英语的最大动力。那节地理课结束后，马云一回家就买了个收音机，坚持每天听英语广播。那一年，马云刚满12岁。当时，改革开放如火如荼，杭州作为旅游胜地和投资宝地，自然吸引了大量的外国人。借着这个有利条件，马云一有机会就在街上和外国人练习英语。马云的英语口语就这样一天天流利起来。到13岁时，马云就能给外国人当导游，用自行车带着他们满大街跑了。

马云第一次参加高考，数学只得了1分。他垂头丧气，准备去做临时工。他和又高又帅的表弟去一家宾馆应聘，结果宾馆录用了表弟，而他却遭到拒绝。之后马云当过秘书，也做过搬运工，后来通过父亲的关系，马云到一家杂志社蹬三轮车送书。他踩着三轮车帮人家把书刊扎在一起，25本成一包，踩10公里路通过火车渠道转发到其他地方。

一天，马云偶然得到一本路遥的《人生》，书中的故事给了他巨大的触动。于是，他决定第二次参加高考。暗下决心的马云开始了艰苦的复读生活。那年夏天，马云报了高考复读班，天天骑着自行车，两点一线，在家里和补习班间游走。

然而，幸运之神并没有在第二次高考时眷顾马云。这一次，马云的数学考了19分，总分离录取线差140分。这个结果使得原本对马云上大学还抱有一丝希望的父母都觉得他不用再考了。

20岁的马云第三次参加高考，他清楚地记得，高考前，一位姓余的数学老师对他说："马云，你的数学真是一塌糊涂，如果你能考及格,我的'余'字倒着写。"

然而,马云的表现让这位余老师大跌眼镜。考数学的时候,靠10个死记硬背的公式,他一个题一个题地去套,结果这一套居然套出了79分(当时数学满分是120分,72分及格)。最终,马云非常幸运地考上了杭州师范学院专科,与本科线差5分。更幸运的是,这时学院的本科没招满人。所以,他最终"意外"地成了外语系的一名本科生。

马云的三次高考经历告诉我们:失败并不可怕,可怕的是你失去了面对失败的勇气。不走出失败的阴影,就会被失败销蚀前进的斗志,最终与成功无缘。

从决定创业到阿里巴巴成立,马云经历了无数艰辛、苦难、挫折和失败。回首往事,他也总是感慨万千:"五年苦难是我们最大的财富,也是成功的重要原因。别人可以拷贝我们的网站,但无法拷贝我们五年的辛苦。"

不追溯这五年苦难,就难以探求阿里巴巴成功的原因。

在马云最初搞互联网的时候,中国还没有几个人反应过来,竞争虽有但并不激烈。仅过了两年,互联网便开始成为各大媒体的热点,成为新经济最有力的代表,马云的"中国黄页"一夜之间冒出来许多对手。

当时与马云竞争最激烈的是杭州电信,而且这还是一场实力悬殊的竞争——杭州电信注册资本三亿多元,马云注册资本仅两万元。同时,这也是一场你死我活的战争。杭州电信有着非常好的社会资源和政府资源,马云一样都没有。

除此之外,杭州电信为了利用"中国黄页"已有的名声,做了一个名字相近的网站——"Chinesepage.com",也叫"中国黄页",分割马云的"中国黄页"的市场。

为了活下去，马云选择与杭州电信合作，将"中国黄页"的资产折合成60万元人民币，占30%的股份，杭州电信投入资金140万元人民币，占70%的股份。

结局可想而知，"中国黄页"被收编了，马云套现后去了北京，帮外经贸部做网站，直到后来回杭州创建阿里巴巴。

这次教训使马云对资本有了新的认识，为后来阿里巴巴接受风险投资积累了有益的经验。阿里巴巴创建初期，十分需要钱的时候，也是互联网最疯狂的时候，阿里巴巴的员工经常接到投资者打来的电话。但马云拒绝了38家风险投资，原因是他们要求控制阿里巴巴。最终，他选择了高盛的"天使基金"500万美元以及后来日本软银孙正义2000万美元的投资。

有时候，苦难并不可怕。英国小说家、剧作家柯鲁德·史密斯曾经这样说："对于我们来说，最大的荣幸就是每个人都失败过，而且每当我们跌倒时都能爬起来。"正是因为不断地经受磨难，人才能变得更加坚强。

的确，人们从失败的教训中学到的东西，比从成功的经验中学到的还要多。无论什么样的失败，只要你跌倒后又爬起来，跌倒的教训就会成为有益的经验，帮助你取得未来的成功。

2.经历是最宝贵的财富

失败的滋味是苦涩的，但它所包含的道理却是甘甜的。失败与成功都各有价值，而在大多数的情况下，失败经历的价值还要更大一些。因为成功了,一般人会疏于思索,易于自满;而失败则会逼着他们去思考,逼着他们去面对挑战,总结经验,跨过困难与失败,从而攀登上成功的顶峰。

马云说:"阿里巴巴曾犯下一千零一个错误。"

1999年,马云遭逢人生的第二次失败,就在丁磊带着网易北上的那天,马云却带着自己的队伍南下回了杭州。

当马云离开"中国黄页"时,外经贸部对马云说:"到北京来吧,来这儿你能干得更好!"就这样,马云带着五个年轻人到了北京。马云在北京租了一个不到20平方米的小房间,没日没夜地干活,给外经贸部做站点,让外经贸部成为中国第一个上网的部级单位。

同时,外经贸部另立一家公司——EDI(中国国际电子商务)中心,由马云组建、管理,马云占30%的股份,外经贸部占70%的股份。但实际上,马云一个月只有几千元的工资,其他什么也没有。

时间一长马云发现自己与政府的经营理念不同。怎么办?马云天天思量。留在北京吗?机会倒是有,比如新浪和雅虎都希望马云加盟。但他发现北京的网络太浮躁,在这里面很难做成一件事。马云感到中国的网络形式已经开始发生变化了,全世界互联网高潮马上就要到来,留在政府里对不起这千载难逢的良机。想来想去,马云最终决定南下。

当时马云只是认为电子商务的主要聚集地不应靠近信息中心,而应靠近企业中心,没想到这一决定使阿里巴巴得以躲过后来的血雨腥风。

当年互联网经济处于最低潮时,《IT时代周刊》这样描述了阿里巴巴的脱颖而出:"过去两年,北京的互联网企业就像乘电梯从天堂一层层地下落到地狱,几乎没有一个互联网英雄能够脱离集体疯狂,也没有一个能够逃离疯狂后的灾难。而依托杭州的阿里巴巴,如今已无可争议地成为中国最好的B2B电子商务企业。"

阿里巴巴创立之初，那时候正是互联网泡沫盛行之时，在巨大的利益面前，阿里巴巴也有些迷失方向，开始急速扩张，以至于在互联网泡沫破裂后，他们不得不进行裁员。

到了2002年，阿里巴巴的资金链出现了问题，所拥有的资金只够维持18个月。当时，阿里巴巴网站的许多用户都在免费使用服务，并没有什么盈利能力。而马云等阿里巴巴的高层也不知道该如何获利。正巧那时候，他们开发了一款产品，为中国的出口商和美国的买家牵线，正是这项业务拯救了阿里巴巴。

到2002年年底，阿里巴巴终于实现了盈利，跨过了盈亏平衡点。自那以后，公司的经营业绩每年都在提高。

英国文学家萧伯纳说："一个尝试错误的人生，不但比无所事事的人生更荣耀，并且更有意义。"一个人的成长过程，本身就是一个不断在失败中寻找与把握机会的过程，没有失败就无所谓成功，就像腐朽的土壤中可以生长出鲜活的植物那样。只有当我们能够以平和的心态面对失败时，我们才能够成熟，才能收获。而那些失败的经历，也将成为我们生命中的一笔财富。

美国有一个名为道密尔的企业家，他专门收购一些濒临破产的企业，而这些企业到他的手中则会"起死回生"。曾经有人问他，为什么会对这些失败过的企业"情有独钟"。道密尔说："正是因为失败过，我知道了他失败的地方，那样我就不会犯同样的错误了，这不是要比自己一切从头开始要容易得多吗？"将别人失败的经历变成自己的财富，这大概就是道密尔成功的秘诀了。

和田一夫是日本著名的企业家，他出生在日本静冈县热海市一个以经营蔬菜为生的家庭。然后凭着一己之力，将一家乡下蔬菜店，发展成为如今在世界各地拥有400家百货店和超市，员工总数达28000人，鼎盛期年销售总额突破5000亿日元的国际流通集团。在20世纪80到90年代初期，他的八佰伴集团在16个国家，拥有400多家百货公司。

但是在1997年的时候，由于过度扩张和市场定位不准，八佰伴集团宣布破产。一夜间，和田一夫变成一个连累八佰伴股东和员工的罪人。他交出所有财物，向企业界告别，搬到一个租来的居室内。

但是和田一夫并未就此倒下，在经历了最初的痛苦、伤心、绝望之后，他在书本之中寻找慰藉。他非常喜欢看《邓小平传》，他还说："邓小平最后一次从失败中站起来时是74岁。之后，他提倡改革开放，留下丰功伟业。而当八佰伴倒闭时，我才68岁，我深信还有机会东山再起。"

1998年，年已七旬的和田一夫设立经营顾问公司，并开办国际经营塾，决心将自己的经营经验和教训传授给年轻的经营者们，NHK电视台（日本放送协会）等日本传媒称其为"不屈之人"。和田一夫说："火凤凰必将重生，在燃烧自己后，会再创新天地，大不了从零开始。"

中国有一句老话：老马识途。正因为老马走过无数的道路，经历过无数的坎坷，才能在每个坎坷之上留下心底的记号，下一次再经过时，便可以一跃而过。而失败不正是小马驹们走上成长道路的小坎坷吗？抓住那些可遇而不可求的失败机会，认识失败，承认失败，利用失败，从中总结出经验教训，从而走向更广阔的天地。这又何尝不是一种成功呢？

马云曾经说："阿里巴巴最大的财富不是我们取得了什么成绩，而是我们经历了这么多失败，犯了那么多错误，我说阿里巴巴一定要写一本书，写出阿里巴巴曾经的错误。这些错误，你听了会笑着说,那时候(我)也犯过。所以有一天如果有重要项目就不要派常胜将军上去。要派失败过的人上去。失败过的人,会把握每一次机会。"

所以,我们不要在意失败的痛苦,鼓起勇气抓住当下的机会和未来的成功,失败一次不代表一生失败。想要取得成功,就要不断努力。不要畏惧失败,要勇敢地去尝试,通过自己的努力实现长久以来的梦想。

3.在失败中寻找成功的方法

在谈及创业之初的时候,马云曾这样说:"那时候知道有一点是肯定的,那就是我失败的概率很大,但是我跟自己讲,即使我失败了,我回到大学教那些失败的经历,我还是最好的老师,我真是这么跟自己讲的。"

其实失败本身并不可怕,可怕的是失败得没有价值。一个人虽然失败了,但如果他能总结失败的教训,知道自己为什么失败,从失败中寻找出成功的方法,那么,失败对他来说就是无价之宝,比成功的经验还重要。

巨人集团前总裁史玉柱,曾经是中国最有名的富豪之一,但是他在1993年犯下了战略性错误,史玉柱意气风发地决心要盖中国第一高楼,虽然当时他手里的钱仅仅能为这栋楼打桩。

70层的高楼、涉及资金12亿元的巨人大厦。从1994年2月动工到1996年7月,史玉柱竟未申请银行贷款,全凭自有资金和卖楼花的钱支持,而这个自有资金,就是巨人的生物工程和电脑软件产业。但以巨人在保健品和电脑软件方面的产业实力根本不足以支撑住70层巨人大厦的建设,当史玉柱把生产和广告促销的资金全部投入到大厦时,巨人大厦便抽干了巨人产业的血。他变得一无所有,身上还背负了2亿多元的债务。

但是史玉柱并没有因此一蹶不振,在朋友的好心帮助下,他很快地东山再起,这一次他正视自己的失败,吸取经验教训,从头再来,从零开始。结果,在短短的3年时间里就创造了年销售10亿元的脑白金奇迹,远远超过了昔日的辉煌。

马云说:"创业就是与失败、困难为伍,所以必须正视失败,同时要去接受失败,分析失败的原因,寻找走出失败的途径,反败为胜。"马云从来都不喜欢看讲述成功的书,他只看失败案例,从失败中分析怎么去做,从成功中去反思,他为什么成功,是学他的成功还是学他的精神。

罗马哲学家席内卡说:"你若是一个人,就应该崇拜那些尝试过伟大事业的人;即使他们失败了,也值得赞美。"任何人都会遭遇或大或小的失败,有的时候,不能够光以成败论英雄。

在竞争日趋激烈和残酷的现代商业社会,创业者要想取得成功,就一定要有承受失败的勇气,敢于正视失败,并从中寻找成功的方法,否则,便不能笑到最后。反之,一个人一旦有了敢于接受"返回到原处"的心态,继而又有了善于积极进取的精神,离成功就不会太远。即使一时失败,也会有"东山再起"之日。

美国著名的证券交易大师迈克尔·马科斯当初刚入期货市场,由于是新手,对市场不够了解,缺乏交易经验,他先后遭到多次全军覆没。他曾经说过,自己的前8次交易全部都是以失败告终。直到后来,他遇到了一位名叫艾德·西柯塔的良师,教他如何顺势而为,如何止损,如何赚足利润等方法。同时他认真总结了过去失败的经验,彻底改掉了逆势交易、过量交易的行为。这样才渐渐扭亏为盈。

成功的人就是正视失败的人,只要能够在每次失败后,客观地分析自身失败的原因,不断地提炼自我,完善自我,才能从缺乏经验到逐渐积累起丰富的经验,从开始的失败到逐步走到成功的彼岸。

美国科学院院长布鲁斯·艾尔伯兹在访华期间曾应邀为《科技日报》撰文。他在文中这样写道:"有很多人都问我,为什么美国的科学能够取得如此辉煌的成就。这个因素其实有很多,但是中国往往容易忽视这样一个影响因素,那就是尊重失败。在美国,人们尊重那些渴望成功、努力挑战困难的人,即使他们摔得头破血流。对于那些优秀而雄心勃勃的计划,即使失败了,也不以为耻。科学要探索,就会有失败。"

人的一生谁也避免不了失败,只是有的人跟头栽得多些或少些,有些人栽得重些或轻些罢了。而人就是在不断栽跟头,而又不断爬起来的曲折过程中成长起来的。失败不是人生的陷阱,而是上天赐给我们的礼物。正是因为有了失败,我们才多了一份向成功冲刺的记录!

失败很多时候就像是一把尺子,它能使你从中发现自己的不足和弱点。当你把造成失败的沟壑填平后,成功便会奇迹般地出现在你面前。它就是一剂苦口的良药,让你从幼稚变成熟、由轻浮变踏实、由急躁变冷静、由狂热变清醒。

失败是通向成功的阶梯,它缩小了我们通向成功的距离,只要你锲而不舍地踏着失败搭成的阶梯不停攀登,成功就会拥抱你。因此,要正视你的失败,它让你终身受益无穷。

4.错误犯得越早越好

马云说:"顺风顺水成就的是我们的事业,而逆风逆水成就的则是我们的人生。不管做任何事情,有些错误都是必须犯的,而且越早越好。"犯错误就像是摔跤,孩童摔跤只是屁股痛一痛,成年人可就不仅仅是屁股痛了,而老了更是经不起一摔。所以说,犯错误应该越早越好。

马云从大学时代就开始痴迷于太极拳,为此,他还专门千里迢迢从杭州赶到了太极"圣地"河南陈家沟。在那里他见到了陈氏太极的第十九代传人,在太极界有"实战王"之美誉的王西安先生。

马云向王西安先生请教道:"您与您的儿子,在太极上的造诣谁更高?"王西安说:"我虽然功夫很好,但是由于文化水平有限,表达不清楚,所以练习时走过很多弯路,是犯了无数次的错误后,才逐渐地感悟出来。而我的两个儿子却很幸运,在我零距离的教导下,几乎没走过任何弯路,所以十几岁开始就打遍天下无敌手了。"

听了这句话,身为企业家的马云马上就联想到了企业上,在他看来其实两种经历都是不可或缺的,如果之前是靠拍脑袋选对了方向,事业是发展了,人却没有成长。那么,总有一天还是会出错,而且你越晚出错,你的损失就越大。

一个人要成长,首先要有犯错误的机会,将那些低级的、普遍性的错误都尽早犯过。这个就像接种天花疫苗一样,越早越好,在当你还经得起风浪和挫折的时候,在你的"骨骼"还很柔软的时候,这样的挫折对你是有好处的。俗话说,只有痛在你身上,你才会真正明白。其实每个人都是通过犯错来成长的。

现实中,似乎人人都害怕犯错,在美国曾有人做过这样一个调查,上面显示说美国人心中最恐惧的事情,第一个是死亡,第二个竟然是演讲。这让人觉得很不可思议,演讲真的那么难吗?很多人在私下里口若悬河,一开口就没完没了,但是一到演讲的时候,就哑了。

其实归根结底是因为他们害怕犯错。那些自尊心太强的人,一旦在公众场合犯了错,就感觉是世界末日一般,事实上,犯错并不像我们想象的这么可怕。对于一般人来说,在演讲中讲错话的经验,要比不犯错的经验多得多,就算是那名噪一时的演讲家们,也不敢保证自己不犯错。因此我们应当正视自己会犯错误的事实。

而且正是因为犯了错,体会到了犯错时的尴尬滋味,所以当我们遇到别人犯错时,才会多一份宽容。人都是会犯错的,自律甚严,不允许自己犯错的人,通常对于别人也都是苛备求全。自己犯过错误,就能够以平和的心态去对待别人,这也是犯错的好处。

现在有许多人都抱着"多做多错"的想法,以致遇事止步不前,畏畏缩缩,不敢有丝毫出格的举动,久而久之就变得没有闯劲,胆气也渐渐消磨没了。的确,人可以少做少错,但却也会因此失去了许多历练的机会,当有一天你"不得不错"的时候,你就会缺乏应急能力,那后果就会很难看。

年轻的时候不要怕犯错误,不要怕失败,多接受一些挑战,多用积极的心态面对失败挫折,那就一定能够得到很多的收获。犯错误有时候也是成长的一个重要渠道。从某种意义上来说,越早犯错你的人生可能越保险。

在你力量还很小的时候犯错,那样即便是错了也不会造成太大的影响和破坏,相反,如果你已经有了一定的权力和地位,那时候你再犯错,可能就会造成无法挽回的后果了。

比如说你是一个普通的小职员,就算你再怎么不敬业,再怎么玩忽职守,或者出再大的错误,对于一个公司来说,也不是什么伤筋动骨的事情。而如果你是这家企业的CEO(首席执行官),那即便只是一个决策上的小失误,都可能给公司带来毁灭性的打击。

况且如果你是在20岁的时候犯错,那么你还有大把的时间来改正,而且这时候,即便你变得一无所有了,也没有什么大不了,反正还可以重新开始。而如果你是在50岁的时候犯错,那还有几个人能够有从头开始的勇气呢?

所以,如果你现在还是小角色,请尽量多做事情,不要害怕犯错误,因为年轻时候的错误,不过是你人生中一份宝贵的经验,它会磨炼你,并且给你更多的机会。

5.看到灾难比看到机会更重要

马云说:"一个CEO看到的不应该是机会,因为机会无处不在,一个CEO更应该看到灾难,并把灾难扼杀在摇篮里。"因为作为企业的领导者,不仅要给大家指出一条通往光明的康庄大道,更要及时发现,在这个通往光辉前程的路途中存在着怎样的灾难。

马云习惯把繁荣称为夏天,认为人在夏天的时候,就要少运动、多思考、多静养。繁荣一旦持续了很长时间,那就意味着冬天很快就要来临了,所以在繁荣的时候,最重要的工作就是要保持警惕。

19世纪末,美国康奈尔大学曾进行过一次著名的青蛙实验,并提出了著名的"温水煮青蛙"理论:生于忧患,死于安乐。这个理论也旨在告诉现代企业管理者，必须具有足够强的危机意识和忧患意识。

许多人都认为并购雅虎中国，是阿里巴巴扩充自身实力的一次机会，但是马云似乎更愿意将它定义为一个扼杀灾难于摇篮之中的必要措施。其实，早在2005年以前，马云就已经意识到了搜索引擎技术对互联网公司发展的重要性。特别是对电子商务来说，搜索引擎技术是个绝对绕不开的坎，而这也正是阿里巴巴的软肋。

就以美国的eBay为例，eBay的卖家很多，但钱都投到谷歌上去了。这些企业不光将广告投到谷歌上，还将店也开到谷歌上去了。用谷歌一搜索，全是eBay卖家们开的店。

美国eBay可以说是谷歌最大的广告客户，谷歌为eBay带来了相当大比例的客户流量，所以电子商务和搜索引擎的结合是必然的趋势。而如果有一天，谷歌开始做电子商务，那么eBay绝对会遭受非常沉重的打击。

马云觉得虽然现在谷歌式的电子商务在中国还没有出现，但却并不代表未来也不会出现，阿里巴巴要巩固自己的"中国最大的电子商务网站"的地位，并更快更稳地向国际市场扩张，通过并购获得当前最先进的搜索引擎技术，显然是必要的，而且也是一条不错的捷径。

所以，尽管外界对这一桩并购有颇多猜测和争议，但马云所看重的是这一并购所带来的促使公司业务结构升级的结果。而如能实现这一点，这一次并购在马云眼里就是值得的。

正是马云的高瞻远瞩，使他没有盲目乐观于当下的喜悦，而是决定马上就采取措施来应对威胁，从而将灾难消灭于摇篮之中。

2006年，马云在接受西班牙《国家报》记者费得里格·拉蒙比尼采访时说:"我是政府的好朋友,但我从来不和政府交易,我选择小公司做我的客户。名声让我忧心,所以我留在杭州,远离权力中心北京。我见过太多飞上天空然后突然摔下的人。"

一个优秀的CEO和领导者,在给员工展示未来美好前景的时候,一定要告知他们未来的灾难或许是什么,认清潜在的灾难,这样你才能从容应对。

英国危机管理专家迈克尔·里杰斯特也说过:"'预防'是解决危机的最好方法。"在当今中国,企业要获得真正的成功,除了运营企业的卓越能力之外,还必须有高度的危机意识以及危机管理能力。

应对危机最好的办法,其实是将危机扼杀在摇篮里,而不是如何在危机出现之后化解它。在中东六日战争中,以色列空军司令在战争前的动员会上说过这样的话:"我们不是为空战而空战,而是为了胜利而空战,所以,我们最重要的任务是将阿拉伯人的飞机消灭在地面上,使我们永远保持空中的优势,打开胜利之门。"

马云在《赢在中国》节目中,就曾建议创业者,要预见灾难,而且千万不要把灾难当公关,不要觉得出现质量问题可以通过告诉媒体,然后再翻回来。要用好心态看到灾难,尽量避免出现这种情况。

对于一个企业来讲,利润下滑不是危机,市场成熟以后利润一定会下滑。真正的灾难是企业失去了自己最珍贵的、最好的东西——品质。所以,一定要时刻保持警惕,不断完善自己,尽量将灾难消灭在摇篮中。

6.不要照搬别人的经验

一些创业人士,在最初定位市场和经营模式时,总是以其他成功企业为榜样,并极力地去加以效仿。当然,不能说这种做法不对,但是,如果自己不加以分析,盲目地相信权威,跟在别人屁股后面分蛋糕,这样的生意做起来一定很累。

马云一再告诫那些有意创业,或者已经在创业的人们,创业公司不仅不要盲目模仿大公司的做事方法,也要切忌抄袭其商业模式。那些知名企业在成名之前是什么样的你知道吗?他们是怎么积聚自己的能量,才有了今天的成就?简单模仿它的现在,可能是南辕北辙。而只有踏踏实实,结合自己的创业环境、规模、优势等来制订出一套属于自己的商业模式才是最可取的。

1999年,当全世界都在做门户网站的时候,马云却突然蹦出一个想法:亚洲要有自己的模式,中国要有自己的模式。欧美的电子商务市场,特别是B2B模式是针对大企业的,亚洲电子商务市场主要在中小型企业,这两种市场不可能用一样的模式。马云决定创办一种中国没有,美国也找不到的模式。于是,阿里巴巴网站应运而生。

一传十,十传百,阿里巴巴网站在商业圈中声名鹊起。但马云知道,阿里巴巴面临着一个巨大的战略选择,国内电子商务尚不成熟,只有利用发达国家已深入人心的电子商务观念,为外贸服务,才是真正利润丰厚的大鱼。于是,阿里巴巴开设了一个专区"中国供应商",把中国大量的中小型出口加工企业的供货信息,以会员形式免费向全球发布。

1999年至2000年,马云不断实施着一个战略行动。他像一只大鸟不停息地在空中飞行，他参加了全球各地尤其是发达国家的所有商业论坛，去发表疯狂的演讲，用他那张天才的嘴宣传他全球首创的B2B思想，宣传阿里巴巴。

很快，马云和阿里巴巴在欧美名声日隆，来自国外的点击率和会员呈暴增之势！一个想买1000支羽毛球拍的美国人可以在阿里巴巴上找到十几家中国供应商，了解他们不同的价格和合同条款；位于中国西藏和非洲加纳的用户，可以在阿里巴巴网站上走到一起，成交一笔只有在互联网时代才可想象的生意！

从此，阿里巴巴开始被业界公认为全球最优秀的B2B网站。马云开创的为商人与商人之间实现电子商务而服务的模式，被认为是符合亚洲，特别是符合中国发展特点的B2B模式，并被誉为是继雅虎门户网站模式、亚马逊B2C模式和eBay的C2C模式之后，互联网的第四种模式。

做企业，若一开始模仿别人的成功模式，或许在初期感觉不到弊端，但是从长远来看，竞争力量的介入会使竞争压力加剧，因为没有自己的经营模式，也就没有优势去和众多同行抗衡。马云的成功之路告诉我们，有时候，别出心裁的做法更容易让企业走向成功。

海王星辰副总裁詹永红曾说过，不同的商业模式决定不同的企业阶段，每个行业均有一些企业与众不同，也正是因为他们有着与众不同的商业模式，所以往往他们在竞争中有着空前的优势。

正是本着这样的观念，海王星辰早期凭借自有品牌颠覆了行业模式，成功地走向资本市场。现阶段海王星辰又在尝试目录订购模式和品类创新以实现更长远的目标。

一个人总是模仿别人，就失去了自己特有的个性，从而成了别人的盗版；一个企业，不去寻找一套适合自己发展的方案，而是总跟在别的企业的后面，亦步亦趋，这样的企业只能越做越死，最后走向灭亡。

不少出身大公司的人，会在自己创业的时候，不自觉地按照大公司的做法建立一些规范制度，等等。必要的规范当然是有益的，但大公司为了稳妥，一般都比较慢，大公司为这个"慢"付得起代价，但这对小公司来说将是一个灾难。新创业的公司就像是只兔子，却以为自己是头大象，用大象的心态做事，在狼面前慢慢踱步，最后被狼吃掉。创业，就意味着你要有创造性的做事方式。

实际上，每一个成功的企业都是因为打造了适合自己发展的独特经营思路和商业模式才能发展壮大的。

在全球化形势下，挑战与机遇并存。就机遇而言，市场上商机无限，但商机已然不可重复。所以，一个创业者不能过分迷信所谓的"成功模式""成熟模式"而去"克隆"它们。我们必须从国情出发，从自身所处的环境出发，眼观六路，耳听八方，不断地思考、提炼、筛选。这是一个探索的过程，需要有置之死地而后生的勇气，唯有如此才能真正摸索出一套属于自己的模式，实现"凤凰涅槃"的美丽神话。

7.时刻保持冷静的心

有人曾这样说过："让自己冷静才能把事情处理好。"无论发生什么事情，不要先乱了自己的阵脚，一定要保持冷静的头脑。

保持一颗冷静头脑的人之所以能使自己向成功迈进，在于他决策时的智慧与胆识,能够排除错误之见。正如马云所说:"一个企业家经常要问自己的不是'我能做什么',而是'该做什么,到底想做什么。要做到面对金钱的诱惑不动心,面对快速扩张不动心,冷静地记住自己要做的是什么,冷静地去发现有价值的核心是什么。"这也是马云给创业者的三原则之一。

2000年,马云把阿里巴巴的摊子铺到了美国硅谷、韩国,并在伦敦、中国香港快速拓展业务。马云还将阿里巴巴的英文网站放到硅谷,时值互联网的冬天,大批互联网公司倒闭,阿里巴巴的硅谷中心也陷入生存危机。如不果断采取措施,整个阿里巴巴将就地阵亡。2000年年底,马云宣布全球大裁员。2001年马云开展了阿里巴巴的"整风运动"。"如果你心浮气躁,请你离开"这番话,马云不仅是对员工讲的,也是对自己讲的。

静下心的马云开始考虑阿里巴巴的核心是什么?"小企业通过互联网组成独立的世界,这才是互联网真正的革命性所在。""帮助中小企业赚钱"是马云得出的结论。于是,马云频频飞到世界各地,联系卖家。而后,马云又开始考虑:什么才是决定B2B交易成败的关键?在分析当时国内电子商务环境后,马云将目标锁定在安全支付问题上。

2002年3月,阿里巴巴启动了"诚信通"计划,和信用管理公司合作,对网商进行信用认证。结果显示,诚信通的会员成交率从47%提高到72%。于是,从2002年开始年付费用2300元的"诚信通"成了阿里巴巴赢利的主要工具,45000个网商的营收源让阿里巴巴日进百万。冷静下来的马云终于摸准了阿里巴巴的脉。

对于一些创业者来说,躲过商战上的明枪暗箭容易,时刻保持冷静的头脑却很难。一般来说,多数人在通常情况下都能控制自己的情绪,保持头脑冷静,进而做出正确的决定。但是,一旦事态紧急,很多管理者就会自乱阵脚,无法把持自己。

企业的发展不可能是一帆风顺的,面对危难之时,性格狂躁的管理者必然失败。只有保持头脑的冷静,才有可能想出解决问题的办法。就像一个在树高草茂的深山老林里迷了路的人,此时他应该做的不是快速地、不停地走,而是应该停下来,清醒清醒头脑,白天看一看太阳,然后再根据时间,判断方向;晚上则看一下北斗星的位置。

一家企业要想在激烈残酷而永不休止的商业斗争中立于不败之地,除了一切必需的商业策略和正确的运作方式外,还需要有一个头脑冷静的领导者指挥企业的庞大舰队在风浪中躲开暗礁、拨正航向。

没有人会否认英特尔CEO克雷格·巴雷特就是这样一个富有领导能力的企业灵魂。照片上的他总是微笑着,但他的眼神冷静锐利,仿佛能洞察一切。他的魅力不仅存在于他的神情气质,更多的是体现在他冷静的市场策略和经营手法上。

芯片制造进入互联网时代,其面临的困难事先谁也无法想象得到。记录表明,英特尔2002年的芯片生意成绩平平,问题一大串:微处理器和晶片的送货时间比预定的时间晚了几个月;设计缺陷令人尴尬;供应短缺,等等。一些向来忠诚的客户,如戴尔和捷威也开始公开抱怨芯片巨人的种种不足。捷威把一部分订单给了AMD(超微半导体公司)公司,该公司的芯片产品曾一度与英特尔的芯片较劲。而那时候AMD的产品销售量一度居高不下,英特尔差点陷入绝望的境地。

但巴雷特沉得住气,从前任安德鲁·格雷弗手里接过CEO的大权后,他决定扫除障碍。巴雷特从来都不打算让英特尔退出芯片产品的战斗,他决定正面迎敌,一决高下。"英特尔的微处理器支配着公司的经营策略。"巴雷特说,"芯片是我们梦寐以求的、能带来可观利润和良好市场定位的主导产品,还有什么别的产品在资源与利润上能与之竞争的呢?"从那时起,巴雷特就把平价个人电脑所用的芯片产品作为首要业务,而英特尔公司在促销产品方面变得越来越主动,以赢回客户的信赖和订单。

克雷格·巴雷特之所以能够带领英特尔乘风破浪,从重重迷雾中走出来,有很大一部分原因在于他能保持冷静的头脑,沉得住气,这是一个成功者必不可缺的素质,也是他领导企业走向成功的秘诀。

成功创业就是能够完美地完成自己的既定目标,并且这一目标不偏离道德标准,能够实现利益最大化。所以在创业的道路上,必须要保持一个冷静的头脑,这样才能使你做到目标明确。

正如苏联伟大的文学家高尔基所说:"理智是一切力量中最强大的力量,是世界上唯一自觉活动着的力量。"不管处于怎样的境地,也不管遇到怎样的考验,我们都应该保持理智的头脑,冷静分析形势,并注意考虑自己所做的事情的后果。只有这样,我们才能让自己创业的脚步走得更加稳健。

8.错了,就承认

说到"承认错误",我们往往要想到与之相关联的另一个词——承担后果。而这个"后果",在大多时候是个"坏果子",也无怪乎许多人在责任面前最先想到的对策是逃避了。

能够发现自己错误的人是聪明的,能够主动改正自己错误的人是明智的。因此,我们最好能够虚心地承认自己的错失与短处,切不可靠夸张的豪言壮语而把自己的过失掩饰掉。

马云认为,企业领导者应做到敢于承认错误,敢于承担责任,敢于发现人才。不愿意承担责任的人,永远不能成为领导。一旦出现问题,领导大胆地说"是我的错",而不是说"都是你",这一点对于一个创业团队来说是非常重要的。

马云有一个著名的CEO理论:"平时你不是CEO,只有在两种情况下你是CEO,一是你做决定的时候,二是在你犯错的时候。CEO犯错误的时候要敢于承担责任,而不能说成功的时候就是我一个人的功劳,失败的时候是你们执行力不行。"

2001年是"互联网的冬天",在那年的亚洲互联网大会上,马云做了一件他自己并没觉得怎样,却令在场所有人钦佩的事。他在会上说:"我特别惭愧这两年我犯了无数个错误,但是我承认我就犯了那么多的错误。"

马云简单的一句话赢得了台下热烈的掌声。事后,他回忆说:"没有想到台下所有的人一起为我鼓掌,有一个人说在'互联网冬天'没有人承认自己犯错误,如果你承认自己犯了错误,我相信你的同事,员工都会对你表示尊重,因为人不怕犯错误,就怕不承认错误。"

在马云看来,承认错误并不是什么丢人的事。马云每年都会定下一个看似不可能的目标,在"新闻会客厅"栏目中,主持人问他如果这个目标大家都知道了,阿里巴巴却没有实现怎么办,马云很大方地表示:"我错了,承认错误又不难为情。"

无论是一个企业,还是一个创业团队,都需要一个好的领导者,他可以不懂得专业知识,但是一定要懂得承担责任,知道什么时候应该做出什么样的决策。领导的决策不仅会影响员工的观念,还可能影响整个企业的发展。

说起"道歉",很多人第一时间想到的是难堪。其实,道歉并非自贬人格,更不是示弱服软,它是一种道义上的担当,是一个人自身涵养的体现。

历代"下诏罪己"的君主,更增贤名;美国总统罗斯福在担任纽约市市长的时候,曾经当众坦承自己因一时不察,使通过的议案有判断失误之处,结果赢得更多人的尊敬;历史上著名的"将相和",蔺相如能够"相忍为国",固然赢得后人尊敬,但廉颇勇于认错,"负荆请罪",同样千古流芳……

而那些犯了错误死不认账,梗着脖子极力辩驳、文过饰非的人,虽然摆出一大堆道理说得头头是道,但却往往得不到他人的支持,反而让人反感。这就恰到好处地印证了那句话:"君子之过也,如日月之食焉。过也,人皆见之;更也,人皆仰之。"

人在成功的时候,总是认为自己是高明的,而很少归结为运气;而出错时,却总是以运气不佳为借口,害怕承认错误,以致故态复萌,下次再犯,再推卸责任……殊不知错误本身都有其可以借鉴的价值,而只有那些善于从失败中总结经验教训,不怨天尤人的人才能避免重复犯错。

马云认为,在中国,或者是在世界上,很少有企业家敢于承认错误。有的领导即使愿意承认错误,也不愿意承担责任。由此,马云指出,恰恰是愿意改正错误、承担责任才会赢得更多的尊重。

2012年5月29日,奥巴马向已故波兰裔美国人扬·卡尔斯基追授自由勋章奖牌时使用了"波兰死亡集中营"的表述,引起波兰政府和民众的强烈不满。

"波兰死亡营"或者"波兰集中营"是波兰民众不愿接受的敏感表述。他们认为，波兰非但没有在奥斯威辛等集中营的运行中承担任何角色，而且本身就是这些集中营的受害者。波兰总理唐纳德·图斯克说，奥巴马的用词让波兰人"痛苦"，"没有哪个国家在第二次世界大战中受到与波兰一样的折磨"。波兰总统科莫罗夫斯基就这一事件致信奥巴马。科莫罗夫斯基很快就收到了奥巴马的回信，并于当天公开部分信件内容。

奥巴马在回信中写道："谈及'波兰死亡集中营'而不是'在德国占领下的波兰纳粹集中营'时，我无意间使用了一个导致许多波兰人痛苦的词语。""我为这一错误道歉。"奥巴马说，"简单地说，没有'波兰死亡(集中)营'，只有纳粹修建并使它运转的(集中营)。"

此外，奥巴马提到第二次世界大战，向波兰民众所表现的勇敢致敬："波兰人在地下抵抗运动中显现的勇敢是历史上伟大的英雄故事之一。"

当一个人有了承认错误的勇气，并能主动去改正它时，其本身就具有了一种高贵的品质。因为，并不是每一个人都能做出在众目睽睽之下向他人致歉的举动。因此，让我们也学着勇于致歉，为自己犯下的错误埋单，这不仅不会使我们抬不起头来，反而会为我们赢得更多的信任与尊重。

单纯的悔恨或者自责并不表示这个人具有责任感，采取补救行动才是责任感最重要的体现。因此，敢于承认只是开端，承认之后的承担与改正，或者补救，才是关键点。

9.困难时,用左手温暖右手

联想集团董事长柳传志曾形象地描绘创业的艰辛:"创业之路就像一列前进的火车,不断有人上车下车,都很正常,但总有人想要去到更远的地方。也许你创业能做到一定程度,那退出肯定也比没做强。你要做得很大,就要做好更艰苦的准备,用我们自己常说的一句话就是,'困难无其数,从来不动摇'。"

成功是人们不断地突破一个个困难而取得的,因而能够在通往成功的道路上走多远,除了个人能力外,也要看这个人面对困难的勇气和决心,哪怕失败了也没有关系。

准备好要失败只是面对困境时的第一步,还要明确的是,这些困境有时候注定要一个人承担,谁都帮不了你。

创业的时候,我的同事可能流过泪,我的朋友可能流过泪,但我没有,因为流泪没有用。

流泪没有用,抱怨也没有用。马云就是这样一个人,他在遇到困难时几乎从来都不会抱怨。他说:"商业不外乎智慧、希望及勇气。这些都是经商的必要技巧。遇到问题时,我习惯用左手温暖右手。要不断告诉自己,没关系,我还是我,我还在学习成长,一切都会好的,至少我还活着。"

马云正是抱着这种乐观的心态克服了一个又一个的困难。在他看来,创业者要学会自我保护,困难时要学会"用左手温暖右手"。

在海博翻译社创办之初,马云只是一个刚刚涉入商海的新手,公司因为各方面的原因运营并不理想,最后入不敷出。那时,大家都是一片迷茫。但是马云毅然背起背包到义乌贩卖小商品,用最简单也是最无奈的方式解决公司的经济困难。最后,他成功地挽救了海博社。马云一向不是一个喜欢向谁诉说苦难的人,无助肯定会有,但唯有自助才可能有出路。

当马云谈笑着离开公司,走向去义乌的路上时,他一个人承受;在竭力推广互联网,被一次次拒之门外时,他一个人面对;在被称为"骗子""疯子",全世界都否定、批判时,他还是一个人承担。

即便是现在,马云都很少向员工和身边的高管诉说自己的压力。在闪光灯下的马云,在员工面前的马云,总是像一个顽童一样,他的言行举止有一种常人很难有的洒脱。马云是一个乐观主义者,像诗人一样地幻想着未来商业界的新文明,幻想着阿里巴巴会带给全球一个美丽的新世界。马云,就这样在创业的路上一边擦拭伤口,一边微笑前行。

当然,马云看重团队,但是在自己能够解决的时候他会选择更多地担当。更何况,有时候团队也未必能够全然理解他的想法。

当然,阿里巴巴公司的发展也深受马云的影响。在面临困难时,阿里巴巴首先想到的是自己解决,而不是依靠外界。马云表示,很多企业埋怨政府不支持,但阿里巴巴自从创业以来没有向政府借过一分钱,更没给社会添过一次乱。更多的时候,阿里巴巴团队会在寒冷的季节里温暖别人,帮助众多中小企业赚钱。

2003年,广东省发现了首例"非典"(非典型性肺炎)病例后,广西、山西、北京等地也陆续发生"非典"疫情。这场突如其来的疫情灾害严重威胁了人民群众的身体健康和生命安全,也影响了我国的经济发展、社会稳定和国际往来。

在"非典"阴影的笼罩下,各行各业都受到了不同程度的影响,展会推迟、客商却步、订单取消。传统的商业模式明显处于十分不利的境地。情势危急,一些企业盼望能够找到救命良方,而以阿里巴巴为代表的电子商务公司则因势利导,"借势造市",既造福于他人,又发展了自己。

据介绍,在阿里巴巴刚刚成立的两三年内,公司网站上每天发布的商业机会数量一直只有3000条左右。但从2003年3月开始,阿里巴巴每天新增会员3500人,比上一季增长50%,而大量的老会员也强化了在网上贸易的使用频率和程度;每日发布的新增商业机会数达到9000~12000条,比上一年增长了3倍;国际采购商对商业机会的反馈数比上一季增长1倍;国际采购商对30种热门中国商品的检索数增长4倍;中国供应商客户数比上一年同期增长2倍;每月有1.85亿人次浏览;240多万个买卖询盘(反馈);来自全球的38万专业买家和190万会员在通过阿里巴巴寻找商机和进行各种交易。

以2003年4月17日为例,当日阿里巴巴中国站发布的会员企业买、卖、代理、合作等商业机会信息6890条,国际站达2354条,两个网站加起来超过9000条。虽然正常的商务交往均被不同程度的取消,但一大批企业通过阿里巴巴与客户进行了"零接触"洽谈,在非常时期做了非常好的线上生意,如浙江慈溪市海兴轴承有限公司在"非典"时期就通过阿里巴巴签订了300万元人民币的销售大单。

马云还说,要学会多去看别人的失败,这样一来你会发现,其实自己的经历并没有那么惨。马云的说法有些自我安慰之意,但是这也可以让一个企业有勇气去面对。除此之外,在更高的角度上,看到别人的失败和困境还会有一种社会责任感。在"非典"期间,阿里巴巴不仅自己取暖,而且还开始温暖别人,他让一些因为"非典"而不能有效运营的企业在阿里巴巴的平台上寻找到商机,把囤积的商品卖出去。

面对困难并亲自把问题解决掉的时候,虽然是流着血汗,但也

是一种成长和喜悦。对此,马云有着深刻的认识:

"创业的快乐在于一个一个的挫折,把挫折一个一个地消灭掉,这是创业者最大的快乐。这个世界上最痛苦的是坚持,而最快乐的也是坚持。阿里巴巴要不是因为坚持,到现在早就没了。"

马云自己承认,从创办阿里巴巴起,大家就在给自己加油打气,"让天下没有难做的生意""让天下没有难管的生意""让天下没有淘不到的宝贝"……阿里巴巴的乐观主义也是它存活下来的重要因素。不仅如此,阿里巴巴在困境中更多的是追求卓越,因为它在支撑下来的同时也温暖着身边的人。为这个社会有所付出,才是一个有社会责任感的企业,所以它会走很远。

第三章

敢冒风险，抓住机遇立刻行动

1.不安分才能不断突破

古往今来，许多成功者都有一个共同的特征，就是在年轻的时候都不安于现状。不守"本分"，给人一种不安分的感觉。往往是别人都做着墨守成规的事，他们却一反社会共同心理，逆潮流而上，做着另类的、不合潮流的事。

当然，不安分的人不一定成功，但成功者都缘于这种不安分。所谓动，然后才能有成功；不动，则永远安于现状，不会成什么大气候。

毋庸置疑，马云是一个不安分的人，他就像希腊神话中的西西弗斯一样，把石头不停地往山上滚。而唯一不同的就是，西西弗斯滚动的是石块，马云追逐的是自己的梦想。

马云毕业后，留在杭州电子工业学院任教，在那个年代，这绝对是一件让人羡慕的事情。但是，安分守己的教师工作是锁不住他那颗向往在更高天空飞翔的心的。

马云开始琢磨着"下海",于是他创办了海博翻译社,这应该是杭州最早的专业翻译机构,也是马云的第一个梦想。通过海博翻译社锻炼了经商能力的马云,梦想变得更大,眼界变得更高。这样一个小小的翻译社远远不能满足一个追梦者的梦想了。

正在四处寻找更大、更远的梦想的马云,在1995年因为偶然的机会到了美国,在那里他发现了互联网的神奇。马云不是一个技术人才,他对技术几乎完全不懂,但是这并不重要,重要的是他有梦想,这就是足以让他"疯狂"的理由。

事实上,在去美国之前,刚满30岁的马云已经被评为杭州市"十大杰出青年教师"了,而且他还是学校驻外办事处的主任。但是,回国后马云还是坚定地把辞职信交给了校长。就这样,追逐心中梦想的马云,毅然放弃了良好的待遇,诀别了朝夕相伴6年的校园,踏上了追逐梦想的征途。

常言道:"不想当元帅的士兵不是好士兵。""不安分"是一种创造的欲望、是一种汇集激情、想象与冲动的活动。正是这种"不安分"的力量,才能打破定势与惯性,才能不断突破与创新。

创业是艰难的,且不说创业者能否在创业过程中抵御住各种各样的困难和挫折,关键是许多人因为安于现状,至今还徘徊在创业门槛外,迟迟不敢迈进创业的大门。

谈到自己的成功之路,俞敏洪这样说道:"我发现成功人士都有一个特质,就是不安分。比如我父辈当中的很多成功者,都是随着改革开放放弃了原来的铁饭碗,只身闯荡江湖的。但这绝对不是什么'懂得放弃'的精神,而是因为他们不安分,不满足于眼前安稳的现状。我就遗传了这样的'不安分基因'。"

"我不喜欢按部就班的生活,安逸让我心里不安分。其实北大已经给了我很大的自由,因为一周上课才八小时,这之外就全是你自己的时间。每个月的奖金和工资还照拿,基本就是挺安逸的。要按这个走下去就是一个挺安定的生活。但后来我又想这也不太符合我的个性。因为我在外面尝到了甜头,看到我在外面一个月可以超出北大十个月的工资,这样心里就不安分了。"

就这样,从北京大学辞职的俞敏洪顶着寒风,骑着自行车在北京的大街小巷里贴小广告,在一座漏风的违章建筑里,创办起了新东方英语培训学校。

后来,新东方成功登录美国主板证券市场,俞敏洪身价在一夜之间飙升至2.42亿美元,成为中国有史以来最富有的教师。

无论是一个社会,还是一个集体或组织,从不会指望一个放任自己随波逐流的人有什么大作为,因为他们往往是安于现状的。即使他们知道自己体内还有许多潜力可挖,也还是以各种各样的方式白白浪费掉,面对停滞不前的现状,他们不为所动、安之若素。

只有那些不满足于现状,渴望着点点滴滴的进步,时刻希望攀登上更高层次的人生境界,并愿意为此挖掘自身全部潜能的人,才有希望达到成功的巅峰。

2.创业要有冒险精神

翻开创业成功者的历史,不难发现,所谓的成功者大多是顶着风险从钢丝绳上走过来的。一个循规蹈矩、安于现状的人,绝对不会为冒险付出任何代价,当然也绝对不会有意想不到的收获。从某种角度而言,创业需要的就是冒险精神。

市场竞争中不存在无风险之收益,宏观的、微观的、市场的、非市场的风险总在创业者周围弥漫。除此之外,创业者总要在各种诱惑、选择中艰难抉择。所以,一个创业者如果没有一点冒险精神,没有敢于决断的胆识与魄力,是要错失发展机遇的。

冒险精神就是要求创业者时时刻刻拥有对市场决断的勇气与洞察力,能审时度势地在复杂的环境与情况下洞察到事物的内在本质和发展趋势,能通过各种渠道认真听取与分析各方面意见,并不失时机地做出科学合理的决策。

2005年8月11日,马云在北京宣布阿里巴巴全面收购雅虎中国,用10亿美元打造互联网搜索。

阿里巴巴进军互联网搜索不是因为搜索很热门,而是因为电子商务的发展其实绕不开搜索这道坎。马云知道,进军互联网搜索收购雅虎中国要冒的风险很大。因为当时雅虎中国已经很危险了,随时会倒掉。而雅虎和阿里巴巴的合作不仅是两个公司的整合,更是两个公司文化的整合。

马云不惜风险收购雅虎中国,最主要的原因是为了实现阿里巴巴的电子商务和雅虎的搜索引擎的结合。

2005年11月,谷歌的市值已经突破1000亿美元,差不多是eBay和雅虎的两倍。从此,门户网和电子商务网主宰天下的时代结束了,搜索时代悄然而至。谷歌的神话不仅改变了世界互联网的格局,而且还威胁到了电子商务和门户网站的生存。

电子商务有很大一部分利润转移到搜索上,比如,许多在eBay上开店的商人,每年都要投入巨额广告费给谷歌,以购买靠前搜索排名,这样本该eBay赚的钱,硬是被谷歌分走了许多。

通过这次"联姻",解决了企业存在的种种不足的马云,如同蓄势待发的战士,带领着成长之中的阿里巴巴,在国际市场上翻云覆雨,满载而归。

日本企业家、东芝电气公司经理士光敏夫曾经说过:"如果风险小,许多人都会去追求这种机会,因此利益也不会大。如果风险大,许多人就会望而却步,所以能得到的利益也会大些。从这个意义上讲,有风险才有利益。可以说,利益就是对人们所承担风险的相应报偿。"

风险越大,收益的绝对值越大,商家的法则就是冒险越大,赚钱越多。创业者大多要具有乐观的风险意识,他们是天生的冒险家,他们在危险中自由地畅行,抓住机遇,获得巨大的成功。犹太大亨哈默在利比亚的一次成功冒险,就很能说明这个问题。

当时,利比亚的财政收入不高。西方石油公司到达利比亚的时候,正值利比亚政府准备进行第二轮出让租借地的谈判,出租的地区大部分都是原先一些大公司放弃了的利比亚租借地。根据利比亚法律,石油公司应尽快开发他们的租借地,如果开采不到石油,就必须把一部分租借地还给利比亚政府。

哈默虽然充满信心,但前程未卜。因为哈默得到的两块租借地,都是其他公司耗费巨资后一无所获而放弃的。这两块租借地不久就成了哈默烦恼的源泉。他钻出的头三口井都是滴油不见的干孔,仅打井费就花了近300万美元。于是,董事会里有许多人开始把这项雄心勃勃的计划叫做"哈默的蠢事",甚至连哈默的知己、公司的第二股东里德也失去了信心。

但是哈默的直觉促使他固执己见。在他和股东之间发生意见分歧的几周里,第一口油井出油了,此后另外八口井也出油了。这下公司的人可乐坏了,这块油田的日产量是10万桶,而且是异乎寻常的高级原油。

更重要的是,油田位于苏伊士运河以西,运输非常方便。与此同时,哈默在另一块租借地上,采用了最先进的探测法,钻出了一口日产7.3万桶自动喷油的油井,这是利比亚最大的一口油井。接着,哈默又投资1.5亿美元修建了一条日输油量100万桶的输油管道。而当时西方石油公司的资产净值只有4800万美元,足见哈默的胆识与魄力。

之后,哈默又大胆吞并了好几家大公司,等到利比亚实行"国有化"的时候,他已羽翼丰满了。这样,西方石油公司一跃跻身世界石油行业前列。

哈默的事业成功,完全归功于他的胆识和魄力,他不愧为一个犹太大冒险家。

创业者一定要敢于冒险,敢于承担风险,因为风险中伴随着巨大的成功,隐蔽着只有勇敢者才能捕捉到的机会,蕴藏着诱人的巨大财富。

美国艾伦集团总裁罗勃特·艾伦说:"风险和机会是紧连在一起的。冒险是机遇的代价,如果你只求安定,不愿承担风险,那你同时也就失去了成功的可能性。"

我们知道,美国人特别提倡冒险精神和创业精神,在美国商界,流行这样一句话:"The biggest risk in life is to risk nothing",翻译过来就是:人生最大的冒险,就是你从来不敢去冒险。

在当今的"冒险经济"时代,没有超人的胆识,就没有超凡的成就。永不安分的冒险精神,是让我们实现"从优秀到卓越"的最关键的一步!追求卓越的你,准备好踏上这趟惊险、刺激的冒险之旅了吗?

3.做别人不愿意做的事

英特尔公司创始人安迪·格鲁夫有一句脍炙人口的名言:"只有偏执狂才能生存。"马云的创业经历也无疑体现了他的偏执性格。

马云说:"如今的世界,要做我做得到而别人做不到的事,或者我做得比别人好的事,我觉得太难了。因为技术已经很透明了,你做得到,别人也不难做到。但是现在选择别人不愿意做、别人看不起的事,我觉得还是有戏的,这是我这么多年来的一个经验。大家都看好的时候,千万别去惹,因为别人比我有实力,比我能力强。"

马云之所以能做出"中国黄页",源于他在美国的那次"触网"经历。中国黄页诞生于从西雅图飞往杭州的飞机上,诞生于西湖畔一间普通的写字楼中。

在西雅图收到5个电子邮件时,兴奋的马云就产生了成立互联网公司的想法。马云当即对美国的朋友说:"我们合作,你们在美国负责技术,我回国内去做公司。"

把中国企业的资料收集起来,翻译成英文,寄到美国,然后让美国的朋友做成网页放到网上,这就是马云脑海里绘制出来的宏伟蓝图。

马云从美国回到杭州。下飞机的当晚,他就迫不及待地约了24个有外贸方面的经验的朋友到家里,都是马云上夜校时认识的。

马云原以为这些人原本就是做外贸生意的,接受新鲜事物快,再加上他的那张嘴,应该能够得到支持。

这次马云从一开始就大侃互联网,侃互联网企业,侃如何通过互联网把中国企业介绍给全世界。云山雾罩地侃了两小时,最后,马云坚定地说:"我现在就准备辞职开始做这个企业了,这个企业叫作Internet

（互联网）。"马云滔滔不绝地侃了半天，屋子里的朋友却都没听懂。

事后马云补充道："我讲了两个小时，大家都没有听清楚，我也不知道自己讲的是什么东西，讲完之后他们说这东西你不能干，你干什么都行，开酒吧也行，要么开个饭店，要么办个夜校，但就是不能干这个。最后怎么样？其中23个人说算了吧，只有一个人说你可以试试看，不行赶紧逃回来。我想了一个晚上，第二天早上还是决定干，哪怕24个人全反对我也要干。"

一周以后，也就是1995年的4月，马云自己拿出了6000元，又从亲友那里借了几万元，再加上海博翻译社办公家具的折价和另外两个股东的钱，一共凑出了10万元。马云、张英（马云夫人，也是杭电的英语教师）、何一冰3人一起创办了浙江海博网络技术有限公司，公司的实体就是中国第一家商业网站——中国黄页。

马云任公司经理，何一冰任副经理。分工是马、何负责跑业务，张英负责给客户发电子邮件。公司一开始就是股份制的公司，有4个股东，3个创办者。马云夫妇出资8万元，宋卫星出资1万元（宋没有参与经营），何一冰出资1万元，马云给了何一冰10%的股份。

那是1995年的4月，那一年马云刚好30岁。同年9月，马云辞去了学院的公职。

每个人的智力都是差不多的，大家都想做的事，一定会竞争激烈，相对你自己来讲机会就很少了。而别人都不愿意做的事，竞争者较少，你的机会就会更多，容易取得事半功倍的效果。

做别人不愿意做的事，无人注目，专注工作，容易获得成功。做大家都想做、都关注的事，你既要研发做事，又要防别人"盗窃"，还要应付各种关注，无时间工作。做别人不愿意做的事，会被别人当成"傻子"，无人注意却可以潜心研究，工作效果更明显。

15岁小学毕业后，王永庆到一家米店做学徒。不久，他用父亲借来的200元钱做本金自己开了一家米店。当时大米加工技术比较落后，出售的大米里混杂着米糠、沙粒、小石头等，买卖双方都是见怪不怪。王永庆想，我要是在每次卖米前都把米中的杂物拣干净，顾客肯定会更加喜欢我卖的米。于是他这样做了，结果可想而知，这一做法深受顾客欢迎。

　　在当时，其他的米店都不提供上门服务，王永庆卖的米多数是因为送米上门。他在一个本子上详细记录了顾客家有多少人、一个月吃多少米、何时发薪等。算算顾客的米该吃完了，就送米上门；等到顾客发薪的日子，再上门收取米款。他给顾客送米时，并非送到就算。他先帮人家将米倒进米缸里。如果米缸里还有米，他就将旧米倒出来，将米缸刷干净，然后将新米倒进去，将旧米放在上层。这样，米就不至于因陈放过久而变质。他这个小小的举动令不少顾客深受感动，专买他的米。就这样，他的生意越来越好。从这家小米店起步，王永庆最终成为今日台湾工业界的"龙头老大"。

　　做别人不愿意做的事需要勇气。林肯因签写《解放奴隶宣言》而名留千史，是因为他的前两任总统缺乏勇气。同行"下海"取得成功，那是因为大家在那个年代都没有"下海"的勇气。

　　做别人不愿意做的事需要毅力。许多别人不愿意做的事，如指甲刀利太小，不愿做；环保项目周期太长，不愿做。广东非常小器公司的董事长梁伯强先生，经多年来的专注和努力，把大企业不愿做，小企业做不来，让老百姓烦恼的"小不点"产品——指甲钳做成了中国第一，世界第三的"巨无霸"，年销售额过亿元。

　　成功者所从事的工作，多是绝大多数人不愿意去做的。也正如"韦特莱法则"所说，做别人都不愿意做的事，并把它做得更好，你就会取得成功。

4.果断是成功者的品质

果断是指一个人经过深思熟虑后适时地做出决定,并且彻底地实行这一决定,在行动上没有任何不必要的踌躇和疑虑。果断是成大事者成功的资本。

马云做了太多令外界认为不可能的事情并且做一个活一个。

2001—2002年,在互联网界最痛苦的时候,马云在公司里讲得最多的词就是"活着"。即使互联网公司都死了,只要他还活着,就有机会。而等到互联网行业"春暖花开",各公司纷纷排队赴海外上市时,马云却拿着8200万美元风险投资说:"没必要过早上市,把自己暴露在对手的眼皮底下。"

2003年年初,马云准备进军个人网上电子商务业务领域,淘宝网项目从一开始就处于高度保密的状态,内部所有愿意参与该项目的员工,都要先签一份保密协议,承诺6个月内不能向其他任何人透露自己参与的项目,这些人包括朋友、家人、同事,甚至上级。

2003年5月10日,淘宝网正式运营。直到2003年7月7日,马云才在杭州正式宣布投资1个亿,要把淘宝网打造成中国最大的个人网上交易平台。项目的保密工作做得如此之好,以至于绝大多数员工直到宣布后才知道淘宝网幕后的故事,而那时的淘宝网已经诞生快两个月了。

2005年,马云说:"几年前,大家认为阿里巴巴的模式不对,2004年才有人说阿里巴巴的模式比较好。而我本人也不知道阿里巴巴是什么模式,但只要客户赚钱,阿里巴巴就一定能赚钱。"

有的人面对困难,顾虑重重,看起来思虑全面,实际上毫无头绪,不但分散了同困难做斗争的精力,更重要的是销蚀了同困难做斗争的勇气。果断的个性在这种情况下,则表现为沿着明确的思想轨道,克服犹豫和动摇,坚定地采纳在深思熟虑基础上拟定的克服困难的方法,并立即行动起来。

果断的个性,能够帮助我们在执行工作和学习计划的过程中,克服和排除同计划相对立的思想和动机,保证善始善终地将计划执行到底。思想上的冲突和精力上的分散,是优柔寡断的人的重要特点。这种人没有力量克服内心矛盾的思想和情感,在执行计划的过程中,尤其是在碰到困难时,往往长时间地苦恼着怎么办,怀疑自己所做决定的正确性,担心决定本身的后果,因而计划总是不能很好地执行。而果断的个性,则能帮助我们把自己的思想和精力集中于执行计划本身,从而加强了自己实现计划、执行计划的能力。

果断的个性,可以使我们在形势突然变化的情况下,很快地分析形势,当机立断,不失时机地对计划、方法、策略等做出正确的改变,使其能迅速地适应变化了的情况,而优柔寡断者在形势发生剧烈变化时往往惊慌失措,无所适从。

果断并不等于轻率,必须把果断和武断加以区别。有的人刚愎自用,自以为是,遇到事情既不调查研究,也不深思熟虑,就说一不二地做决定,贸然行事,看起来果断,实际上却同果断南辕北辙。果断并不排斥深思熟虑和虚心听取他人意见,正因为多想、多问、多商量,才能对事情更有把握,从而更加果断。自以为是、主观武断的人,有着果断的外表,无果断的实质,往往把事情办砸,这是我们应当努力避免的。

5.不盲目,不去冒无谓的风险

创业需要胆量,需要冒险。冒险精神是创业家精神的一个重要组成部分,但创业毕竟不是赌博。创业家的冒险,迥异于冒进。

一个人问一位哲学家,什么叫冒险?什么叫冒进?哲学家说,比如有一个山洞,山洞里有一桶金子,你想进去把金子拿出来。假如那山洞是一个狼洞,你这就是冒险;假如那山洞是一个老虎洞,你这就是冒进。

这个故事的意思是说,冒险是一种你经过努力,有可能得到,而且那东西值得你得到的东西,否则,你就是冒进。创业者一定要分清冒险与冒进的关系,要区分清楚什么是勇敢,什么是无知。无知的冒进只会使事情变得更糟,你的行为将变得毫无意义,并且惹人耻笑!

马云最值得创业者学习的,不仅是他的"闯劲",更应该是他的"谨慎前行"。前期摸索,拜师学艺,借船出海,马云绝对不是为了创业就把自己"置之死地"的野兽派创业者,而是会用最小的代价来做好创业前的准备。

马云在创办阿里巴巴之前在家里召开第一次"股东"大会,启动资金必须是闲置的资金,不许向家人朋友借钱,因为失败的可能性极大。"我们必须准备好接受'最倒霉的事情'",这是马云给创业者的第一原则。

在阿里巴巴做得较为成功的时候,跟随马云多年的老部下浮躁了,想尽快让阿里巴巴上市,让期权套现。大家都被诱惑迷住了双眼,却忘记了身后的危险。身为领导者,当时的马云担心的是阿里巴巴背后的巨大战略缺失,一心想通过做淘宝网来弥补市场空缺。最终他力排众议,诞生了淘宝。

今日来看当时的决定,B2B与C2C就像一对孪生兄弟,很难想象当年要是没有淘宝在市场上的异军突起,阿里巴巴今日会不会与其他竞争对手一样在国内苦苦挡架,从而无暇顾及世界范围内的互联网市场巨变。应当讲,当初这种长远布局的能力确实体现出马云不同于一般意义上的商人眼光。

马云给外界更多的印象似乎是"疯子""狂人",但他的确是个"疯狂而不愚蠢"的创业家。在互联网"发烧"的年代,他难得地保持了一颗平常心,做出诸如"回到中国""停下来""不上市"等明智决策。因为他把创业、经营一个企业看作是一场万米长跑,不仅要跑得快,而且要跑得稳。

其实,对于任何一个创业者而言,创业的过程都是一场马拉松式的长跑,终点在哪里也许并不重要,重要的是我们有完善的"供血"体系和"造血"机能。所以,最后的胜利者,一定属于内力充足的人。

在商界,有很多敢于冒险的生意人,但在关键时刻,对于一些利润太高、风险太大的项目,他们总是慎之又慎,甚至中途放弃投资,他们很少涉足那些高风险、大利润的行业。他们一般不会对高利润动心,因为他们知道"世上没有免费的午餐",伴随高利润的肯定是高风险。

日本的"生意之神"松下幸之助就是这种投资理念的信徒。1964年,日本松下通信工业公司突然宣布不再做大型电子计算机。对这项决定的宣布,大家都感到震惊。松下花费5年时间去研究开发,投入了近10亿元的巨额研究费用,眼看就要进入最后阶段,却突然全盘放弃。松下通信工业公司的生意一直很顺利,不可能会发生财政上的困难，这一举动实在令人费解。

松下幸之助之所以会这样断然地做决定，是有其考虑的。他认为虽然大型电脑的利润高，但是风险太大，加上当时公司用的大型电脑的市场竞争相当激烈，万一因不慎而出现差错，将对松下通信工业公司产生不利影响。如果到那时再退，就为时已晚了，不如趁现在一切都尚可撤退，赶紧一"走"为好。

投资以后，撤退是最难的。但如果无法勇敢地撤退，只一味无原则的冒险，或许就会受到致命的一击。松下勇敢地实行一般人无法理解的撤退，足见其眼光高人一筹，不愧为日本商界首屈一指的人物。

创业需要胆大，胆子大才能抓住市场机会，大开大阖，开拓创新；创业也需要胆小，胆子小才能处处谨慎，少犯错误。孟子就曾批评梁襄王"就之不见所畏"，就是说将团队交给不懂谦虚畏惧的人更可怕。

做生意需要冒险，但冒险不是盲目，不是赌博式的孤注一掷，而是在通过客观分析的基础上得出的较为科学的判断，这样的冒险才是有意义的。

克劳塞维茨在《战争论》中指出，一个优秀的将军，勇气与谋略应该平衡发展。勇大于谋，会因为轻举妄动而导致失败；谋大于勇，会因为保守而贻误战机。

商场如战场，勇敢不是瞎撞乱闯，有理智的勇敢是冒险，无理智的勇敢就是冒进。想赚钱一定要分清冒险与冒进的关系，要区分清楚什么是勇敢，什么是无知。无知的冒进只会使事情变得更糟。

6.100次心动不如一次行动

一些人总会在别人因为一个新鲜的点子创业成功后,一拍大腿:"哎哟,这不就是我当初的想法吗?"一副后悔莫及的样子。

是的,大部分想创业的人都是一样,晚上想想千条路,早上起来走原路。他们比马云聪明多了,能想出非常多的创业好点子来,但是他们从来没有去执行过。因为他们有着太多的借口和理由。于是,他们继续过着平庸的生活。

你要做的就是像马云那样,想到了,马上就去做。只要你付出所有的努力,世界上就没有你做不到的事情!其实创业之门随时为你敞开,走出第一步的时候,你便和马云在一条路上了。

当初,马云和他的伙伴们把各自口袋里的钱掏出来,凑了50万元,创办阿里巴巴网站。当然,一定要让别人首先知道阿里巴巴,他是这样想的,也是这样做的。

1999年至2000年,马云不断实施着一个战略行动。他成了"空中飞人",不停地往返于世界的每一个角落,几乎参加了全球各地尤其是经济发达国家的所有的商业论坛,发表疯狂的演讲,用他那张天才的嘴宣传他那全球首创的B2B思想,宣传阿里巴巴。

他如同一台不知停歇的演讲机器。有时一个月内可以去三趟欧洲,甚至一周内跑七个国家。他每到一地,总是不停地演讲,这个瘦弱的男人大声地对台下的听众喊道:"B2B模式最终将改变全球几千万商人的经营方式,从而改变全球几十亿人的生活!"

很快,马云和阿里巴巴在欧美名声日隆,来自国外的点击率和会员呈暴增之势!马云和阿里巴巴的名字被《福布斯》和《财富》这样的重量级财经媒体所关注。于是,2000年以高盛为首的多家公司,向阿里巴巴投入了500万美元风险资金,软银老总孙正义要给马云2000万美元的投资。

马云提起当初,赞赏的是自己的勇气而不是眼光。"其实最大的决心并不是我对互联网有很大的信心,而是我觉得做一件事,经历就是一种成功,你去闯一闯,不行你还可以掉头;但是你如果不做,就像晚上想想千条路,早上起来走原路,一样的道理。"

著名演讲大师齐格勒曾经说过这样一个例子:世界上最大的火车头停在铁轨上,为了防滑,只需在它的驱动轮前面塞一个几厘米见方的小木块,这个庞然大物就无法动弹。但是它一旦动起来,这小小的木块就再也挡不住它了。当它的时速开到最高时,一堵厚1.5米的水泥墙也能被它撞穿。火车头的威力变得如此强大,只在于它动起来了。

人也如这巨大的火车头。当我们只是空想而不付出行动时,就像火车停止了,无法动弹,但是人一旦开始行动,便会产生巨大的能量。

李静原是湖南长沙房管局的一名小员工,1982年辞职下海,在街头开办了一家小小的摄影社。1983年春去广州旅游时,他第一次尝到味道跟"药汁"一样的"可口可乐"。当时这种饮料尽管在广州有许多人购买,但在中国其他地方几乎还是无人问津。

李静心想:没有人做的生意,一定是个很好的生意!于是,李静马上行动起来,经过多方交涉,他终于当上了湖南地区可口可乐的经销总代理。

但当李静把第一批300箱可口可乐运到长沙时,不但无人问津,还遭到工商局"个体户不准搞长途贩运"的非难。李静在万般无奈之下，向法院提起诉讼。在取得营业执照之后，他踏着三轮车满街跑，手里举着可口可乐的瓶子，对来往的人群做着口头广告："可口可乐，风靡世界的美国高级饮料，欢迎大家免费品尝。"接着又一家家地去敲商店的大门，请店主品尝，以此换得人家代销可口可乐。

就这样，他花了近两个月的时间，不仅打开了销路，把300箱可口可乐全部售完，而且赢得了客户。雪片般的订单从四面八方飘来。为了扩大市场，李静又不惜重金，自费为可口可乐做车箱广告、电视广告，使可口可乐在长沙乃至整个湖南的知名度越来越高。

李静的果敢和奋斗精神，终于感动了广东省酿酒食品进出口公司，并于1983年正式批准李静为该公司可口可乐行销部驻长沙的总代理。

不懈的行动终于换来了成功，就此也奠定了李静开创财富大厦的基石。

李静用行动告诉我们，即使你今天还是一个不起眼的小人物，但只要从现在开始果敢行动，为自己的梦想倾注全部精力，有朝一日，你就会实现梦想，取得成功。

"守株待兔"的成语大家都知道，许多空想家就像那个守株待兔的人一样，希望财富从天而降，殊不知在空想的同时，脚下田里的草正在疯长。许多人之所以贫穷，正是由于长期空想所致，因为他们很少去争取实现理想的机会。

不去执行，一切都是空想。世上并没有什么神奇的魔法可以将你一举推上成功之路，唯一的途径就是"立刻行动"。一旦你坚定了信念，就要在接下来的24小时里行动起来。这会使你前行的车轮运转，并创造你所需要的动力。

一位演讲家曾经说过，说空话只能导致你的一事无成，要养成行动大于言论的习惯,如此一来,即使是艰难的目标也能够实现。如果你不想成为一个空想家,更不想一事无成,碌碌无为,那么请你一定要记住:100次心动不如一次行动。

7.不犹豫,一有想法就马上行动

在这个世界上,想"走在前面"的人不少,但真正能够"走在前面"的人却不多。许多人之所以没能"走在前面",就是因为他们把"走在前面"仅仅当成一种理想,而没有采取具体行动。那些最终"走在前面"的人,之所以能够成功,是因为他们不但有这个理想,更重要的是他们采取了行动。

马云就是那种一有想法就马上行动的人。阿里巴巴创立之初,马云有一句口头禅:"你们立刻、现在、马上去做!"立刻!现在!马上!由此可以看出,马云之所以成功,不在于他有一个天才的头脑,不在于他有远大的理想,而在于他能很快把头脑中形成的东西落实出来,执行出来,做出来。

海博翻译社就是马云敢想、敢做的成果。当时杭州有很多的外贸公司,需要大量专职或兼职的外语翻译人才,却还没有一家专业的翻译机构,不甘平淡的马云决定"敢为天下先",成立一家翻译社。

马云一有想法,马上行动。没钱,不是问题,他找了几个合作伙伴一起创业,风风火火地把杭州第一家专业的翻译机构组织起来了。尽管这期间有整整三年,翻译社都靠马云推销杂货来维持生存。

但功夫不负有心人，现在，海博翻译社已经成为杭州最大的专业翻译机构。虽然不能跟如今的阿里巴巴相提并论，但是海博翻译社在马云的创业经历中也画下了重重的一笔。

机会往往稍纵即逝，有如昙花一现。如果当时不善加利用，错过好运之后便只能后悔莫及。成功学创始人拿破仑·希尔说过："生活如同一盘棋，你的对手是时间，假如你行动前犹豫不决，或拖延行动，你将因时间过长而痛失这盘棋，你的对手是不允许你犹豫不决的！"

很多著名品牌的产生和跨国公司的崛起，最初都是源于一个微不足道的想法以及敢想之人的敢为之举。

一天，李嘉诚在翻阅英文版《塑胶》杂志时看到一则报道，意大利有家公司已经开发利用塑胶原料制成塑胶花，并将进行大批量生产，向欧美市场大规模进攻。这时敏锐的李嘉诚推想，欧美的家庭都喜欢在室内外装饰花卉，但是快节奏的生活，使人们没有时间去种植娇贵的花草。而塑胶花则不同，它不需要人们花时间养护，从而可以弥补自然花的不足，这里面应当存在很大的商机。而且，李嘉诚看得更远，欧美人天性崇尚自然，塑胶花的前景不会太长。因此，要占领这个市场，就必须迅速行动，否则就会贻误商机。

商场面临着诸多不确定性因素。正是这种不确定性因素才使许多创业的人们获取大量的财富。于是，李嘉诚以最快的速度从意大利引进了设备，并花重金聘请了塑胶花专业人员，大力开发塑胶花。由于动手早，李嘉诚抓住了人无我有独家推出塑胶花的机会，并运用低价策略，迅速占领了香港的塑胶花市场，从而使企业得以迅速发展。

现在有很多年轻的朋友,非常想改变目前的生活状况,想通过跳槽或创业,来实现自己的梦想。但是想归想,却始终不敢迈出第一步,每天依然在原地转圈子,去重复自己不喜欢的工作。就这样日复一日,等到年龄大了,就更不敢轻易地放下既有的生活了。

"明日复明日,明日何其多。我生待明日,万事成蹉跎"。拖延,就在这不经意间偷走了我们的日子。任何憧憬、理想和计划都会在拖延中落空,任何机会都会在拖延中与你擦肩而过。

世上也没有任何事情比下决心、立即行动更为重要,更有效果。因为人的一生,可以有所作为的时机只有一次,那就是现在。"立即行动"是一种积极的人生观念,是自我激励的警句,是自我发动的信号,可以影响你的生活,乃至决定你的成败。

永远快人一步,马上行动,能使你勇敢地驱走"拖延"这个"贼",帮你抓住宝贵的时间去做你不想做而又必须做的事。如果你想走在别人的前面,追求自己的成功,别拖延,现在就行动。

8.别为不去做找借口

很多人都想创业,但他们似乎同样有一个不创业的理由:我没有钱,我要是有钱的话,我就能如何。似乎只要有钱,他就一定能成功。其实,我们到今天还没有成功,就是因为我们一直在为自己找借口!

成功者看目标,失败者看障碍!马云的创业经历告诉我们,没钱同样可以创造出一番伟大的事业。

阿里巴巴无疑是中国互联网史上的一个奇迹,这个奇迹是由马云和他的团队创造的。阿里巴巴创业初始,钱不多,一共50万元人民币,还是18个人东拼西凑凑起来的。50万元,是他们全部的家底。然而,就是这50万元,马云却喊出了这样的宣言:"我们要建成世界上最大的电子商务公司,要进入全球网站排名前十位!"

那是1999年。1999年,中国的互联网已经进入了白热化状态,国外风险投资商疯狂地给中国网络公司投钱,网络公司也疯狂地烧钱。50万元,只不过是像新浪、搜狐、网易这样的大型门户网站一笔小小的广告费而已。阿里巴巴创业开始相当艰难,每个人工资只有500元,公司的开支一分钱恨不得掰成两半来用。外出办事,发扬"出门基本靠走"的精神,很少打车。据说有一次,大伙儿出去买东西,东西很多,实在没办法了,只好打车。大家在马路上向的士招手,来了一辆桑塔纳,他们就摆手不坐,一直等到来了一辆夏利,他们才坐上去,因为夏利每公里的费用比桑塔纳便宜2元钱。

阿里巴巴曾经因为资金问题,几乎到了维持不下去的地步。8年过去了,2007年11月6日,阿里巴巴在香港联交所上市,市值200亿美元,成为中国市值最多的互联网公司。马云和他的创业团队,由此缔造了中国互联网史上最大的奇迹。

人们对于不愿意去做的事情,总是要找出千万个借口来推脱。他们很喜欢找各种各样的理由来证明自己为什么做不到。比如有人说,马云创业的时候环境和机会好,运气好,所以他成功了,但我没机会了。其实,这不过是一个借口。

这世界永远有机会。当初微软做起来的时候,人们都说没人能超越微软,后来出现了雅虎;人们说没人能超越雅虎,后来又出现了eBay;人们觉得eBay已经很了不起了,又出现了谷歌;当人们觉得谷歌已经像太阳一样无法被超越了,现在又出现了Facebook(美国的一个社交网络服务网站)。

失败者大都喜欢找借口,成功者却大都拒绝找借口,向一切可以作为借口的原因或困难挑战。他们认定的事,就会坚持到底。

一个漆黑的晚上,坦桑尼亚奥运马拉松选手艾克瓦里吃力地跑进了墨西哥奥运体育场。他是最后一个到达终点的选手,空空的体育场上只剩下他一个人,享誉国际的记录处制作人格林斯潘远远看到这一切后,感到非常不解,他走上前去问艾克瓦里:"既然结果已成定局,你为什么还要坚持跑到终点?"

这位来自坦桑尼亚的年轻人轻声地回答说:"我的国家把我从两万多公里之外送到这里,是让我来完成这场比赛的,而不是叫我在这场比赛中起跑的。"

也许在许多人看来,艾克瓦里的行为有些愚蠢而且略带偏执,但成就一个人的,却正是高度责任感和一颗积极而绝不轻易放弃的心,没有任何借口和抱怨,职责就是他一切行动的准则。

现实生活中,我们常常会听到这样的借口:"如果不是……我本可以早点到的,我太忙了没时间去做……我们以前不是这样的……"时间久了,这所有的借口都成了顺理成章的事情,成为推诿与迟延的理由,人们总是在思量自己的得失,挑剔别人的差错,能不负责尽量不负责,为确保自己的利益不受损害,找出种种借口来欺骗别人,也欺骗自己。然而,就在你寻找种种借口的时候,时间已经从你身边悄悄溜走。

其实,在每一个借口的背后,都隐藏着丰富的潜台词,只是我们羞于说出口,甚至我们根本就不愿说出来。借口让我们暂时逃避了困难和责任,心理上得到了一些慰藉。但是,借口的代价是巨大的,它给我们带来的危害一点儿也不比其他恶习少。

新东方创始人俞敏洪在北京大学2008年开学典礼上说了这样一段话:"人的一生是奋斗的一生,但是有的人一生过得很伟大,有的人一生过得很琐碎。如果我们有一个伟大的理想,有一颗善良的心,我们一定能把很多琐碎的日子堆砌起来,变成一个伟大的生命。但是如果你每天庸庸碌碌,没有理想,停止进步,那未来你一辈子的日子堆积起来将永远是一堆琐碎。"

看完马云没钱的创业经历,再听了俞敏洪关于人生的论断,你还会为自己创业寻找借口吗?

9.持之以恒的行动力最重要

马云曾经说过一句话:"如果我马云能够成功,那么80%的年轻人也能够成功!"可为什么那么多人没有成功呢?除了创业激情,能够吃苦的精神,还在于马云是一个可以将自己的行动长久坚持下去的人。

马云在回顾阿里巴巴的创业历程时,总结了企业创新发展的经验,其中有一条就是:坚持自己的理想。马云也正是遵循了这样一个原则,在刚刚创办"中国黄页"的时候,他和他的同伴们凭借着一个美国电话和几张图片到处宣传互联网。那时没有高科技,没有复杂的理念、模式,就凭着一个推销员简单的推销方式,逐渐让人们认识到互联网,认识到互联网给人们带来的种种好处。

一个创业者要想实现自己的目标,一定要坚持自己最初的理想,不可轻易动摇自己的信念,哪怕再多人提出强烈的反对,也要像马云一样,只要认定了,就坚持下去。

马云的谜——阿里巴巴的那套办法

从大学教师到"中国互联网之父",马云一路充满激情地走来。"中国黄页"初创之时,几乎所有中国企业对于在互联网上打广告、做宣传都抱着强烈的怀疑态度,马云甚至被当作骗子,但是,他却一如既往地坚持向着自己的梦想进发。

1999年,马云和他的合伙人以50万元人民币始创阿里巴巴网站时,依然是困难重重。即便是这样,马云依然是激情四射,为自己和合伙人制订了奋斗目标,规划出美好未来的蓝图。马云说:"你们现在可以出去找工作,可以一个月拿三五千的工资,但是3年后你还要去为这样的收入找工作,而我们现在每个月只拿500元的工资,一旦我们的公司成功,就可以永远不为金钱所担心了!"

很显然,马云的话带有一些理想主义的色彩。但是,无论境遇多么艰难,马云始终相信,人总是需要有些狂热的梦想鼓舞自己,做阿里巴巴不是因为它有一眼可见的前景,而是因为它是一个不可知的巨大梦想。

"世上无难事,只怕有心人",经历了几次创业磨炼的马云,终于将阿里巴巴带到了光荣和梦想的彼岸。而马云把这一切都归功于坚持。而接下来,他还要充满激情地向前走,永远地走下去。马云说,希望当他到60岁时,还能和现在这帮做"阿里巴巴"的老家伙们站在桥边上,听到广播里说,"阿里巴巴"今年再度分红,股票继续往前冲,成为全球……马云说:"那时候的感觉才叫真正的成功。"

很多人认为,一个人的成功,很多时候只是偶然。可是,谁又敢说,那不是一种必然?有许多不起眼的小事情,谁都知道该怎样做,可问题就在于谁能坚持做下去。

麦当劳的创始人雷·克洛克最欣赏的格言是:"走你的路,世界上什么也代替不了坚忍不拔:才干代替不了,那些虽有才干但却一事无成者,我们见的多了;天资代替不了,天生聪颖而一无所获者几乎成了笑谈;教育也代替不了,受过教育的流浪汉在这个世界上比比皆是。唯有坚忍不拔,坚定信心,才能无往不胜。"

美国石油大亨约翰·洛克菲勒,标准石油公司的创始人,也是世界上第一位亿万富翁。16岁时,他为了得到一份"对得起所受教育"的工作,翻开克利夫兰全城的工商企业名录,仔细寻找知名度高的公司。每天早上8点,他离开住处,身穿黑色衣裤和高高的硬领西服,戴上黑色领带,去赴新一轮的预约面试。他不顾一再被人拒之门外的沮丧,日复一日地前往——每星期六天,一连坚持了六个星期。在走遍了全城所有大公司,且都被拒之门外的情况下,他并没有像很多人想的那样选择放弃,而是"敲开一个月前访问过的第一家公司",从头再来。有些公司甚至去了两三次,但谁也不想雇个孩子。可是洛克菲勒越受到挫折,他的决心反而越坚定。

1855年9月26日上午,他走进一家从事农产品运输代理的公司,老板仔细地看了他写的字,然后说:"留下来试试吧。"并让洛克菲勒脱下外衣马上工作,工资的事提也没提。过了三个月,洛克菲勒才收到了第一笔补发的微薄的报酬。这就是洛克菲勒的第一份工作,是连他自己都记不清被拒绝多少次后得到的工作。他一生都把9月26日当作"就业日"来庆祝,那热情,胜过他自己过生日。

要说成功有什么秘诀的话,那就是坚持、坚持、再坚持!

奋斗的过程中,可能会遇到许多挫折,面临许多令人沮丧的困难。但成功的人在受到挫折时没有理由灰心丧气,止步不前。相反地,他们会从教训中学到经验,带着坚定的毅力前进,然后坚持下去,更加努力地向目标奋进。

目标都是一点一点、一步一步地实现的。成功的过程是缓慢的,取得进步需要时间,所以改变现状有时需要经年累月的光阴。成功者都懂得这个道理,在为取得成功而奋斗的过程中,容许自己经过努力与失败一步一步地前进。他们知道想即刻如愿是不现实的,正确的态度是要去实践、去努力。只有朝着自己所确定的目标不懈地坚持,脚踏实地地做下去时,才能迎来最终的成功。

第四章

勇于创新,唯一不变的是变化

1.善于思考,巧于变通

马云说:"除了我们的梦想之外,唯一不变的是变化!这是个高速变化的世界,我们的产业在变,我们的环境在变,我们自己在变,我们的对手也在变……我们周围的一切全在变化之中!"

在建立阿里巴巴的时候,不少电子商务公司都是面向大企业的,但马云预测,网络的普及可能就是大公司模式的终结。当其他人还没有意识到互联网这个动向的时候,马云就已经敏锐地捕捉到了这一变化。因此,不同于当时任何电子商务模式的、专为中小企业服务的"阿里巴巴"诞生了。

2006年,马云在公司大会上说道:"我们认为去年、今年和明年是电子商务的一个积累期,到了2008年、2009年必然有一个爆发。因此我们必须抢在这个变化前先变,而不是等到出了问题再去想办法解决。这是阿里巴巴保持变革能力的关键。互联网世界总是充满风险的,谁能拥抱变化并且具有大胆追求的勇气,谁就能在这个领域里生存下去。"

环境的变化是个人无法控制的,我们必须懂得用主动和乐观的心态去拥抱变化。虽然变化往往是痛苦的,但机会会在适应变化的痛苦中获得。马云说:"阿里巴巴过去的7年和我本人近10年的创业经验告诉我,懂得去了解变化,适应变化的人很容易成功,而真正的高手还在于制造变化,在变化来临之前变化自己!"

人的一生中,充满无数的未知,如果只凭一套生存哲学,就想轻松跨越所有的关卡是不可能的,想要越过人生中的种种障碍,实现某种程度的突破,向未来更美好的领域迈进,就需要学会用打破常规的智慧与勇气来变通。作为跨越生命障碍、走向成熟的重要一步,变通是一门生存智慧,更是一门学问。变通的最大敌人就是"定式思维",即常规思维的惯性,又可称之为"思维定式"。当它在支配常态生活时,似乎有某种"习惯成自然"的便利,所以它并不是一无是处。但是,当面对创新的事物时,若仍受其约束,就会阻碍创造力的发挥。

这个充满竞争的世界对于只知道墨守成规的人来说,到处都是难以跨越的鸿沟,处处都有无法突破的阻力。如果做什么事情都只会做"规定动作",而不能突破自我、超越别人,就难以在激烈的角逐中胜出。而对于善于变通的人来说,处处都充满了机会,只有善于思考、巧于变通的人才是有创造能力的人,才能在这个社会中有良好的立足之地。

马云一直都非常重视创新。马云周围的朋友对他有这样的评价:"这个人如果3天没有新主意,一定会难受得要死。"就连马云自己也都这么说:"如果我失去了创造性的思维,那我这个人就一点价值也没有了。"

对于马云的创新精神,从阿里巴巴的发展过程中,我们也可见一二。

1999年是互联网的春天。那时候一个月之内就会有数以千计的互联网公司诞生。冯小刚的贺岁片《大腕》中有一句台词可以精确地描绘出当时互联网的火热场面:"你花钱去建一个网站,把所有花的钱后面加一个零,就可以直接出售给下家了。"

但是,当时大部分的网站模式都是和新浪、搜狐差不多的门户网站模式。马云不认同这种模式,他认为众多的中小企业主都是文化程度不高的人,如果用门户网站,会影响他们的使用。

当时马云心中就已经决定在电子商务领域做一番事业,也明确了自己的服务对象,这些战略的问题已经确定下来。只是还没有确定具体的操作和运营方式。

辞去北京的工作,准备回杭州的时候,为了临走之前留下点纪念,马云和自己的团队一起去游览长城。在长城上,马云看到了许多"某某到此一游"之类的话语。这些留言,触发了马云的灵感。马云决定采取BBS(电子公告牌系统)的模式,他要把阿里巴巴办成一个"网上集贸市场",虽然不美观但是很实用。

于是马云带领一支年轻的团队关门制作6个月,潜心打造出了今天的阿里巴巴模式。阿里巴巴的横空出世,震惊全球,这是在国内外都极其独特的模式,它甚至被美国十大著名院校的商学院所研究,而且还被列入哈佛大学商学院MBA(工商管理硕士)的教学案例。

善于变通的人,勇于向一切规则挑战,敢于突破常规,他们做事变通、灵活而不违背原则,符合时代的变迁和社会发展的要求,因此他们往往可以赢得他人无法得到的胜利。

我们每天都面临着改变,新的产品和服务不断上市,新技术不断被引进,新的任务被交付,新的同事、新的老板……这些改变,也许微小,也许剧烈,但每一次的改变,都需要我们调整心情重新适应。改变,意味着对某些旧习惯和老状态的挑战,如果你紧守着过去的行为与思考模式不放,那么尝试新事物就会威胁到你的安全感。

2.把80%的人都说"好"的决定扔进垃圾桶

很多时候,走寻常路,跟在别人身后亦步亦趋的人往往碌碌无为,而不走寻常路的则更容易走向成功。在寻常的道路上,你只能欣赏路边的花花绿绿;而只有当你走上了不一样的道路,你才有可能领略到不一样的风景。

阿里巴巴最初建立的时候,一共只有18个人,这18个人后来被称为阿里巴巴十八罗汉。他们全是马云做教师时认识的同事、学生,或者好朋友。当初马云离开外经贸部决定南下回杭州创业的时候,他对这些人说:"我要回杭州创办一家自己的公司,从零开始。大家愿意同去的,每月只有500元钱的工资,愿意留在北京的,我可以推荐你们去收入很高的其他公司上班。"出乎他意料之外的是,这些人竟然没有一个人离开,都愿意跟他一起回杭州创业。

于是在1999年春节之前,马云带着原班人马从北京回到杭州,为即将到来的新事业做前期准备,他们准备做一个电子商务网站。但是工作刚开始,大家便有了不同的想法。有人主张做B2C,有人提出做C2C。最后,马云做出决定,他说:"我们就做B2B。"

当时大家都觉得这个想法不太可能实现,因为当时互联网上还没有这种模式,至少中国的互联网上还没有。但是马云却说:"如果一个想法80%的人都说好,那么你可以直接将它扔进垃圾桶。如果大家都想得到,而且别人能比你做得更好,你还做什么?"他当即拍板决定,就做B2B。事实证明,马云是对的,阿里巴巴获得了空前成功。

不走寻常路就是自己开辟一条只属于自己的路。不走寻常路的人不一定都能走向成功,但只要自己肯努力,肯付出,能坚持不懈地走下去,总会有所收获。每个人都希望自己可以闯出一番事业,可以实现自己的梦想,但如果大家都走同一条道路,那就是千军万马过独木桥,总会有人掉下河。不走寻常路,就是要我们创新,只有创新,走能引领潮流的路,才能在日益激烈的竞争中立于不败之地。

唐骏是著名的职业经理人,曾留学日本和美国,有"打工皇帝"之称。一般人做事业总是先从大企业学习经验,然后再自主创业,但是唐骏却反其道而行之。1994年,唐骏放弃自己的"皮包公司",担任微软总部WindowsNT开发部门的高级经理,从而开始了他辉煌的打工之路。

在微软十年的时间里,他从一个普通的小职员,奋斗成为微软中国区的总裁,同时,他还是微软的终身名誉总裁。

2004年,唐骏以微软中国荣誉总裁身份从微软辞职,并以260多万股股票期权出任盛大网络公司总裁。

2008年,他又以10亿元的天价转会费加盟新华都集团,接替集团创始人陈发树出任集团总裁兼CEO,全面负责新华都集团的日常管理。

人们常说"宁为鸡头不做凤尾",但唐骏显然不是这么想的,他一直都是以一个打工者的身份崛起的,这也成就了他"打工皇帝"的美名。

的确,在这个信息泛滥,商铺林立,充满着竞争与挑战的时代,所有创业者都会感觉到生存与发展的压力。而越在这时就越需要创业者发挥自己的创新精神。钻冷门,钻空档,经营新产品,越新越好,越独特越好,这是做生意的最大智慧。如果你的产品或服务属于行业中的独一份,或者排头兵,那么你的生意就没有不成功的道理!

人们以前常说,历史上有三个改变世界的苹果:诱惑了夏娃的苹果、掉落在牛顿头上的苹果和乔布斯的苹果公司。

苹果无疑在颠覆人们的观念,这和乔布斯一直奉行的特立独行与坚持不断创新的策略是分不开的。乔布斯说:"如果你做了一些还不错的事情,你就应该继续做一些更好的,而不要停留太久,要不停地想下一步。"

苹果的成就来自不断地创新,当智能手机崭露头角的时候,当诺基亚还霸占着绝大多数手机市场份额的时候,苹果凭借一种触摸带来的时尚元素跻身智能手机行列,并且独创的App Store(苹果应用程序商店)模式更是带来一种新的市场变革。让一度占据绝对话语权的移动运营商不得不低下自己高傲的头颅。

美国有媒体评论称,乔布斯和苹果改变了世界"玩"的方式,将现有的创意变为主流的应用。苹果创造的不仅是技术革新,还是文化革新。苹果是"聪明代码和极致美学的完美结合,是心理学、行为科学和哲学等领域的前沿结晶"。

在高盛科技大会上,当有人问苹果是不是已经江郎才尽,没有与其他竞争对手竞争时,蒂姆·库克回应道:"苹果的创新性从来没有这么强过,创新深深地刻在苹果的文化中。苹果创新的大胆性、雄心和信念都没有限制,公司有强烈的欲望开发最好的产品,这些都是公司的DNA(基因)。"

创业是一个相对比较复杂的过程,更是一个新颖的、灵活的、有活力的、有创造性的过程。所以不可能一成不变地沿用别人的路子,照搬别人的思想,这样只能导致失败。

我们可以细数大街上的店面,一个"云南野生菌火锅店"很容易就在北京站住脚跟并迅速成长,而满大街的"重庆火锅"成活率却低得可怜;一个独特的"寻找物品商店"刚开不久就能宾客云集,而满大街大大小小的超市却常常门可罗雀……

创新是一个企业竞争与发展的灵魂,许多创业者成功的本质都在于其标新立异的理念及作为。马云的意义与乔布斯类似,都在于对人性及人类需求的洞见,把创新作为目标与手段,把自己的公司带到一个全新的高度。

3.天马行空的想象力是成功之道

美国发明家和教育家托德·西勒说:"所谓天才,总能于凡人不经意之处发现意外的事物,他们在不可能的事物当中看出种种的可能。"

托德·西勒还提出了"超传思维"的概念,他认为天才的思考方式就是"超传",即把某个事物或者想法的新的含义和联系,传递到另一个事物或者想法上去,产生新的创意,即我们通常所讲的天马行空的想象力。从马云的创业经历中,我们发现他的很多创业构想都来源于他的不可思议的想象力基因。

马云成功创业之后,很多人认为马云有经商的天赋,马云在接受杨澜采访时说:"我不觉得自己有什么经商天赋,我只不过喜欢看一些金庸的小说。"

马云小时候最大的业余爱好就是读金庸的武侠小说,因为武侠小说可以让他"东想西想"。他还特别喜欢去各个茶馆听杭州大书、苏州评弹。虚拟的世界让他插上了思维想象的翅膀。

马云很善于把金庸的武侠境界演绎并实践到自己的创业过程之中,2000年马云还突发奇想,请金庸主持了网络英雄的"西湖论剑"大会。很多时候,听他谈论创业经验,就像是在讲自己的武侠故事。

如今,马云运用他的想象力,在他的"光明顶"构筑自己的"电子商务王国":阿里巴巴让"天下没有难做的生意",淘宝网让"天下没有淘不到的宝贝",阿里软件让"天下没有难管的生意",阿里妈妈让"天下没有难做的广告",支付宝让"天下无贼",马云用他的"达摩五指",欲将80%的中小企业"一网打尽",一统江湖。

马云天马行空的想象力,还表现在"外行领导内行"的管理风格上。马云常被形容为一个"不懂IT的IT英雄","不懂网络的网络精英"。马云说:"我只会干两件事,一是浏览网页,二是收发电子邮件,其他的一窍不通,我连如何在电脑上看VCD都不会弄!"在阿里巴巴的每一款新产品推向市场之前,马云都是该产品的"第一测试员"。他一再坚持,"只要我马云不会用,社会上80%的人就不会使用"。如"第一测试员"这关过不了,那些神通广大的工程师们就要从头再来。马云充当了第一顾客的换位思考角色。

郑渊洁有一段话很精彩："这是禁忌相继崩溃的时代,没人拦着你,只有你自己拦着自己,你的禁忌越多,你的成就就越少,人只应有一种禁忌——法律,除此之外,越肆无忌惮越好。"

我们从出生起就一直被灌输这样的思想,很多事情我们干不了。很多人的想象力不够,是因为他们对现实的理解告诫他们,许多东西只能停留在想象中,无法实现。然而,历史上有成就的思想家、发明家、作家无不具有超凡的想象力,并且敢于将其实现。他们常常因为出格的举动被人耻笑,直到有一天,他们创造出引人惊叹的作品,人们才发现他们的想法原来如此奇妙。

苹果就是靠想象力打下天下的。所有的苹果产品,都是苹果员工用想象力创造出来的东西。乔布斯拥有无与伦比的想象力,这是上天赐予他的最好的礼物。

乔布斯比一般人幸运之处在于,他是苹果的CEO,他在公司具有无上的话语权,即使再荒诞不经的想法,乔布斯都能将其贯彻始终,而且,乔布斯有足够的感染力,他能让精英团队的成员们衷心拥护他的想法,并竭尽全力去尝试。

乔布斯可以天马行空地想象,以后每一个家庭会拥有一台电脑,以后的电脑会变得跟记事本一样薄,以后的电影可以用计算机来制作……这些在当时看来犹如天方夜谭的想法,如果从另一个人口中说出,人们会认为他患了妄想症。然而,当乔布斯说出这些大胆的想法时,他得到了团队最有力的支持,所以他有生之年得以有机会将这些幻想一一展示给大家看,并将"幻想"一词变为了"创新"。

古人云:"尊新必威,守旧必亡。"一部科学发明史可以说是人类想象力的发展史。历史上有些被认为是最荒谬的想象,最后往往成为人类的创举。想象力能够使知识的效益和功能最大化,能够让知识创造出许许多多的奇迹。

十九世纪中叶,法国科幻大师凡尔纳在科幻小说中描绘的潜水艇、登月飞行、高速列车后来都成为现实。没有丰富的知识做支撑,想象力就是无源之水,没有想象力的作用,再多的知识也不可能成为创举。当一只苹果从树上掉下来,牛顿悟出了万有引力;当蒸汽把壶盖顶起来,瓦特看到了别人看不到的力量;当莱特兄弟梦想能像鸟一样在空中飞翔,他们的飞机便获得了起飞的动力。

美国《商业周刊》刊登过一篇文章,称美国公司已经率先步入一个由想象力和创造力主宰的新经济阶段,通过创新来推动发展。数字和科技不再是衡量公司竞争力的唯一标准,创造力和想象力更重要。

通用电气前首席执行官韦尔奇说过:"创造力和想象力放在企业的环境中就是创新。"正是因为具备了超凡的想象力,人类才有超凡的创举,人类才会有今天和未来。我们要成为一名出色的创新人才,必须具备一流的想象力,并敢于将其实现。

4.从实际出发去创新

创新是手段但不是目的,只有将创新的成果应用于实践并产生实际的价值,创新才是有价值的,否则创新只是浮于表面的天马行空的想象,只能是对资源与时间的浪费。李开复表示:"创新固然重要,但有用的创新更重要。"

实现创新、创造实用价值,首先必须做到从实际出发去创新,在这一点上马云做到了实处。

马云在"2005CCTV（中国中央电视台）中国经济年度人物评选"创新论坛的演讲中谈道："阿里巴巴要帮助中小企业成功。这个想法从哪儿来呢？我记得应邀到新加坡参加亚洲电子商务大会时，我发现90%的演讲者是美国的嘉宾，90%的听众是西方人，所有的案子、例子用的都是eBay、雅虎这些。我认为亚洲是亚洲，中国是中国，美国是美国，美国人篮球打得很好，而中国人就应该打乒乓球。回国的路上，我觉得中国一定要有自己的商务模式，是不是eBay我不知道，是不是雅虎我也没有看清楚，但是如果围绕中小企业，帮助中小企业成功我们是有机会的。"

马云从中国国情出发的这种认识，促使他在最初构思阿里巴巴的时候，就确定了阿里巴巴要从中国国情、从阿里巴巴自身的特点出发，提出了阿里巴巴成立的目的："通过互联网帮助中国企业出口，帮助国外企业进入中国。考虑到推动中国经济高速发展的是中小企业和民营经济，因此选择中小企业作为自己的主要服务对象这一创新之路。"

从实际出发思考创新之路的马云，同样坚持着"创新要为客户创造实用价值"这一理念。

阿里巴巴推出的阿里旺旺即时聊天工具，虽然聊天功能没有QQ强大，却是针对网上交易而设计的，很多功能体现了方便网络交易交流的特点。它符合阿里巴巴会员自身的实际需求，因此得到很多会员的认可和接受。

收购雅虎中国后，马云谈到新雅虎中国的设计时提到："酷不是本质的东西，酷对我来说很难，我就是这样子的。我们的酷就是做我们自己的东西，我们不希望创造酷的雅虎，创造更为实用的雅虎可能更重要。"同样在谈到支付宝的设计时,马云说:"阿里巴巴的任何技术创新管理都不是追逐市场,而是追逐客户。淘宝有660万用户,淘宝所有的服务都是专注于这些用户的。阿里巴巴不在乎技术创新好不好,但技术创新要为客户服务。支付宝没有什么技术创新,但是管用!"

李开复在《做最好的自己》一书中写道:"许多人会认为创新最重要的元素是新颖,但我认为创新的实用价值更应被着重考虑。我曾经有过一次新颖但实用价值不高的惨痛创新体验。当年我在SGI(美国硅图公司)工作的时候,曾经领导开发过一个三维浏览器的产品。仅从这个产品本身,或者从技术角度出发,几乎每一个人都认为这是一个非常酷的产品。想象一下,在三维的视图里访问互联网,像玩游戏一样,从一个网站链接到另一个网站的操作,就像从一个房间走进另一个房间那样逼真,在当时,这是一个多么有创意的产品呀!但很遗憾,这样的产品并不是根据用户的需求开发的。事实上,人们访问网页的时候,最关心的是信息的丰富程度和获取信息的效率,一个三维的视图不仅不能带给用户更多的信息内容,反而会严重妨碍信息的高效传递,无法使用户在最短的时间内获得最有价值的信息。这样一个对用户没有用的创新,最终只能面临失败的结局。所以,我认为具有实用价值的是创新的目的。我深深相信'需求是创新之母'这句话。"

诚如马云所言"解决问题是最重要的"。一个产品最重要的是其实用价值而非其他,不管是纯粹的有形商品还是纯粹的无形商品或者是两者的混合,人们之所以选择它都是为了解决问题。很多创新研究都强调创新的技术内涵而不是客户真正体验到的东西,但这种创新是毫无意义的。因此我们强调创新,但更强调实用的创新。

5.挖掘事物的潜在优势

马云认为,把一件本来不占优势的事情充分发挥出了其潜在的优势,是打破常规的真正精髓。

马云在"青岛网商论坛"演讲时说:"很多人好奇阿里巴巴为什么会把总部设在杭州,而没有设在北京、广州,到今天为止我还是坚定不移地相信,阿里巴巴总部设在杭州是没有错的。第一,任何公司都必须贴近自己的客户,客户在哪里你就要在哪里,如果今天阿里巴巴是做电子政务的话,我们就应该搬到北京去。但做电子商务必须在离中小型企业最近的地方,也就是说浙江、江苏、广东一带,杭州就很好。第二,北京的企业都相信国有大企业,假如我们在北京,阿里巴巴在那里相当于500个儿子中的一个,谁都不关心你。在上海他们只相信跨国公司,只要你是微软、IBM,他们就会像请佛一样请你,中国的本土公司是没人理的。我们本来准备把总公司放在上海,后来还是放在了杭州。最后我们发现杭州还是自己的家,杭州的几百万老百姓因为阿里巴巴回来而感到骄傲,我们杭州的出租车司机在帮我们做广告,杭州西湖上划船的人虽然不知道阿里巴巴是什么,但知道反正我们有一个公司叫阿里巴巴。"

杭州相对于国际大都市上海来说,无论是硬件还是软件,对于从事电子商务的阿里巴巴来讲都是一个不占优势的地方,但是马云在这种"劣势"中开发出了"优势",正体现了打破常规的精神与智慧。

我们在工作中有时会遇到资源匮乏的问题,但只要我们肯动脑、善创新,激发脑中的无限创意,就一定能够挖掘出其中的潜在优势。资源不在多少,而在于怎样利用。巴西的矿产资源非常丰富,但国民生产总值远远比不上日本;瑞士可以说是个弹丸之地,却创造出举世瞩目的财富。资源的确是有限的,可是对资源的利用方式是无限的,这无限的可能性则来自无限的创意。

　　2006年,德国世界杯开战在即,酒吧成了看球的好去处。不过机会到来的同时也意味着激烈竞争的到来,为此,每个酒吧都想尽一切办法吸引顾客。大部分酒吧都走酒水降价促销的路线,但这只能带来少量的销售增长。

　　德国有一个酒吧想出了一个新招,他们专门学习了世界杯决赛阶段各个参赛国的特色菜做法,推出了"世界杯主题套餐",比如在荷兰队与阿根廷队比赛的当晚,酒吧会推出由荷兰特色菜与阿根廷特色菜组成的套餐,让顾客在观看这两队比赛的同时,能够品尝到这两个国家的美食。平时就餐时,顾客也可以自由选择各国的特色美食进行组合。这一招果然奏效,世界杯还没正式开始,前来尝试及预订套餐的顾客就已经络绎不绝。

　　此外,这个酒吧还增设了专门的家庭席位,顾客可以带着家人一同前来就餐,这样就解决了很多男性足球爱好者看球不能照顾家人的矛盾。为了给自己的国家助威,酒吧更是别出心裁地研究配制出上下分黑、红、黄三层的鸡尾酒,象征着德国国旗的颜色。这些举措都为这个酒吧在当地酒吧业赢得头彩。

　　在上述案例中,酒吧原本主要是球迷的消费场所,增设了家庭席后就可以迎来球迷之外的顾客;国旗三色的鸡尾酒可以卖出高价,但原料还是原有的酒和饮料。变了一下花样,同样的取材可以换来不一样的价值。

无限的价值蕴含在有限的资源当中。整天抱怨资源不足的人无法发现既有资源的无限价值，只会在竞争中处于被动，渐渐落后，最终走向失败。

6.创新不是打败对手,而是与明天竞争

有人说商场如战场，商场上的对手往往被当成企业最大的敌人,甲骨文公司总裁就曾说过:"我们是否成功不重要,重要的是我们的对手都倒下了。"

很多人,自创业伊始便想着如何逐一打败行业里的对手。在他们心里,总觉得一个企业能否发展到一个相对高的位置,就看它是否打败了和自己相当甚至是跑在自己前面的对手。

对此,马云有着自己一套独特的看法,他认为,"创新就是创造新的价值,不是要打败对手,不是为了更大的名气,而是为了客户、社会和明天。"

"中国的很多公司,跑到一半的时候,跟左边的人打几下;再跑几步,又跟右边的人打几下,疲于奔命。我说,要把时间花在客户身上,花在服务上,而不要花在竞争对手身上。这是一个创新型公司最需要重视的一点。只要你今天比昨天好,明天比今天好,你就永远冲在最前面。"马云说,"创新不是和对手竞争,而是跟明天竞争。"真正的创新一定是基于使命感的,这样才能持久进行。

在1999年,马云以一种新的模式B2B进军互联网的时候,提出

要做一个80年的公司。在很多人看来，马云一定是疯了。因为，当时紧接着就是互联网的冬天，阿里巴巴和其他没成熟的企业一样，忍受着这股强冷空气的袭击。

三年下来，阿里巴巴从众多企业中逐渐露出头角，成为一支新秀。

就在这个时候，一直是中国国内C2C在线拍卖领域的龙头老大eBay网实现了对易趣的完全控股。然而，当业界、媒体、大众还都在为两"易"的合并而惊呼之时，马云早已在江南之都——杭州开始了另一番令所有人都意想不到的大作为。马云正在秘密地制造另一个C2C网站，准备挑战这个行业的霸主。2003年7月，马云带领阿里巴巴团队先后在杭州、上海、北京三地召开"阿里巴巴投资淘宝新闻发布会"，正式宣布阿里巴巴投资1亿元，进军C2C领域。

通过免费开店政策，在短短的两年时间里，淘宝积累了大量客户，超越eBay易趣，成为国内最受欢迎的第一大C2C网站。

其实，打败eBay易趣是马云推行淘宝的一个结果，而非目的。马云一直非常坚定自己的立场，竞争最大的价值，不是打败对手，而是发展自己。与对手的竞争终有尽时，而与未知的"明天"竞争既充满了无限的可能，也潜藏了无尽的机遇。

就拿雅虎和eBay美国的合作来说，正是因为看到了未来全球互联网的竞争格局和如何使用户和企业利益最大化的重要性，马云积极地倡导和参与推进了这次的合作。

马云认为，商场上没有永远的敌人也没有永远的朋友。大家都是为了自己的明天不停地前进，而谁能超过谁不是最终目的。当市场要求企业不断加快创新速度，当全球化的压力越来越大时，短兵相接的竞争对手也可以在不损害各自竞争优势的前提下，结成战略联盟。

众所周知,微软和苹果两大公司自20世纪80年代起就一直处于敌对状态,乔布斯和比尔·盖茨为争夺个人计算机这一新兴市场的控制权展开了激烈的竞争。到了90年代中期,微软公司明显占据了领先优势,占领了约90%的市场份额,而苹果公司则举步维艰。但让所有人大跌眼镜的是,1997年微软向苹果公司投资1.5亿美元,把苹果公司从倒闭的边缘拉了回来。2000年,微软为苹果推出Office2001。

自此,微软与苹果真正实现双赢,他们的合作伙伴关系进入了一个新时代。

企业的创新,不是靠打击对手,而是靠脚踏实地地做好自己企业的产品、行销、企业管理等。世界十大著名品牌几年前的排名里,排在第一名的是可口可乐,而排在第十名的是百事可乐。按照常理来看,已经有一个那么强的对手了,百事可乐应该不会做大,可是恰恰相反,一个可乐市场造就了两大著名的品牌。

企业在创新的路上应多问自己一个问题,自己的目的地是哪里,到底是为了什么而走上这条路。要想清楚自己有什么,想要什么,要放弃什么。基于使命感的创新才是持久的,仅盯着对手来做出相应的策略的企业,根本无从创新,只是被动地做出反应。

打败对手是很有成就感的事,而通过创新来超越对手,突破自我,实现使命,才是真正的成功。而且这一种创新的力量会发挥出最大的能量,促使企业不断发展,不断前进。

7.相信你的直觉

企业家做战略决策需要眼光和魄力,也需要智慧。而面对千载难逢的机会,面对瞬息万变的产业,有时决策必须当机立断,否则贻误战机,铸成大错。

相信自己的直觉,当机立断是马云的决策之道。

马云说:"因为只有在真正知道自己要做什么的时候,你才有可能承受住所有的压力,所有的指责。确定你要做什么,这需要你有使命感。"

1995年,马云在美国第一次接触互联网,发现在神奇的互联网上居然找不到一点儿中国的信息,在感到震惊和不可思议之余,敏锐的直觉告诉他,"它肯定会影响整个世界,而中国还没有"。马云的脑海中闪出一个念头:回国创业,做Internet!但是回国后朋友们却把他视为疯子,"这玩意太邪了吧,政府还没开始操作的东西,不是我们干的,也不是你马云干的"。但是马云毫不动摇,毅然辞去了大学教师工作开始创业。

1999年,在全世界的互联网企业都克隆美国模式,把大企业作为电子商务服务的潜在顾客时,马云以一个渔夫的"超传思维",看到了互联网更大的细分市场,因此,他将阿里巴巴定位成"为80%的中小企业服务"的网站。马云创立阿里巴巴电子商务网站后,他对18位创业员工这样描绘阿里巴巴的未来:"我们要做一家102年的公司,要进入全球网站前三名。"当时在场者中相信这番话的,只有马云自己。短短八年后,阿里巴巴不但成为全国最大的互联网公司,还在全球网络交易市场中独占鳌头。

在用人方面，马云也显示了自己超前的直觉判断力。阿里巴巴刚成立时，马云就对18位当年的创业元老说："你们只能当连长、排长，团级以上干部我需要另请高明。"后来随着公司的发展壮大，马云在全球范围内网罗了大批的技术精英和高级管理人才，至今没有发生过其他公司那样的"元老问题"，并且当初一起创业的18个人至今都没有一个人离开阿里巴巴，足见其"未卜先知"和"防患未然"的思维天赋。

世界上大多的成功人士，都相信自己的直觉，利用自己的直觉，追随自己的直觉，并将自己的成就归功于直觉。

唐纳德·特朗普，美国商业巨子、地产大王、亿万富豪、媒体巨人，资产超过30亿美元。他在《创：美国商业巨子特朗普的商业法则》一书中，揭示了自己的发展经历和成功秘诀。他几乎总是做出正确的决策，这归功于他相信直觉并利用直觉。

相信你敏锐的直觉，并跟着直觉走，你将获得意想不到的成功。

奥普拉·温弗瑞，美国媒体界的奇人、脱口秀主持人、电视界的神话，资产超过10亿美元。在谈到是什么使她如此成功时，她根本没有提及富有感染力、独特的幽默感、性格丰富等才能。她把自己的成功归功于一点——本能的直觉。

2008年，她在《奥普拉杂志》上写道：相信你的直觉，直觉不会撒谎。同年，她对斯坦福大学的毕业班说过类似的话："我做出的每一个正确的决定——我所做过的每一个正确的决定——都出自我的直觉。"

一年后，在杜克大学的毕业典礼上发表演说时，她把这一点讲得更加透彻："我就是我，因为和其他人的意见相比，我更相信自己的直觉，而这就是我给你们的最好的建议。"

乔布斯在2005年斯坦福大学的毕业典礼演讲中说："你不可能预先将生命中可能发生的点点滴滴联系在一起，你只能将发生过的事情连接起来。所以你必须相信你现在经历的这些片段将会在未来的某一天联系在一起。你必须相信某些东西，你的直觉也好，命运也好，生活也好，或者因果报应，随便什么东西。这种做法从来没有让我失望过，而我的人生也因此变得完全不同。"

乔布斯对自己的品味有着深刻而恒久的信仰，深信要是自己喜欢些什么，公众也同样会喜欢，而他几乎总是对的。

直觉是每个人与生俱来的一种感官能力，有些人感受敏锐，而另一部分人则略微迟钝，但在生活中，几乎每个人都会有这些神秘的感觉。相信你的直觉吧，它会引导你前进，做出正确的抉择。

8.向你的竞争对手学习

马云说："竞争者是最好的老师，选择优秀的竞争者非常重要，但是不要选择流氓当竞争者。"

"对手是你学习的榜样"这句话其实不止马云一个人这样说过，但是人们却总是受"同行是冤家，对手即敌人"等观念影响，从来都只是仇视竞争对手，更谈不上向竞争对手学习了。

在当今商战的墓地里，躺满了这样一群失败者，他们或是逃避竞争、或是轻视竞争对手，他们被打败以至消亡的一个重要原因，就是单方面的仇视对手，漠视竞争对手的长处，不愿也不虚心向竞争对手学习。

在我们的生活中，尤其是在商场中，竞争无处不在，无时不在，有的人在竞争中，会把竞争对手作为榜样，跟随他，学习他，然后让自己变得更强大。而有的人则会把竞争对手视为"毒蛇猛兽"，视为老死不相往来的"敌人"，甚至千方百计诋毁对方，不择手段争夺竞争资源。还有一些人，在竞争对手面前，不知道学习对方的优点，却总是企盼把对手一棒子打死，要么仰天长叹"既生瑜，何生亮"。应该说，这些都不是参与竞争应有的态度。

曾经有一位资深体育教练这样说过："竞争对手是每个运动员最好的教科书，谁要想战胜竞争对手，谁就得向竞争对手学习。在百米赛场上，你是否能跑出好成绩，很大程度上取决于你与谁一起站在起跑线上。"

2004年雅典奥运会时，刘翔获得了110米跨栏冠军，当时，他紧紧地抱了前世界冠军约翰逊一下。这是刘翔对约翰逊的尊重，也是向栏坛前辈的致敬，更是感谢这位老竞争对手的出色表现。

如果没有约翰逊，在短短的110米栏间，刘翔也许就不会有足够的动力。刘翔的成长，正是沿着约翰逊的脚步，一步一步走来并超越的，从开始一点一滴地观察、研究，到模仿和学习，扬长避短，逐渐发挥出自己的优势，并最终超越了这位赛场"老师"，成就了自己的霸业。

其实刘翔的成就有很大一部分都来源于这位亦师亦友的好对手，正是因为有了这样强劲的竞争对手，让我们可以看到一个不断提高的刘翔，一个向更高、更快、更强不断冲击的刘翔。也正是有了约翰逊，刘翔才有了学习的好榜样，有了向更高目标奋进的动力。

正所谓"人外有人，天外有天"。向竞争对手学习，这是最直接也是最能看到自身不足的学习方法。从竞争对手那里学会竞争，在与竞争对手比较中不断完善和发展自己；向竞争对手学习，还要善于总结别人的成败得失。尺有所短，寸有所长。不要羡慕别人的成功，更不要鄙夷别人的失败，我们应学会分析和总结现象背后的本质，找出别人失败或者成功的原因，取其长补己短，这样才能不断丰富自己，超越自我，获得更大的成功。

有些人总喜欢羡慕那些成功者，羡慕那些行业里成熟的企业，其实，他们常常忽略一点，他们的成功凭借的是什么，他们的成熟是怎么来的？正如一位企业家所说："我的很多知识、经验，都是从我的竞争对手那里学习来的。"从他人，尤其是对手的成功经验中总结经验，加以变通和运用，才是一个企业成长最快的途径。

马云说："向竞争对手学习，其实就是让竞争对手分担你的压力。因为你学到了竞争对手的长处，就缩短了与竞争对手的差距，甚至有可能会超越竞争对手，这样你的竞争就会处于优势地位，把你的竞争对手抛在身后，也就是把压力抛给了竞争对手。"

"以人为镜可以知得失"，我们应该多检讨自己的缺点，看见别人的长处，不断提高自己。一个榜样胜过书上的一百条教诲，一个竞争对手胜过一百个追随者。

9.创新是被"逼"出来的

在一场名为《创新的源泉》的讲话中，马云坦言无法给出创新的定律，因为创新不是设计出来的，只能是在不断出现的问题中逐一解决。很多问题的解决方案并不是非此即彼,有可能几种处理方式都是正确的,但是现实只给了你单项选择的机会。

马云经常自嘲是"盲人骑瞎虎":自己眼睛是瞎的,骑着的老虎也是瞎眼的,一路颠簸到现在。而他自己的一次次创新成功无外乎是因为在当时被"逼"着答对了每个单选题。

"我们的每一次创新,换句话说,都是为了活下去,然后被形势所迫,越搞越大。"马云说,"所以今天告诉大家,绝不是因为我们很聪明,看到了未来怎么做,而是我们看到了市场需求。我们自己有这个压力,我们必须渡过这些难关。"

从一开始阿里巴巴就定下了通过电子商务帮助中小企业的战略,今天看来这是成功的。然而,这并不是因为马云聪明到这么早就预测到电子商务,而是因为当时他并没有其他路可走。当时的网络经济模式只有三种:第一做门户网站,但他们没钱没资源;第二做游戏网站,但马云又不想要小孩子们泡在游戏里;所以他们只能做电子商务。

支付宝,现在看来也是一个很成功的创新,但这也是被"逼"出来的。

当年,淘宝网做得很热闹,但是没办法交易,中国的网上诚信现状逼着马云必须解决支付的问题。但是,这个事情要国家发牌照,大的国有银行不愿意涉足这个领域,而花旗银行、汇丰银行这些外资银行会做。那年马云参加会议的时候,听一位领导人讲:"什么让你创新和做出对未来的决定?那是使命。"所以马云告诉同事们,他们要做"支付宝"。

支付宝的模式其实也谈不上创新,甚至很愚蠢,就是"中介担保"。你买一个包,我不相信你,钱不敢汇过去,就把钱放在支付宝里面。收到包后,满意了中介就把钱汇过去,不满意就通知中介把钱退回去。

马云当初和学者们谈到这种想法时,他们说:"太愚蠢了,这个东西几百年以前就有。早就淘汰了,你干吗还要做?"但是马云不想去创造一种新的商业模式,只不过是为了解决很现实的问题,至于它在技术上有没有创新,那不是他关心的话题。经过几年的"盲人骑瞎虎",到今天为止,支付宝的用户已经突破6亿人。

马云说:"我从来不谈'模式的创新',因为我无法在我旗下每个公司创业的第一天就给它规划出成型的样式。我觉得我们的模式是'需求'出来的:根据客户需要来调整自己,甚至他要什么,我们就调整成怎样。很多人说我很聪明,计划得很好,但我不是计划好的,只是看好方向,然后走下来。"

有些创业者,从一开始就把创业的重心放在技术上,动不动就做一些让人云里雾里的技术创新,然而,如果顾客无法从这种增值的产品中得到同样增值的实用价值时,便会慢慢放弃使用。到最后,钱没少投资,做出来的产品却不被市场接受。

《赢在中国》第二赛季的王嵩,他做的项目是TOUCH网络传媒。他通过引入建设数字化城市的概念、以触摸屏为载体、以提供城市一卡通功能为服务,改变广告的商业形式,最终实现传媒的网络化、社会化社区、社会化精准搜索,打造一个带有强烈公益色彩的大众化智能服务平台。

王嵩在推荐自己的理念的时候说:"我们的触摸一体机有以下几个作用:第一,可以通过这个一体机下载很多MP3、MP4(音频文件)歌曲;第二,可以完成便民的服务,比如交水电费、买卖股票、彩票等;第三,可以看到很多城市信息,比如政府公告、旅游信息等。"

另外,他又介绍,这种一体机通过和百度、谷歌合作,可以查看用户的IP(互联网协议地址)，并记录用户历史浏览过的信息，然后再反馈给用户。而这样做的目的就是让大家主动看他的广告，让这个广告互动起来，而不仅仅是一个电视屏幕，或者被动地看，每次都是被强迫着去看。

针对这一方案，马云给出评论："我感觉到他的技术无懈可击，因为我什么也听不懂。虽然说，技术创新是企业创新的主要内容。但是，我还是建议大家，技术创新不要太聪明。不要因为某个技术而去推广，你必须先去了解市场的需求和客户的需求，然后再去找相关的技术解决方案，这样成功的可能性才会更大。只有你真正明白，你的技术解决了什么问题，创造了哪些独特价值，你才能够真正做强做大。"

一个创业者要想创业成功，首先考虑的是市场，没有市场你的技术再先进都没有用，而当你了解了市场的需求，然后再去投资技术，这样做成功的概率就要大得多。

另外，比技术更重要的是实践、常识和一个人的思想和价值观。马云说："不是技术天才并不可怕。如果你是从现实中汲取养分的思想家，对于你的竞争对手来说，你就是可怕的。"

第五章

知舍善得,树立正确的金钱观

1.不抓鲸只抓虾米

关于阿里巴巴的发展目标,马云的定位是"要做和别人不一样的企业"。为此,马云在"亚洲电子商务大会"上发言说:"美国是美国,亚洲是亚洲,我们不能照搬eBay、美国在线、亚马逊和雅虎的模式,亚洲80%的企业是中小企业,亚洲一定要有自己的模式。"

马云曾把大企业比作鲸,小企业比作虾米,而阿里巴巴将不抓鲸只抓虾米。这是马云通过对"网络的普及将是对大公司模式的终结"的预测,得到的最终决定。

当中国互联网上都在争相复制雅虎、eBay、亚马逊,复制网上门户、网上书市、网上拍卖的时候,马云却要推出的是一种新式的B2B模式,这就是后来被国内外媒体、硅谷和国外风险投资家誉为"与雅虎、亚马逊、eBay比肩"的互联网第四种模式。

而马云做这个决定的原因也很明确：亚洲是最大的出口基地，而阿里巴巴就是以出口为目标的，那么，帮助全国中小企业出口便是阿里巴巴的方向。可以说，这种以服务中小企业为主的模式也是阿里巴巴独创的。

事实证明，马云对中国市场的分析是正确的。世界需要中国这个潜力无限的大市场，而中国也需要世界。所以很快，中国就顺利地加入了世贸组织。由于劳动密集型产业的发达，使得中国成为世界的工厂，一时间"中国制造"风靡全球。

而中国商业发展的独特模式都是以中小企业为主的B2B模式。于是，马云的"前瞻"使阿里巴巴每年的续签率达到75%——要知道中小企业的死亡率都可以达到15%，他们续签首先说明他们已经存活下来了。

"让别人去跟着鲸跑吧。"马云说，"我们只要抓些小虾米，很快就会聚拢50万个进出口商，我们怎么可能从他们身上分文不得呢？"也正是在马云这样的领导者的英明决策之下，阿里巴巴才能一直领跑在网络帝国的世界中，继续着一个又一个的商业神话！

面对鲸与虾米这两个尺码差距相当大的目标，马云义无反顾地选择了后者，因为他对局势有着很明确清晰的认知，并且知道目标越具体，越现实，达成度越高。李开复曾经这样解释清晰具体的目标："在"SMART"目标中，S是Specific，即你的目标必须是特定的、范围明确的，而不是宽泛的；M是Measurable，即你的目标是可以度量的，不是模糊的。"

1952年7月4日清晨，加利福尼亚海岸下起了浓雾。在海岸以西21英里的卡塔林纳岛上，一个43岁的女人准备从太平洋游向加州海岸。她叫费罗伦丝·查德威克。要是成功了，她将是从英法两边海岸游过英吉利海峡的第一位女性。

那天早晨，雾很大，海水冻得她身体发麻，她几乎看不到护送他的船。时间一个小时一个小时地过去，千千万万人在电视上看着。有几次，鲨鱼靠近她，被人开枪吓跑了。她仍然在游着。

15小时之后，她又累，又冻得发麻。她知道自己不能再游了，就叫人拉她上船。她的母亲和教练在另一条船上，他们都告诉她海岸很近了，叫她不要放弃。但她朝加州海岸望去，除了浓雾什么也看不到……

几十分钟后——从她出发算起是15个小时55分钟之后——人们把她拉上船。她渐渐觉得暖和多了，这时却开始感到失败的打击。她说："说实在的，我不是为自己找借口。如果当时我能看见陆地，也许我就能坚持下来。"人们拉她上船的地点，离加州海岸只有半英里！查德威克一生中就只有这么一次没有坚持到底。

目标要看得见，够得着，才能成为一个有效的目标，才会形成前进的动力，帮助人们获得自己想要的结果。《爱丽丝漫游奇境记》里爱丽丝问猫该走哪条路，猫说："那要看你想去哪里。"爱丽丝说："去哪儿无所谓。"猫给出的回答是："那么走哪条路也就无所谓了。"当一个人没有明确的目标的时候，自己不知道该怎么做，别人也无法帮到你。

而从另一个角度来讲，目标的制订既要基于现实，又不能超过自己的能力范围。因为在力所能及的事情上，人们往往可以做出理智的决定，心之所向也就容易达到。但是，不切实际地追逐圆满，总是会将自己"需要"的和"想要"两个概念混淆，人们就容易投机取巧，违背客观规律，因而被诸多烦恼所害。

南怀瑾大师讲欲望与能力的时候，曾引用过这样一个典故：

孟子用仁政思想来游说齐宣王的时候，问他："是吃得不够美味还是穿得不够舒服？是看到的不够养眼还是听到的不够悦耳？难道说是服侍你的人不够多、不够好？"

在听到齐宣王的多番否认后，孟子直截了当地点明了齐宣王的心思："大王是想开疆辟土，让秦、楚这些强国都向你俯首称臣，朝拜进贡。不仅如此，你还要成为中原霸主，让四夷归顺。可是，以你现在的实力来看，这无异于缘木求鱼啊！"

齐宣王倒笑了："不至于吧，先生说得太夸张了。"

"殆有甚焉！缘木求鱼，虽不得鱼，无后灾。以若所为，求若所欲，尽心力而为之，后必有灾。"孟子此番话令齐宣王如梦方醒，求教治国之道。

从一个人为自己订立的目标上就可以窥视到他的欲望，由此，我们在给自己订立目标的时候还是要从自身能力与实际情况出发，一旦贪心太大，目标超出了自身能力范围，欲望也就迅速膨胀，这就是"贪心不足蛇吞象"。

2.舍得放弃小"金子"

为了使阿里巴巴成为世界上最好的电子商务平台，马云为阿里巴巴制定了新的战略。但不幸的是，这些战略却使新成立的业务一直处于亏损状态。当有人开始质疑马云决策的正确性，并指责他"不能赚钱"的时候，他说："要开始考虑赚钱的时候，是你帮别人真正赚了钱的时候。但现在，还不是淘宝收费的时机，因为市场还需要培育。就像几年前我经常讲的,如果阿里巴巴在路上发现小金子,不断捡起来,当他身上装满金子的时候就会走不动,就永远到不了金矿的山顶。"

马云一直认为,为了赚钱而去创业的这种功利心是不可取的。他曾说:"做企业赚钱,赚很多的钱,许多人都这么想,但这不是阿里巴巴的目的。"功利心人人都会有,它和创业之间是正向的关系,会激发创业的潜能。但是功利心并不是创业的原动力,它虽然也会促进创业,但是容易使人为了眼前的利益而放弃长远的打算,这对企业的长远发展是不利的。"

马云说:"我们不想做商人,我们只想做一个企业,做一个企业家。"当阿里巴巴收购雅虎得到其全部中国的业务和10亿美元时,有人说阿里巴巴赚了,但马云坚持认为:"经济利益我往往很少考虑,对阿里巴巴而言有一点事情是永远围绕我们的,我们想创办一个中国人创办的全世界最好的公司,我做的任何收购兼并前,首先看看是不是围绕这个目标,只有在围绕这个目标的情况下我才考虑经济利益。"

很多生意人就是想把赚钱作为目的,怎么做也做不大。所以马云认为,赚钱是一个企业家的基本技能,而不是所有技能。马云说:"你赚的钱能不能持续赚钱,能不能持续创造价值,影响社会,领导整个电子商务互联网,这是我觉得最难的事情,我要挑战的是这些。很多人都懂得怎么赚钱,世界上会赚钱的人很多,但世界上能够影响别人、完善社会的人并不多,如果要做一个伟大的公司,你就做这些事。"

企业家不能被钱引着走,企业家是被责任、团队带着走的,钱是围绕优秀的企业家走的。帮助更多的人赚到钱,这种舍得放弃小金子,旨在创造社会价值的理念,使马云把握住了互联网的命脉。也正是基于这种对电子商务的坚定信念,马云立志将阿里巴巴做成世界十大网站之一,从而实现"只要是商人,一定要用阿里巴巴"的目标。

  法国小说家巴尔扎克曾说:"在人生的大风浪中,我们常常学船长的样子,在狂风暴雨之下把笨重的货物扔掉,以减轻船的重量。"可见,当命运的船只走到死角的时候,果断地放弃是最明智的选择。

  有位名人说得好:"如果一个人面对着两件事情犹豫不决,不知该先去做哪一件事情好,那他最终将一事无成。他非但不会有什么进步,反而会后退。唯有那些具有如凯撒一般的特性——先聪明地斟酌,再果断地决定,然后坚定不移地去行动的人,才能在任何事业上,都做出卓越的成绩来。"

  天津天狮集团董事长兼总裁李金元在回忆自己走过的路时,感慨道:"做大事的人一定要学会放弃。成功的过程实际上就是放弃的过程。"如果此前离开学校、离开油田都算是放弃的话,让李金元最难放弃的是那次陷入三角债中的40多万元。

  当时,亲友都劝他打官司,把这些钱追讨回来。然而,22岁的李金元却选择了放弃,他说:"往前走,有更多的40万元在等着,可要是原地踏步,最多也就只有这40万元了。"

  于是,李金元从银行和亲戚那里凑了14万元现金,建起了自己的面粉厂。也正是从这时候开始,李金元挣来了自己的第一个100万元。

  "如果当时不毅然放弃这40万元的三角债,恐怕此后最好的年华都搭在这40万元上了。"

  不懂外语,却能让自己的公司在全世界赚钱,这就是李金元的"放弃之道"。

电影《卧虎藏龙》里有一句很经典的话："当你紧握双手，里面什么也没有；当你打开双手，世界就在你手中。"人生就是一个选择的过程，而放弃正是一门选择的艺术，是人生的必修课。我们常说坚持到底就是胜利，可是我们都知道，唐·吉诃德是个勇于坚持的人，可最终的下场也只是失败。

人生有取就有舍，有得也有失，不理智地抓住一些不属于自己的东西不放，只会活得更累。诗人泰戈尔说过："当鸟翼系上了黄金时，就飞不起来了。"可见，放弃是一种智慧，是一种清醒的选择。为了更好地得到，去获得更大的成功，就必须放弃，即便你有时候舍不得。

其实，我们每个人都有自己的一份执着，它或许是信念，或许是一种习惯，或许是一份感情……合理的执着固然可以成为我们生活的原动力，可是有时候过分的执着却会变成一份盲目的坚持。因此，执着追求和果敢放弃是走向成功的双翼。不执着容易半途而废；不放弃，便容易一条道走到黑。

因此，不要什么都不愿舍弃，什么都想要抓在手里，只有撇开过多的贪心与欲望，依据形势做出准确的判断，选择属于你的正确方向，才能让自己一步步踏上成功的快车道。

3.失败的原因不是钱太少，而是钱太多

在许多人看来，钱越多越好，甚至还有人说："所有能靠钱解决的问题都不是问题，解决不了的，多砸些钱就行了。"然而他们却未能认识到，有很多钱和钱不够同样有麻烦。而这些麻烦，恰恰就在于

不知道如何解决钱太多的问题。

2000年1月，马云和蔡崇信跟风险投资商孙正义进行了三次谈判后，终于谈妥了价钱——3500万美元。

可是在最后签约之前，马云却突然"变卦"了，而他"变卦"的原因不是因为钱少，而是因为钱太多了。几乎所有人都想不通，还有嫌钱多的吗？但马云自己明白他们只需要足够的钱，太多的钱会坏事。

马云曾放弃了多次上市的机会，不是他不愿意上市，而是没有找到更合适的机会。马云认为，与丁磊、陈天桥这两拨上市者相比，他并没有错过什么，后上市反而更省力。

2001年，互联网行业进入了寒冬期，体现在股市上，就是纳斯达克指数狂跌：2000年3月的时候，纳斯达克指数突破了5000点，而到2001年3月份的时候，它就是2000点了，跌了60%，在大家盼望反弹的时候，又跌到了1400点。微软股价跌了一半，思科公司仅为最高时的1/6。中国的新浪市值最高时曾达50美元，但半年后就跌到1美元。

马云的后上市，避开了这次股市冲击，有幸运的因素，更是对机会说"不"的结果。

在《赢在中国》栏目里，有个叫贾豫的硕士，其参赛项目是车友汽车生活馆，主要为汽车用品厂商和消费者之间搭建一个互利、共赢的服务平台，为车主提供优质、快捷、贴心、周到的产品和施工服务。

马云问他："加入你公司需要什么条件？"

贾豫："首先要认可我的产品，认可我服务的模式，另外要交质量保证金和加盟费用。"

马云："你觉得像你这样注册资本仅3万元钱，人家怎么相信你？"

贾豫："因为之前我开店，说句实话，都是在个体户想法上做的，这个公司是我注册的第一个公司，刚开始对这一块也不是很了解，然后找了一个代理，我说想个办法，怎么快怎么来。问多少钱？他们说3万元钱就行，于是我就给了3万元钱。"

最后，马云表态说："很遗憾这次我没有选任何一位……我想提点我的建议和想法，13号（贾豫）你的项目不错，人很踏实，但是不应该给你钱，给你钱会害了你。很多人失败的原因不是钱太少，而是钱太多。在开始做得小一点儿，一点点积累，你会做得很踏实，所以你这个项目最好3年以内不要考虑盈利，不要考虑融资，做扎实、做踏实，这个比较好一点。"

接着，马云又说："我发现很多选手都有这么一个趋势，数字张嘴就来，没有经过思考，不真实，这对评委，对任何一个投资者来讲心里都会发虚……300万元挺好，慢慢做到3000万元，3000万元到6000万元很累，300万元到3000万元还是有可能的，要把自己真实的数字说出来。"

马云提出的这个问题很现实，但却并不为大多数人所意识到。比如说，有些上市公司，不管有没有需要，总是在不停地集资。问题是，并非企业拥有的资金越多，成功的机会就越大。

1999年还处于起步期的阿里巴巴，资金来源是创业团队成员用"闲钱"凑来的50万元人民币，可这点儿钱没应付多久，阿里巴巴的资金就山穷水尽了。

幸好那个时候互联网狂热，吸引风险投资并不难，在马云湖畔花园的家中办公的阿里巴巴员工，经常接到投资者打来的电话，询问是否有机会合作。

记得当时第一个来找马云合作的是一家民营企业的老板，和马云是老乡。然而马云给他的回答是:"您真是比银行还黑!"

　　大部分人都想不通,包括马云的属下,他们都很疑惑老板的作为:一个连员工的工资都发不出的CEO,为什么还要"打肿脸充胖子"呢?但马云心里明白,他一句话就点透了原因:"除了钱,他们不能为阿里巴巴带来其他任何东西。"钱可以解决很多问题,但钱解决不了所有问题。很多企业一夜倒闭,往往不是因为缺钱,而是因为钱太多了,盲目扩张,最终力不能及。

　　2003年,美国一家创投公司分析了400多家资讯储存公司过去30年的资料,发表题为《储存行业的风险投资:冷酷的事实》的报告,指出创投公司看中的企业,死亡率超过70%,原因之一就是钱太多。

　　事实上,创业资金只要足够便可,有时资金太多反而累事。对于一个人来说,也是一样的道理。因为有时候,金钱上的成功,对应的往往是生活上的失败。

4.有人就有钱

　　马云能识人,也会用人。每当公司处在困境的时候,总会有人站出来解决问题。这不能不说是马云的成功。阿里巴巴的初期很缺钱,但这问题并没有困扰太久,两笔风险资金解决了这个问题。说起第一笔"天使基金",其实源于一次人才的聘用,那就是阿里巴巴的现任CFO——蔡崇信。

　　蔡崇信进入阿里巴巴时,阿里巴巴在资金上已经到了揭不开锅的地步了，连给员工发工资都需要借钱，其窘境可想而知。因此，即使马云把钱看得比鸿毛还轻，但员工吃饭穿衣的问题还是要解决，这时候就必须要靠融资来解燃眉之急了。

奉命于危难之间，方显英雄本色。蔡崇信加入阿里巴巴后，很快就成为马云的"大管家"，一直为阿里巴巴寻找风险投资而来回奔波。虽然1999年正是互联网最热的时期，寻找风险投资并不是一件难事，但马云和蔡崇信有自己的看法，钱可以解燃眉之急，但"拿人手短"，所以必须寻找合适的投资商并进行讨价还价。因此，他们一度拒绝过38家风险投资商。

人脉的作用，在遇到困难的时候才会比较明显。1999年8月的一天，蔡崇信在香港和一家投资商接触，恰好在一间酒店的走廊里碰到了一位老朋友——高盛公司香港区投资经理林小姐。

说来也算是一种缘分，林小姐和蔡崇信的交往可以追溯到学生时代。在一次从美国回台湾的飞机上，他们俩第一次见面，由于谈话投机且专业相近，他们互留了联系方式。后来，因为二人同在投资银行工作，也算是投资界的同行，所以一直保持着往来，关系也非常要好。

当时高盛看中新兴的互联网行业，已经开始有相当大的投资动作。凭借着蔡崇信和林小姐的关系，林小姐很爽快地答应派人实地考察阿里巴巴。

高盛可不是一般的企业，它集中了世界一流的金融人才，眼光锐利，作风老道，以至于2008年的金融危机中，不少经济学家怀疑危机的背后有高盛的影子，因为资本家的唯一目的就是赚钱，只要有足够的利润，他们就敢冒险。

眼光独到的高盛很快就从阿里巴巴身上看到了未来，当然可以合作，只要条件合适，谁会放着机会不抓呢。于是他们很快给阿里巴巴发来了一份传真。1999年10月，在高盛的出面下，包括富达投资、

InvestAB和新加坡的政府科技发展基金在内的一批投资机构,联合向阿里巴巴注入了首期500万美元的风险投资,这就是阿里巴巴发展史上的第一笔"天使基金"。

如果没有蔡崇信,马云也会融到足够的资金,但恐怕不会是高盛的,而是一家普通的风险投资商。那样的话,马云当然也会达到顶峰,但其困难可能要大得多,因此蔡崇信带来的不只是"天使基金",还有西方的管理经验和知识,这对马云的帮助很大。

更重要的是,能够放弃几十万美元的年薪加盟当时名不见经传的阿里巴巴,恐怕很少有人能做到。换句话说,是马云的魅力吸引了人才,所以人才也成就了马云。从那时起,有人就有钱的思想在马云心里生根发芽、开花结果。

马云认为,钱是人赚的,因此,人才关系着一个企业的稳步发展。只要找到能赚钱的人,赚钱的事情,就用不着操心了。

人才,是成就事业的最关键因素。无论企业的实力多雄厚,缺少了中流砥柱式的人才都不会有好的发展。

5.投资者只是我们的"娘舅"

为了吸引风险投资者,很多企业一开口都是甜言蜜语。但马云例外,他认为投资者再重要,也只是"娘舅",只有消费者,才是衣食父母。

今天的马云,已经成为中国互联网界的英雄,成为海内外闻名的企业家,成为无数青年的楷模。他是一个敢想敢做的浙江商人,更是一个敢冒天下之大不韪的企业家。之所以这样说，是因为他能认清企业领导者的立场，协调自己和投资商、消费者之间的关系。

拿人家的手短，马云没感觉到。他认为风险投资商和企业家是一种共荣共生的关系，谁都不该高高在上。在很多企业家为了融资而不得不对风险投资商"低三下四"的时候，马云却特立独行唱出了"反调"，他语出惊人地说出了"投资者只是'娘舅'，客户才是阿里巴巴的'父母'"这样的话。

2005年，阿里巴巴已经是享誉世界的企业了，马云更是高调宣布，资本主导的时代已经结束，资本永远应该听从企业操作者。

马云说："6年来，每一次董事会只要有争论，我就只说一句最简单的话，如果你认为应该这么做，那你来做吧。资本家要投资20家甚至更多的公司，而我一天24小时除了睡觉之外都在想这一件事，我一定比他更懂公司的具体运作。"

近几年，民族企业被外资收购成了一个热点话题，很多人担心我们的民族企业会被外资全面吞并，整个中国经济将沦落为外国企业的"打工仔"，那我们又将重新回到"被殖民的时代"。这种担心不无道理，但马云信誓旦旦地保证，阿里巴巴不能被收购，更不能被控制。2007年，马云在回答如何处理公司控制权的问题时再一次强调：

"投资者可以炒我们，我们当然也可以换投资者，这个世界上投资者多得很。关于这个问题，我希望给中国所有的创业者一个声音，投资者是跟着优秀的企业家走的，企业家不能跟着投资者走。所以，即使我只有百分之几的股权，甚至我只有一股或者是两股，我觉得这个公司我还是可以影响的。"

要与阿里巴巴合作，投资者就必须接受这样的观点，把利益视为一切的投资者们也逐渐能接受这样的观点。马云曾经几次告诉媒体，他和"娘舅"之间的关系处理得非常好，阿里巴巴的股东大会也是越开越短。

在阿里巴巴收购雅虎中国，雅虎以10亿美元入驻阿里巴巴，占有阿里巴巴40%的股份以后，阿里巴巴依然没有被控股。这是因为阿里巴巴已经做好了充足的准备，创立了一套新的模式。

马云说："事实上收购雅虎中国是我们自己提出了整个模式，我们收购了雅虎，雅虎又在我们的总部占40%的股份、35%的投票权。这个想法是我们自己独创的，华尔街没有这样的模式，全世界也没有听说可以这样收购。为什么这么做呢？电子商务在中国的发展必须有搜索引擎这样的工具，我们考察了大批搜索引擎后发现只有雅虎合适。一般合作伙伴要选择犯过错误又很聪明的人，所以我们选择和雅虎谈。我们想了一个办法：收购雅虎中国，而雅虎在阿里巴巴总部必须拥有一些股份，但是这个股份不能控股阿里巴巴，也不能操纵阿里巴巴。因为从我们这个公司成立的第一天起，我们的使命就是使阿里巴巴成为在中国诞生并由中国人创办的全世界公司。因为这个使命，我们股份控制的结构必须改变，不能让任何人控制，所以我们第一天起就控制这样的事情。至于大家猜测是孙正义控股还是杨致远控股，我可以很负责地告诉大家：我不会让任何人控制这家公司。这家公司是中国人在市场经济下创办，并在全世界发展的。"

"所以我们的结构非常巧妙。整个收购获得雅虎投入的全世界看起来不可思议的10亿美元，雅虎中国的所有资产、所有的品牌和技术折价为7亿美元，这是去年世界上最大的收购案。我们没有用顾问公司，因为我们不相信顾问公司，这些公司说的、写的全都对，做起来却全是错的。我们也没有请投资银行，我们觉得对的就做下去，做一切对的事情。如果加上投资银行这个事情会变得很复杂，所以我们快速地做了这个决定。"

阿里巴巴的发展势头很猛,投资者们也得以分一杯羹,他们对马云和阿里巴巴的表现非常满意。

软银孙正义曾说过:"阿里巴巴是来自中国的最具震撼性的互联网成功的典范之一,其强大有效的营运模式和优秀的管理人才使公司在市场中成为B2B贸易的先导。我们与阿里巴巴的合作是重要的战略性举措,我深信阿里巴巴将凭着软银的全球资源和本地市场经验,体现其领导全球企业与企业间电子商务市场的潜质"。

以前在互联网企业疯狂上市的时候,阿里巴巴耐住了寂寞,也躲过了寒冬。伴随着企业的不断壮大,上市的时机越来越成熟。在2007年阿里巴巴快要上市的时候,马云接受采访时发表了他对员工、客户、股东三者关系的理解:

"对股东,我尊重他们,我倾听他们,但我会按照我自己的想法做;对员工,我倾听,但我会按照我认为对的去做;对客户,大部分情况下我是跟着客户去走的。客户第一、员工第二、股东第三,上市后我还是如此,不会因为股市改变方向。美国,杨致远为主;日本,孙正义为主;中国,我为主。这是大家合作的基础,我们是伙伴关系。8年来,我问过所有的投资者,哪个季度让他们失望过?哪个季度我没说到做到?我们每年都做得比说得好。"

总之,一个成功的企业家要时刻保持清醒的头脑,懂得在利益面前做到不卑不亢,通过自身不断增长的价值作为说服他人的最有力砝码。

6.商人要有所为,有所不为

明朝巨贾沈万三,将"成为一个伟大的商人"作为自己的高远目标。成功后却又开始穷奢极欲,甚至变相做欺诈生意,这样的不齿手段没有维持多久便被人坑骗至破产。后来沈万三靠着顽强打拼东山再起后,清醒地意识到"商人"的真正含义:该赚的钱要赚,不该赚的,打死也不能伸手。

在马云看来,征战商场的人因为目的与所发挥的作用及价值的不同,可以分为三类:生意人,创造钱;商人,有所为,有所不为;企业家,为社会承担责任。但无论是哪一类,都要有原则,有底线,懂得经营。如此,才不失为一个不论是为自己还是为社会创造价值的有用之人。

因为阿里巴巴B2B业务中出现了0.8%的欺诈,CEO卫哲和COO(首席运营官)李旭晖以负有领导责任而引咎辞职。阿里巴巴集团董事局主席马云在内部邮件中称:"过去的一个多月,我很痛苦,很纠结,很愤怒。对于这样触犯商业诚信原则和公司价值观底线的行为,任何的容忍姑息都是对更多诚信客户、更多诚信阿里人的犯罪!"

马云用他自己的行为坚持了诚信和原则,他用行动告诉我们诚信是基石,企业家不要为了钱丢了真诚和品格。而且,这种刮骨疗伤的勇气和担当,让更多的人了解阿里,理解阿里,信任阿里。

2006年央视有一个节目叫《在路上》,马云曾被邀去做客指点创业者的迷津。他告诫创业者:"商业社会其实是个很复杂的社会,能够让自己把握起来就是诚信。"

而这次马云的"忍痛断臂"事件捍卫了商人的诚信和坚守了良

知,他虽然折损了两员大将,可他收获的却是世人对他的信赖。阿里巴巴让更多人看到了诚信企业,看到了企业家的良知。

阿里巴巴创建之初还只是一个小小的商务网站,但在"西湖论剑"后,马云就带领阿里巴巴管理着全球最大的网上贸易和商人社区。而现在,阿里巴巴网站为来自220多个国家和地区的600多万企业和商人服务,两次被哈佛大学商学院选为MBA案例,连续五次被《福布斯》选为全球最佳B2B站点之一……这些荣誉是阿里巴巴的成功,同时也是阿里人本着诚信而得到的最大收获。

马云在一个电视节目中对主持人说:"我们不想做商人,我们只想做一个企业,做一个企业家,因为在我看来,生意人、商人和企业家是有区别的,生意人以钱为本,一切为了赚钱,商人有所为,而有所不为。在企业家看来是影响社会,创造财富,为社会创造价值。赚钱是一个企业家的基本技能,而不是他的所有技能。"这是一位中国企业家一段宣言式的告白,代表中国企业家的自省与觉悟。

让我们再将话题引回"商人"上面。俗话说:"人为财死,鸟为食亡",但俗话又说:"君子爱财,取之有道",即使是草莽小贼,也讲究"盗亦有道"。都说忍字头上一把刀,但谁又明白"贪"字头上同样有把锋利的刀。

冼冠生是冠生园品牌的创始人,早在1918年就从广东远到上海做粤式茶食、蜜饯、糖果的生意。1925年前后,上海冠生园在天津、杭州、重庆等地开设分店,后又在武汉、重庆投资设厂。1934年,其生产出的品牌月饼聘请当时影后胡蝶为形象代言人,广告词是"唯中国有此明星,唯冠生园有此月饼",从此,冠生园声名大噪。

在计划经济向商品经济的过渡中,南京冠生园为扭转亏损局势,成立"中外合资南京冠生园食品有限公司"。此后,利润连年递增,累计上缴利税1560万元,由小型企业发展为南京市政府核定的240家大中型企业之一。

直到2001年9月3日,中央电视台报道"南京冠生园大量使用霉变及退回馅料生产月饼"的消息,举国震惊。当年,各地冠以"冠生园"的企业深受连累,减产量均在50%以上。2002年,南京冠生园正式启动破产程序,经过法院的核资清算和最终裁决,一家具有70年历史的知名企业轰然倒地。

爱财本是无可厚非。但是,在竞争越来越激烈的今天,很多人早已摒弃了道义和原则,不择手段地赚取违背良心的黑心钱。先前的"地沟油""瘦肉精""假药"等事件层出不穷,后来的"毒奶粉"更是将安全问题推向了风口浪尖:三鹿、南山、雅士利等二十余有名厂家受到舆论的强烈冲击,而"奶界龙头"三鹿更是大势已去、无力回天,其老总田文华永远地被钉在道德的耻辱柱上。大家激愤之余不免感叹:"早知今日,何必当初!"

其实,很多企业的人力资源管理者的用人理念是"能力差点儿不要紧,品行必须端正"。曾有一位人力资源总监想邀请一位知名市场总监到其公司就职,薪酬给到50多万元。但该人力资源总监对他做了背景调查,得知其离开前任公司的真实原因是经济问题,于是断然拒绝。

君子有所为有所不为,商人亦是如此。在这个充满功利的时代,"童叟无欺"依然是商家最基本的经营原则。

7.上当不是别人太狡猾，而是自己太贪婪

贪婪是人类身上最大的弱点之一，生活中数不清的悲剧都和人的贪婪直接挂钩。许多人就是被人抓住贪心这一弱点牵着走，最终身陷囹圄的。而当万劫不复时，他们总会痛心疾首地大骂别人阴险狡诈，却从来没有反思一下，如果不是自己太贪，何至于如此？

说到底，人们只要不抱着贪图便宜、不劳而获的心理，再精明缜密的骗局都不会伤害到他。

马云曾把企业资金比做国家的军队，他说："资金就像一个国家的军队，军队做什么？就是为了定国安邦。只要你有足够的资金，市场会稳定，客户会稳定。你不能由军队空着，你就这里骚扰骚扰，那里骚扰骚扰。所以善用你的资金，什么资本的运作，所有人都跑到你家门口叫你做这个做那个，那永远不是机会。我永远不相信别人对你说这是好机会，如果他对你说这是个好机会，那你就让他做。人上当就是因为贪婪，永远要知道什么是你做的，什么不是你做的。企业最重要的不是你能做什么，而是要想你应该做什么。要知道，比你能做的人太多了，所以不要问你能不能做，而要问你该不该做，想不想去做。想不想做是一个企业创办的最初的出发点。"

生活总是在人面前摆放上各种钓饵，比如金钱、地位，以此来测试我们对于人生的态度。当你起了贪念不知收敛，有人就会利用你的这个心理，将你斩杀得遍体鳞伤，甚至赔上性命。有这样一则寓言故事：

沙漠里,骆驼的天敌只有狼。凶残的狼有锋利的牙齿,奔跑有速度,作战骁勇,骆驼怎么能是它的对手？但骆驼有另外一手——它的生存手段不是进攻,而是逃跑。

每当两者相遇,狼总是急于发起进攻,好饱餐一顿。但骆驼从不仓促应战,通常是先叫一声,然后转身就撒开蹄子狂跑。狼当然不肯轻易放弃到嘴的美味,于是就拼命追赶。

开始的时候,眼看狼就要追上骆驼了。但渐渐地,他们的距离就越来越大,因为要拼耐力,狼当然要输一筹。

骆驼见狼落后得远了,就主动放慢速度,给狼一点鼓励,一点希望。

贪婪的狼果然中计,继续全力追赶。骆驼又开始继续奔跑,引诱着狼走向无水无食无生命的大漠深处……

终于,狼迈出最后一步,精疲力竭而死。

骆驼能打败狼,不是因为自己厉害,而是因为狼太贪婪。生活中,很多人被骗,也不是因为自己不够聪明,而是因为内心的贪婪。

一位53岁的加拿大男子斯米尔诺设立了一个在荷兰的网站"致富之路",以高回报、低风险的投资计划诱骗投资者,声称每年回报率达546%,甚达到17000%,并提供7天、15天、30天和60天的计划以供选择。

在2007年至2009年,他成功诈骗4万人的钱财,总共逾7000万美元。受害人遍布全球120个国家,包括中国、美国、英国、冰岛等。

其实类似的骗局还有很多,如彩票骗局,有组织的犯罪团伙给一些家庭打电话,告诉他们中了彩票大奖,而要兑奖,必须先缴纳一定数额的手续费。

尤其是随着通信业的发展，各种骗术更是花样翻新，令人防不胜防。但纵观形形色色的骗局，一个基本的特点就是以高额利润为诱饵，诱使贪财的人上钩。

防骗没有什么特别的招数，唯一要做的就是控制自己的贪婪和欲望，时刻保持理性的头脑，方能避免被人卖了还帮人数钱的境地。

当然，欲望不只是上当受骗的诱饵，更是阻碍毁掉你幸福的罪魁祸首。有人说，人生最危险的境地就是贪婪，世间美好的事物太多，当我们拼尽全力不断聚敛，甚至不惜代价，却不知心灵就在这贪婪的占有中被腐蚀掉了。

马云曾参加美国知名主持人查理·罗斯的脱口秀节目，查理·罗斯问他："这是一个日新月异的世界，那么有哪些变化让你感到担忧，而哪些又让你觉得欣慰？"

马云答道："贪婪和拜金主义让我感到担忧，其实造成金融危机的其中一个原因就是贪婪。国家想的是GDP（国内生产总值），公司想的是收入、赢利、上市，人们事事都以金钱为先。我们来到这个世界是为了体验生命，而不是刚刚讲到的这些。"

欲壑深不见底，贪婪的人一心想填满它，越是填不满，越是想要填满。最终使心境失去平静，生活失去平和，整个人生长河就像老式座钟上的钟摆，永远不得安宁，在两极情绪间起落挣扎，品尝着绵绵无尽的焦虑与惶恐、无奈与苦涩、失落与惆怅，最终陷入一种恶性循环。

何不以平常心去对待呢？平常心是一种中庸的处世心态，既不清心寡欲，也不声色犬马；既不自命清高，也不妄自菲薄；既不吹毛求疵，也不委曲求全。平常心并非自甘平庸不思进取，而是以一颗平静的心态耕耘在自己人生的土壤上，不人浮于事，不随波逐流，踏踏实实地去履行自己生命的职责，一步一个脚印地走好自己的人生路。

8.在小事中成就大事

有人说，如果大人与小孩比赛哭鼻子耍赖，大人一定不是小孩的对手。这句话从侧面说明了，很多时候，那些看似没多大实力或价值的事情，反而会在某方面取得优势，甚至最终胜出，比如小型的公司或企业。

马云在做客《与卓越同行》时曾说："我相信很多人都看过《2012》这部电影，大家发现整个世界的政治在发生变化，经济在发生变化，环境在发生变化。这个世界有钱的人不高兴，没钱的人也不高兴；有事业做的人不高兴，没事业做的人也不高兴。到底发生了什么事情呢？从我这个行业来看，互联网是人类真正开始进入了互联网信息时代，进入信息时代一个最大的变革。经济行业，以前在上世纪工业时代，所有的企业都讲究规模、讲究大、讲究标准。现在的企业却都开始讲究小、特色、附加值，以前是企业越大越好，今后的企业是越小越好，小而且美。这是我自己的看法，而且我坚定不移地认为，未来的世界一定是小企业越来越好，大企业越来越累。"

主持人吴小莉从马云的话中总结道："您刚才的核心观点，其实就是未来小企业，可能因为它的小而美，具有改变世界的能力。"

马云举例说："我记得有一年我去日本，看见一个小店，门口贴了一张条儿说，'本店庆祝成立147年'，我估计，那也就是个小20平方米的店，里面卖各种糕点，你看见那老头老太脸上洋溢着笑脸，说：'我们家这个店开了好几代了，147年，日本什么天皇啊，什么什么大家族的人，都买我们的糕点。'你觉得有一种幸福感，互联网时代速度会发展得越来越快，变化也越来越快，每一个人，每一个很小的单位，都可以做出以往一个大企业可能做不到的事情。所以，我个人觉得，未来的世界是小的世界，影响中国未来经济的一定是小企业。"

最后，马云表态说，有创新力的小企业才能获得稳定而持久的发展，做企业做大了，是一种"变态"行为。

在大多数人眼里，企业做得越大越好，因为企业越大，就越代表着其具有丰厚的资金，以保证企业拥有更加开阔的市场前景。但凡事皆有利弊，而且很多时候，小企业在运营过程中比大企业还要有胜算。

"面对国外大珠宝品牌蜂拥而至，国内珠宝企业却在夹缝中苦苦求生存，停留在低附加值的中国制造上……"上海一家珠宝公司老板李敏，在云计划上提问："小珠宝公司该如何突破发展瓶颈？想把企业做大是不是该融资？"

在李敏看来，中国珠宝市场具有强大的潜力是毋庸置疑的，他立志要"用自己毕生精力打造一个能和卡地亚、蒂芬妮并驾齐驱世界一流的中国珠宝品牌"。如今，面对如何推进企业品牌之路，如何突破自己企业发展的瓶颈，李敏却犯难纠结，无从下手。

云计划导师、阿里巴巴董事马云给出的意见言简意赅，一针见血，他说："企业想做大，不是融资就能马上或者一定能成功的，企业想成功，和融不融资没关系。"

马云的态度是，创中国一流珠宝品牌的想法很好，但要为这样的想法付出巨大努力才有机会,毕竟像蒂芬妮和卡地亚这样级别的品牌全世界也屈指可数,不是一朝一夕就能创立起来的。

当初,马云给阿里巴巴设定了宏大愿景,就是要走102年,现在走到了第16个年头,就已经成为全球领先的中小企业电子商务服务提供商。谈到自己的公司融资,马云解释说:"阿里巴巴不是为了做大而融资,而是客户越来越多,为了更好地服务客户而融资的,做大是后来的结果。"

海尔总裁张瑞敏说过:"把简单的事情做好就是不简单,把平凡的事情做好就是不平凡。"古人也曾说过:"天下难事,必作于易;天下大事,必作于细。"在现实生活中,大事都是由小事构成的,即使是修建万里长城,也得一块砖一块砖地垒,不做平常小事,又何来成功大事呢?正所谓,一屋不扫,何以扫天下?

这体现在一个人身上也很贴切,许多人都有"一举成名天下知"的梦想,但现实却是,天下并没有那么多的大事来供你努力去做,或者你要做的时候才发现根本无从下手。这就要求胸怀大志的我们,不妨从细微处着手来在小事中成就大事。

曹祥云是格力电器公司一名普通的搬运工。在这么一个又脏又累的艰苦岗位上他不但坚持住了,而且工作特别认真,从不听从工友们"只要混得过去就行"的劝说,以致在公司每季度工作成绩评比中屡屡荣登光荣榜。

后来,他被推荐去学习开叉车,并为之付出了诸多艰辛的努力。一年后,他开叉车的准确率位居公司第一,笨重的叉车在他的操纵下变得像绣花针一样灵巧,但他还是不满足,一有空就训练用叉车开啤酒瓶盖的技术。

2005年,曹祥云应邀参加央视挑战类节目,在3分钟内完成了开启30个啤酒瓶的目标,刷新了吉尼斯世界纪录,曹祥云成了万人瞩目的挑战类节目明星。他也凭借诚恳的工作态度、高超的技术、优异的工作业绩在2008年被评为全国劳动模范。

大家都羡慕于那些大人物头顶上的荣誉与光鲜的外表,却忽略了他们能取得如今这般成就,来源于最初在小事上将工作做到了极致。对于个人来说,别总是奢望着自己能披荆斩棘,瞬间就能干出一番大事业来,将一件小事做好就已经很不错了。

9.一辈子都要勤俭节约

过穷日子的时候,一分钱也显得很重要。后来富裕了,很多人就开始大手大脚,把小钱不当钱。马云特别反对这种行为,他认为对每一分钱都显示尊重不只是态度问题,更是品质问题。

一方水土养一方人,在哪块土地上长大,身上便不可避免地染上了那块土地的印记。商海里也是如此,中国一向就有晋商、徽商、粤商、浙商的说法,他们各自有着自己独到的经营理念和行事作风。不过有一点是共通的,那就是勤俭节约。

"兵熊熊一个,将熊熊一窝",领导者的个人风格对企业的影响也是显而易见的。无疑,马云这个生长于西子湖畔的浙江人,把浙江商人务实、勤俭的优良品质毫无保留地移植到了他对阿里巴巴的经营管理上来。在阿里巴巴的发展史上,处处留有马云"勤俭持家"的印记,这其中也有许多值得传颂的故事。

那是在2000年下半年的时候，全球互联网正处在寒冬时期，由于美国纳斯达克市场的持续下跌及全球网络泡沫的逐渐破灭，中国的互联网行业不仅是"寒冬"，更是"寒冬"里的"腊月"时期。

国内互联网经济一片萧条，阿里巴巴这个"年幼体弱"的"婴儿"也处在以"活着"为目标的危机时期。并且互联网这个行业自诞生的第一天起，就像是一场没完没了的"烧钱"游戏。所以，即便是寒冬，即便是腊月，为了不被人遗忘，尤其是不被投资者和媒体遗忘，大部分的同行们也还在忍痛烧着口袋中最后那点美元。

阿里巴巴当然也很困难，但即使这样，马云也没有慌乱，他觉得"被投资者和媒体遗忘都没事，只要别被客户遗忘就行"。于是，向来不懂财务的马云开始思考一种"货币紧缩"战略。截至2000年下半年"遵义会议"开始时，阿里巴巴还有2000多万元的营运资金。也就是在这次会议上，马云向公司宣布了一项新的财务政策——"公关市场零预算"。对于这条政策，简而言之，阿里巴巴从此要进入一个"勒紧腰带过日子"的非常时期。

然而经营任何一个行业、企业，如果没有广告宣传、市场公关上的配合，迟早是要被客户"遗忘"甚至抛弃的。而马云最担心的恰恰是被客户遗忘。那么，在"零预算"的情况下如何才能做到不被人遗忘呢？

此时，作为CEO的马云，将他身上那种浙江人务实的作风发挥得淋漓尽致，他决定"每3个月到半年，亲自到江湖上去说一说"。于是，后来就有了"西湖论剑"等一系列由马云一手操办的"江湖"盛会，就有了一整套让人瞠目结舌的"马氏"理论。

大概也是从那个时候起，"狂人马云"的形象才开始深入人心。

最重要的是，马云通过这些活动，不用花多少钱，就让人认识并记住了他，记住了他描述的要创造"芝麻开门"神话的阿里巴巴。

当然，上面所说的"零预算"政策是在阿里巴巴危机时期采取的非常政策，我们也可以理解作为"一家之长"的马云，在那个非常时期的良苦用心。但是，到了"和平年代"，到了今天阿里巴巴已经可以"每天收入100万元"的时候，是不是马云和他领导下的阿里人就变得"财大气粗"了呢？很遗憾，答案还是否定的。

下面这个"5分钱自觉投币"的政策再次让我们领教了浙江商人马云勤俭持家的"大家风范"。

在阿里巴巴办公大厦的2层办公室门口，有一台复印机，这台复印机上放着一个储蓄罐，而复印机背后墙上贴有一张公告——公司复印机使用详细规定和说明。白纸黑字上写了份长长的复印机使用规定，由于篇幅有限，在这里我们只能选取几条规定细则：

(1) 个人因私复印每张5分，请自觉投币；

(2) 复印公司内部文件要双面使用；

(3) 复印数量多于150份的，要外包交由前台处理；

……

这就是"每天收入100万元"的阿里巴巴公司最真实、最朴实的一面。不仅如此，马云还特别注重培养员工"艰苦奋斗"的意识，他要让员工知道"江山打下来并不容易"，每个人都应有主人翁意识，且要对今天的一切备感珍惜。

阿里巴巴在宁波招聘员工时，有一个女孩去应聘。

接到面试通知后，女孩很兴奋：终于有机会一睹她"心目中的阿里王子"了！

怀着无限的憧憬和向往，女孩前去面试。经阿里巴巴负责招聘的工作人员的"指点迷津"，女孩找得晕头转向，最后终于找到当地一个很偏僻，又黑又破的居民区单元房的五楼，门牌上有标志——阿里巴巴。

女孩万分惊恐，不相信大名鼎鼎的阿里巴巴"会在这个鬼地方设分公司"。于是，又从楼上跑下楼打电话给她的男朋友，吩咐说："要是半小时后我没打电话给你的话，你就到这来找我，要是找不到我了就打110……"

对此现象，CEO马云自有高见："就目前的情况来说，我们并不缺钱，而我们大多数分公司的办公地点，却都是在居民点的单元房里。不要说是福州，就是东京、纽约，我们都有能力租当地最好的办公地点，而我们没有。为什么？我们要让所有的员工知道，你来，就是要把公司做大，把分公司的办公室从小单元房搬到当地最高级的写字楼中去！"

也许，我们真的无法理解和想象马云这个充满了矛盾色彩的CEO。自己一手拉扯起来的"孩子"——淘宝网，成了客户数年以来的免费午餐，而他的CEO还对外宣布"继续免费"；为了拍几个广告片，动辄就出手3000万元；为了能拿下黄金段广告烧钱8000万元……然而，在自己的公司内部，他又是一个如此"吝啬"乃至"抠门"的老板。

事实上，这正是马云值得我们钦佩的地方，正是作为CEO的马云最可贵、可爱之处。说到底，"烧钱"也好，省钱也罢，都不是马云自己腰包里掏出来的钱，阿里巴巴也不是他马家自己办的家族企业。省出来的钱，也装不进马云自己的腰包。他的节俭是为了阿里巴巴的未来，这是对他如此"吝啬"的唯一解释。

早在2000年第一次融资时，孙正义就提出要帮助阿里巴巴成为第二个雅虎，马云说过，"阿里巴巴永远坚持一个原则，我们花的是投资人的钱,所以要特别小心。如果今天花的是自己的钱,可以大手大脚。我们每天考虑的是,如何花最少的钱,去做最有效果的事情。"可见,花钱不是目的,在最值得花的地方花钱才是明智之举。

当然,马云也并不孤独,中国还有许多和他一样懂得如何用钱、如何勤俭务实的企业家。比如春秋航空的董事长王正华,对于这位土生土长的上海人,在公司内部流传着"董事长用餐巾纸都要撕成两半用"的佳话,但凭着勤俭务实的作风,他也赢得了员工们的尊敬和爱戴。

不是每个人都能像马云这样,在富裕起来后依然过着简朴的生活。尤其是很多国有企业,甚至上市公司的高管们,拿着国家和广大中小投资者的钱大肆挥霍,眼睛都不眨一下。这不能不让人感到伤痛,我们的国家并不富裕,我们还有那么多的人口处在贫困线以下,中国的民营企业家们应该多向马云学习,懂得一个成功的企业家应该怎样对待金钱。

第六章

诚信经营，人格比合同更有力量

1.成为有人格魅力的人

毫无疑问，一个新生事物的产生必然会饱受质疑。而从何时开始接受，从哪开始推广，是个难题。一个崭新商业模式的推广是需要付出很多的，即使投入大量的人力、财力、物力都不见得有效，更何况是当时一穷二白的马云。

为了更有效地推广"中国黄页"，马云决定"兔子先吃窝边草"，几乎所有朋友的公司和企业都成了他的目标。

当时，"中国黄页"的运营模式是这样的：先接客户的资料，然后用快件寄到美国，让美国那边的人做成图片，然后挂到网上去，形成网页。

中国黄页上的第一个客户是海博社网络公司。接着做的几个网页都是朋友的企业，开始也都是免费的。

第一个付费的客户是杭州的一个四星级宾馆。这是马云向朋友开刀的成果，宾馆老板是马云的朋友。这一单收了2万元，但其中的1.2万元被美国的合作方拿走了，因为按协议美方分成60%。

当时美国那边的服务器租金虽然便宜，但制作网页的人工费用却很高。辛苦半天，马云也只落下8000元。

朋友再多也是有数的。所有的朋友都被马云"宰"完了，但常规客户的突破依然遥遥无期。

由于互联网不为人知，马云不得不承担起宣传和普及互联网的重任。没钱做广告，他们就一家一家地演示游说。为了宣传互联网，马云从不放过任何机会，也不管时间和地点。一位朋友曾在杭州的大排档里见到马云，此时的马云喝得有点醉，手舞足蹈，向身边的市民大侃互联网。朋友说起此事，马云毫不在意地说："我天生有一副好口才，为什么不能在大街上宣传我的公司？"

马云像着魔般的宣讲互联网，逢人就讲，无处不讲。一家家公司，一家家企业扫过去，向他们推销互联网，推销"中国黄页"。马云那时的角色，就是狂热的义务宣传员和推销员。

在杭州，为了做成当地一家企业的生意，马云一连跑了5趟。但这家企业的老板总是怀疑电子商务是个"骗鬼的东西"。为了说服他，马云为这位老板收集了大量有关电子商务的资料，一遍又一遍地向他介绍和讲解电子商务这种崭新的商业模式，并告诉他"在网上做广告比在其他媒体上做有更广泛的效应"。

任凭马云费尽口舌，这位老板还是将信将疑。面对这块"难啃的骨头"，马云没有放弃。临走的时候，他还要了一份该企业的宣传材料。

几天以后，马云带着一台笔记本电脑又杀了回来。当这位老板看到电脑上显示的自己企业的网页时，终于同意付款。虽然只有1.5万元，但毕竟是"中国黄页"业务的第一次真正意义的突破。它第一次向公司三个创始人证明马云"臆想"出来的这个史无前例的商业模式也许有戏。

拿朋友下手,马云并不是要"宰"朋友,而是他确信这个产品能给大家带来帮助。但那个时候没人相信,只有朋友相信他的人格,才敢买他的产品,才会相信他说的那个叫作"因特耐特"的"鬼东西"。无论是马云自己的朋友,还是朋友的朋友,马云向他们推销黄页时的开场白如出一辙:"你可以打电话给美国的朋友,问问他在美国上网能不能看到你的企业,我马云以人格担保,要是在美国看不到的话随便你怎么骂我都没怨言……"

这就是人格的力量,生意人首先也是人,想做好生意,就必须先要会做人。一个人只有首先具备了强大的人格力量,才能在危难之际得到大家的支持。合同有约束力,人格有征服力,关键时刻人格比合同更有力量。马云就是具备强大人格力量的人,更是个有实力的人。

马云在谈到与孙正义的合作时说:"我很荣幸有缘与孙正义先生握手。若是没有这次握手,阿里巴巴和淘宝网的事业就不会像今天这样顺利展开,尤其是在我收购雅虎中国时。从投资阿里巴巴至今,孙正义一直十分信任我,几乎完全没有干预过企业的相关事务。"

"他和我的理念一样,就是要赢在未来,对阿里巴巴做长期的战略考虑。我常在电话中和他开玩笑,阿里巴巴如果缺钱,我第一个电话肯定打给你。他说,你当然应该打给我。没想到这样的玩笑却在现实中得到了解释。在我收购雅虎中国的过程中,他主动让出了3.5亿美元的股份。有媒体评价孙正义的行为只是为了套现,但是很明显的是,他投资的阿里巴巴和淘宝网目前都处在飞速发展时期,如果继续投入资金,或者继续持有原来的股份,将可以在今后获得更加丰厚的回报。当时3.5亿美元的套现,对他而言,根本算不了什么。"

"这种感觉,只有我和他才能理解。雅虎、阿里巴巴,孙正义都将钱押在了未来和信念上面。他对我说:'Jack,就是因为要跟你做一辈子的朋友,我才愿意退出。'这句话,在我眼里的价值,远远高出3.5亿美元!"

马云用魅力征服了孙正义,两个商界奇才的握手,成就了阿里巴巴美丽的神话。

由此可知,想做出一番事业的人,首先要学会做人。一个有魅力的人的收获总是会比失去多,即使在利益至上的商场也不例外。因此,一个真正成功的企业家,必定是一个具有独特魅力的人。

2."六脉之一",诚信至上

得人心者,得天下。实力壮大后的阿里巴巴,把诚信当成企业的信条,成为"六脉神剑"中的一脉。这一脉简单明了,却又要求很高。他是马云一路走来总结出的智慧,也是无数企业用自己的经历验证过的商业信条。

2004年7月,现任阿里巴巴B2B公司人力资源副总裁的邓康明来到阿里巴巴,出任集团副总裁,负责整个阿里巴巴的人力资源管理。

邓康明第一刀就是把公司的价值观精简为"六脉神剑":客户第

一、团队合作、拥抱变化、诚信、激情、敬业。

"六脉神剑"并不复杂,就好似武林中人代代相传的剑法一般,掌握剑法的人很多,精通剑法的人很少,需得透其精髓而升华方为大侠,大侠者凤毛麟角。阿里人长袖善舞,运六脉神剑于无形,手中无剑、心中有剑,为剑侠之最高境界。

虽然外界把阿里巴巴看得很高深,但马云并不认同这个说法。他认为想进入阿里巴巴并不难,但首先必须是一个讲求诚信的人。

马云认为诚信是一个人最基本的品质,有就有,没有是很难培养的。

马云在《赢在中国》点评选手时,曾这样说道:"商业社会其实是个很复杂的社会,但是我觉得只有一样东西,能够让自己把握起来,就是诚信。因为诚信,所以简单。越复杂的东西,越要讲究诚信。"

诚信是一块基石,最基础的东西往往是最难做的。但是谁做好了这个,谁的路就可以走得很长、很远。

土生土长于浙江的马云一直以身为浙商而感到自豪。100多年前,胡庆余堂的胡雪岩就把"戒欺""诚信"注入了浙商的血脉。在新的历史时期,对阿里巴巴而言,诚信建设更是一项首要的使命。他不仅要以诚信为原则创造价值,还要承担起以诚信影响社会的责任。

财富并不只是金钱,诚信才是世界上最大的财富。拥有诚信,就拥有相对稳定的市场。

3.把诚信融进产品

　　知道做生意需要讲诚信的人很多，但把诚信当成商品卖的人还没有。马云成功利用了诚信的"稀缺性"，把诚信打造成了一个赚钱的工具，可谓是独具匠心。

　　商品之所以成为商品就在于其"需求性"，有需求才会形成买卖。古往今来，商人绞尽脑汁，越来越多的物品都被变成了商品。但是，诚信可以当商品卖，却是很多人都没有想过的事情。马云想到了，并且成功找到了一种买卖诚信的运营模式，令人不得不佩服其发达的商业头脑。

　　诚信通作为产品在2001年6月就推出了，当时它叫"网上有名"，是阿里巴巴英文网上的产品。产品推出后的一年多时间里，在英文网上表现平平。2002年3月，诚信通被挪到阿里巴巴中文网上，一时间风生水起，很快就成了阿里巴巴第二个重要的创收渠道。

　　仅仅从2002年到2006年，阿里巴巴的诚信社区就由最初的300家会员增加到现在的16万家，诚信社区成为诚信商人的聚集地。

　　诚信通推出后，其会员可以享受到阿里巴巴提供的方方面面的信息与实质服务——阿里巴巴注册买家487万，鲜活采购信息每两小时更新一次，仅对诚信通会员开放；每月新增询盘343万；诚信通会员每发布1条信息，平均可以收到6~7条买家反馈。

　　诚信通更多针对的是国内贸易，通过向注册会员出示第三方对其的评估以及在阿里巴巴的交易诚信记录，帮助诚信通会员获得采购方的信任。

"诚,信也;信,诚也"。诚,真实无妄之谓,为商之道,诚则金石可穿。有了诚信的保障,商业交易量自然不会是问题。

商机万千,诚信为先。

诚信通服务分为线上与线下两大服务板块。线上服务主要包括独一无二的第三方身份认证,拥有诚信通档案,赢得买家信任;拥有诚信通企业网站(即诚信通商铺),推销产品;发布商业信息,优先推荐,获得买家关注;享有发布一口价权利,更有利于在供求信息中排名靠前;可使用支付宝处理货款,更好地保障双方的利益。

线下服务分为展会、采购洽谈会、培训会、交流以及专业服务。

如果说诚信通的这种方式在信用体系完善的发达国家是多余的,那么在中国则是恰逢其时。

阿里巴巴既依靠了国内外的信用评价机构的优势,又结合了企业网上行为的评价,恰当配合了国家和社会对于信用的提倡。而且,诚信通的收费并不高,只有2300元的年费。但是,对于要开展网上贸易的商人而言,尽管是区区的2300元,交与不交却有着本质的区别。显然,如果你不交这2300元,只有两种可能:一是你没有诚信,害怕接受信用认证;二是你压根交不起这2300元。可以想象,无论是哪种可能,都说明这个商人根本没有资格从事电子商务交易,甚至线下的市场也会将他抛弃。

阿里巴巴的机制是一种扬善惩恶的机制。他们会通过优先排名、向其他客户推荐等方式来奖励那些诚信记录好的用户。他们会推荐站内搜索功能,而该搜索排名次序的一个重要依据就是客户的诚信度。

可以这样比喻:如果说在诚信通推出之前,所有的商人,无论资金雄厚与否,无论从事何种行业,在身份上都是平等的话,那可以统称他们为"草民"。然而在诚信通推出之后,毫无疑问产生了"黑店"与"良民"之分,到后来诚信通指数推出以后,更有了"高级良民""中级良民"与"初级良民"之分。在阿里巴巴的规则下游戏,就一定要遵守这个机制。也许3年之后,阿里巴巴的诚信通业务就会变成一个新的行业标准;在做生意的时候,大家会把对方是否是诚信通的用户作为考量因素。

阿里巴巴的商家若是要证明自己的商业实力及维护自己的商业诚信,就非常有必要去使用诚信通。如此一来,所有的客户不管愿意还是不愿意,都必须为自己的诚信负责。

阿里巴巴诚信通会员的诚信活档案是靠软件自动生成和延续的,其中包括交易记录、客户投诉、会员评价等。当网上交易成为主流,当千百万企业都有了网上诚信档案时,中国信用体系的建设时间也将大为缩短。

诚信通的产品设计和运作一开始就与国内外的信用咨询公司联手,当然这也意味着要与其分利。诚信通网上信用体系进一步发展,特别是支付宝的推出,使得阿里巴巴必然要与银行联手。

网上信用体系的建立也是个系统工程,阿里巴巴开了一个漂亮的头,但以后的路还很漫长、很艰难。阿里巴巴不但要联手银行和信用咨询公司,也许还得联手工商、税务、质检等部门,甚至还得联手其他网站。

谁都知道信用重要,都知道信用缺失是中国电子商务发展的拦路虎。但把诚信融进产品,把诚信当作门票,全力以赴打诚信牌的网站只有阿里巴巴。

诚信通开始只是阿里巴巴的一个产品,是阿里巴巴提倡的一个理念。后来诚信通所代表的网上信用体系成为一个伟大的创举,成为解决中小企业信用危机的新途径,成为中国信用建设的一条捷径。

诚信牌是阿里巴巴不得不打的一张牌。如今诚信牌变成了诚信旗,当诚信大旗在网上迎风招展时,信用成本的大幅度削减必将对中国经济的发展产生深远影响。

当国内企业普遍认同诚信通之后,阿里巴巴又开始在国际网站上全面推行诚信通,并同美国邓白氏、亚洲澳美资讯合作,对海外企业进行全面认证。

阿里巴巴是最早建设网上信用体系的,一旦这个网上信用体系成为标准,诚信通就会成为阿里巴巴的会员证。阿里巴巴现有900万会员(其中海外会员150万),诚信通现有16万会员,只是阿里巴巴会员总数的0.2%。从理论上讲,诚信通还有巨大的空间可以发展,何况阿里巴巴的会员总数还在不断增长。

如今诚信通的服务内容还在不断丰富,网上信用记录也在不断创新。阿里巴巴建立网上信用体系的实验一旦成功,中国电子商务必将从中受益,整个中国经济也将从中受益。由此可见,诚信的力量是巨大的,不仅是生意人交往的前提,也是推动整个社会不断向前发展的根本力量之一。

4.支付宝实现"诚信繁荣"

支付宝是一个伟大的创举,它是一个企业用自己的信用做到了以往只有银行才能做到的事情,在纷繁复杂的商业市场上开创出一片净土。2004年12月,在淘宝用户的建议下,淘宝决定打造支付工具——支付宝。支付宝的问世,也就意味着马云"天下诚信"的梦想成真。

支付宝是一个免费实行全额赔付的第三方信用担保工具。它的实质是以其为信用中介,在买家确认收到商品前,由支付宝替买卖双方暂时保管货款的一种增值服务。

支付宝带给买家的好处有两个:一是货款先支付给支付宝,收货满意后才付钱给卖家,安全放心;二是不必跑银行汇款,网上在线支付,方便简单。支付宝带给卖家的好处也有两个:一是账目分明,有多个买家汇入同样的金额也能区分清楚;二是支付宝是信誉的保证,即使没有星级,也能获得买家的信任。

支付宝堪称中国电子商务的一个创举,它从实质上突破了长期困扰中国电子商务发展的诚信、支付、物流三大瓶颈。支付宝服务自2003年10月18日在淘宝网推出后,很受淘宝会员的欢迎。

支付宝开始推出是镶嵌在淘宝网页上的。2004年12月30日,支付宝成为阿里巴巴下属的独立公司。同是这一天,支付宝推出了一个独立的版本,建立了自己的会员和账号系统。而早在2004年5月7日,支付宝就推出了全新版本。新版的支付宝不但可以为淘宝服务,而且可以为阿里巴巴服务,也可以为其他网站服务。

支付宝在淘宝里成长了一年零两个月。这段时间很重要,很多网上支付公司没有成功,是因为他们没有淘宝这样的大网站支持,是阿里巴巴和淘宝帮助支付宝建立了信誉。当然,支付宝的成功也为淘宝的迅速成长做出了贡献。

支付宝作为一个网上支付工具,一开始就需要和银行合作。支付宝推出时,中国的电子商务网基本处于银行缺位状态,银行是否愿意合作,是他们最为担心的事。他们找到的第一家银行是中国工商银行西湖支行,没想到银行的热情很高,双方一拍即合。

目前,支付宝已与四大银行实行合作,并成为银行眼中的肥肉。当然,银行看重的是支付宝手中庞大的客户群和日益增长的交易额。随着时间的推移，银行对网上支付的兴趣越来越浓，对电子商务的兴趣也越来越大，支付宝与银行的战略合作也变得越来越容易，携手银行共同开发网上支付市场，是支付宝的既定方针。

阿里巴巴与各大银行合作，齐力打造了"支付宝"在线支付工具。如此一来，绝大部分的银行用户都能通过支付宝"卡通"业务，实现在线结算。没有银行卡的用户，则可以通过支付宝联手中国邮政推出的"网汇E"业务，实现网上安全支付。

而且，支付宝用户生活中的各种消费和结算，几乎都能通过该平台来实现。这种安全和便捷的特性，大大提高了网上交易的频率。

马云说："在今天，我们的银行可以做（电子商务支付），但是银行不知道该怎么做，而处在电子商务里面的我们是知道怎么做的，却不能做，因为我们没有资金。但如果跨国公司在中国做了电子商务支付，如果未来70%~80%的资金流走的都是电子商务，这对国家的经济安全是巨大的挑战。所以，那天我在达沃斯的时候，就决定要立刻做电子商务的支付，必须跟各个商业银行联合。银行做银行的，我们做我们的。"

"支付体系如果不解决，网商都会说这是在瞎掰、在浪费时间，两个人扯来扯去，反而会把事情搞得越来越糟。银行不做支付，你说我们怎么做？但是要等银行做，我估计要5年时间。再等5年，中国的电子商务跟海外的差距会越来越大。2002年在国际网上，光在'中国供应商'上（实现）的海外采购已经超过了100万美元。在单子越来越多的情况下，电子商务若不解决支付问题，对中国电子商务的发展无疑会造成不良影响。所以说'支付宝'的推出就像给干涸的禾苗下了一场及时雨。"

2005年，淘宝推出了"你敢付，我敢赔"的"消费者保障计划"，为网上交易纠纷提供了"全额赔付"保障。它是将用户的交易风险完全留给第三方"保人",以消除信用体系不完善条件下买卖双方的信任障碍。支撑它的底气,是对整个交易流程中各个薄弱环节的理解。

如此一来,支付宝已经从一个单纯支付清算工具延伸到了交易管理的范围。它可以从监控的角度出发,留存交易过程中的各项信息。安全系数的上升,让支付宝用户量直线上升,将国内30多家第三方支付企业远远甩在身后。

显然,作为国内网民首选的,也是使用最为广泛的网上支付形式,支付宝"信用卡化"现出雏形,越来越多进行网上交易的消费者已经离不开支付宝。由于支付宝的贡献,它被誉为电子商务发展的一个里程碑。

随着电子商务的快速发展,网络经济的角色已经超越实体经济的补充角色,在日益深刻地改变着社会生活方式的过程中,取得了更高的话语权。而从低调入市的默默无闻,及至成就卓越,支付宝仅用了3年时间。

如今,无论是用户数量、市场份额、银行卡覆盖率还是服务项目,支付宝都已处于行业的绝对领军地位。从支付宝诞生的第一天起,安全就是第一位的。在支付宝推出前期,出现过用户密码被盗事件。为了提高安全性,新版支付宝采取了三项安全措施:安装安全控件,防止"木马"盗取客户密码;免费提供短信提醒;强化修改密码制度,致使修改密码需要回答非常隐私的问题。采取这三项措施后,客户密码很少失窃。

在支付宝的办公室里,安装了一台报警电话,支付宝始终与警方和银行保持着紧密联系。2005年以来,赔付案件发生率已经降到很低,而且没有了恶性案件。

从具体功用和交易额度来看,支付宝已变身为安全、易用的通行"数字信用卡"。

占领中国网上支付市场的意义非同小可,这个瓶颈一旦解决,阿里巴巴和淘宝将如虎添翼,马云的电子商务梦想才有可能早日实现。马云说:"我坚信这世界20年以后会有80%的生意都是在网上进行的,网下完成的只不过是货物的运输。电子商务在中国一定会成为超越美国电子商务的模式。"

诚信原本就是存在的,只是前面隔着一颗"人心"。人与人的信任也是需要以交情为基础的,"一见钟情"的感情可以地久天长,但商情可就未必了。作为一个成功的企业家,学会经营品质也是很重要的。这样才能打动人心,打动市场。

5.考虑如何帮助别人,而不是赚钱

如果一个人脑子里只想着赚钱,利益心太重,就很难有朋友与你真心同甘共苦,也难有员工愿意一心一意追随你,因为他们害怕或者担心你见了利益自己独吞,失了利益撒腿就跑。

做生意要赚钱,但功利心越强越难赚到钱。相反,那些总是考虑如何为客户创造价值的人,反而能让钱不请自来。道理很简单,比如两个做童装批发的生意人A和B,A为了利益斤斤计较,绞尽脑汁要把自己积压的不好卖的货销售给你,为了降低成本不惜偷工减料,生意必做不长久。B则坚守诚信,还经常为客户出谋划策宣传产品,款式怎么搭配才吸引人的眼球,客户赚得多了,他的生意自然日益兴隆。马云的成功用的就是后一招。

马云在参加美国知名主持人查理·罗斯的脱口秀节目时,查理·罗斯问马云:"你认为你们的核心竞争力是什么?"

马云答:"不是科技,而是文化!科技只是工具,我们更重视价值、使命和愿景。工作是为了帮助别人而不是赚钱,在我的公司里客户第一,员工第二,股东第三,这就是我们的理念。"

查理·罗斯又问:"你已经拥有了一个非常成功的企业,那你还有什么其他梦想吗?"

马云说:"我会投入更多时间鼓励人们创业,帮助更多中小企业以及企业家,另外我还想去学校讲学。在大多数商学院里,教授们教的都是如何赚钱、如何管理企业,但是我想告诉大家的是,如果你想经营企业,那么首先你要提供价值、服务他人、相互帮助,这才是关键所在!我相信如果一个人脑子里总是想着赚钱,那么没人想和你交朋友。相反,如果考虑的是如何帮助别人、为他人创造价值,你才会赚钱。这就是我取得成功的方式。我努力让年轻人相信这个经营方式,而且我认为这是21世纪的主流。"

老子在《道德经》中说:"将欲去之,必固举之;将欲夺之,必固予之。将欲灭之,必先学之。"我们现在将其概括为:欲想取之,必先予之。意思是说,想得到一些东西,就必须先给予一些东西。就像钓鱼,想要钓到鱼,必须先在鱼钩上放鱼饵。

做生意的道理也是一样,只有先帮助客户赚到钱,自己才会赚到钱。

乔治马修·阿丹曾经说过:"帮助别人往上爬的人,自己也会爬得很高。"

蒋友柏,他的曾祖父是蒋介石,爷爷是蒋经国,但他喜欢当个生意人。他说:"我是个生意人,就是要帮客户赚钱。"

2003年秋天,蒋友柏和在纽约帕森设计学院的弟弟蒋友常一拍即合,成立了设计公司橙果,这是台湾第一家拥有国际设计师团队长期进驻的设计公司。

最初,橙果得以让"国际化"的头衔名正言顺的正是因为与迈克·杨这位当之无愧的"头牌设计师"的合作,但随着橙果业务量的增大,二者发生了分歧,使得彼此的优势都无法得以发挥,蒋友柏以七位数的遣散费果断结束了与迈克·杨的合作。他说:"客户来找我们,不是因为名,而是因为利。讲到利的话,就不会是因为某个人了。"

之后,蒋友柏更加明确了橙果的思路:一切以客户的利益为中心。蒋友柏说:"我可以随时随地告诉你我的公司有多少钱,明年的今天会有多少钱,做每一个案子会赚多少钱,你把这个案子交给我能赚到多少钱——这些在设计界绝对都是独一无二的。"

蒋友柏还说,自公司成立四年来,他让每个客户都赚到了钱,营收破亿。

美国埃·哈伯德说:"聪明人都明白这样一个道理,帮助自己的唯一方法就是去帮助别人。"帮助别人解惑,自己获得知识;帮助别人扫雪,自己的道路更宽广;帮助别人,也会得到别人友善的回报。

6.坦率说"我不知道"

如果凡事都一无所知,心里便容易产生唯恐落后于人的压迫感,这也是人们常见的心态。于是,在绝不服输或"输人不输阵"的好胜心作祟下,一些一知半解的人开始处处装腔作势、不懂装懂,以此来保全自己的面子。

但是，越是爱表现的人，越是无法精通每件事。而且，凡事都自以为是的人，必然得不到大家的尊敬；而那些时刻展现谦虚姿态，或者面对自己当真不清楚的事情坦率说一句"我不知道"的人，反而更受欢迎。

有网友问马云："建设到目前程度的阿里巴巴，已经获得很多荣誉和舆论的认可。那么你个人认为阿里巴巴下一步亟待解决的问题是什么？"

马云说："说实话，阿里巴巴有很多问题。每天我们解决了老问题，又碰上新问题。这就是生活，你不得不面对，做事不容易。关于什么是致命的问题，说实话我不知道。但我认为对我们最重要的是更好地了解我们的客户，更好地服务他们。"

熟悉马云的人都知道他是一个坦率的人。在某期《赢在中国》现场，面对一位文凭高、实力强的女选手，马云实话实说："我觉得我挺钦佩你的学识，博士、博士后、科学家，这大概是我见过的女孩子中学历最高的一个，我都不知道该问些什么问题，你觉得我该问你一些什么问题？"这样的提问方式赢得观众席上一片掌声。

孔子在两千多年前就教导弟子："知之为知之，不知为不知，是知也。"意在劝诫大家要做个诚恳实在的人，因为打肿脸充胖子的行为确实没多少实用价值。

但是，仍有许多人不愿意说出"不知道"这三个字，认为这样做会让别人小看自己，使自己没有面子。对自己不知道的事情，坦率地说不知道，不仅不会让人小看你，还会赢得别人的尊重，认为你是一个谦虚的人。

爱因斯坦曾总结过这样一个代表成功的公式：$a=x+y+z$，其中a代表成功，x代表艰苦的劳动，y代表正确的方法，z代表少说空话。其实不管是事业上的成功还是生活中的好人缘,"少说空话"都是必不可少的一点。

有一次,一位美国加州大学著名教授的公开课吸引了不少听众,许多人都慕名而来,聆听这位教授的渊博学识。这堂课上,教授展示了他做的老鼠实验的结果。

此时,有一位学生突然举手发问:"假如用另一种方法来做,实验结果将会如何?"值得一说的是,这位学生提出的方法几乎没有条件完成,也不可能会得到什么科学的答案。

现场一片静默。这一刻,所有的听众全都看着这位教授,等着看他如何回答这个十分具有刁难性的问题。结果,这位教授却不慌不忙,直截了当地说:"我没做过这个实验,我不知道。"当教授说完"我不知道"时,台下响起了经久不息的掌声。

也许在这时,千万句诸如"其实你这个问题目前没有任何讨论性"等辩论性的话,都没有一句"我不知道"来得爽快,同时也更能赢得他人由衷的赞赏与钦佩。

心理学家邦雅曼·埃维特曾指出:"平时动不动就说'我知道'的人,不善于同他人交往,也不受人喜欢;而敢于说'我不知道'的人,显示的则是一种富有想象力和创造性的精神。"埃维特还说:"如果我们承认对某个问题需要思索或老实地承认自己的无知,那么我们自己的生活方式就会得到大大的改善。"这就是他竭力提倡的态度,人们可以从中得到益处。

有时候,"我不知道"还能在人际交往中起到润滑作用。例如,某人应邀到朋友家共进晚餐,朋友的太太却总是一副不高兴的样子。后来女主人端上来一道花花绿绿、刀工精致的菜,问大家知不知道这是什么菜,这人刚想回答菜名,另一个朋友马上接过话去,说:"完全不知道!但一看就感觉很好吃,它们是用萝卜刻成的吗?"女主人露出了微笑。她向客人做了详细介绍,而且渐渐变得喜笑颜开了。

与人交往时,在地域不同、文化背景各异的情况下,偶尔说一说"我不明白""没听说过"之类的话,会使对方觉得你富有人情味,真诚可亲,从而愿意与你合作。相反,趾高气扬,高谈阔论,锋芒毕露,咄咄逼人的人很容易挫伤别人的自尊心,引起反感。谦逊比精明逞强更能获得人们的帮助,细声小语有时反比伶牙俐齿更易取得成功。

生活中,我们不难发现,那些有着真才实学的人往往虚怀若谷,谦虚谨慎;而那些不学无术、一知半解的人,却常常骄傲自大,好为人师。而结果往往是:前者由于不断充实自己,在才识上有了更深的造诣;后者却在"我很不错"的沾沾自喜中逐步落伍,直至与外界脱轨。这真是应了那句老话——谦虚使人进步,骄傲使人落后。

我们对欧阳修的名作《醉翁亭记》都不陌生,因其用字精练,文辞优美,被人们传诵至今,殊不知此文曾得益于一位老樵夫的指教。

当初老樵夫一看到这篇文章就大叹啰唆,指着"滁州四面皆山也,东有乌龙山、西有大丰山、南有花山、北有白米山"说:"我砍柴时站在南天门,大丰山、乌龙山、白米山还有花山,一转身就全都映入眼帘,四周都是山!"欧阳修听后忙说:"言之有理。"随即修改为:"环滁皆山也"五个字。这就是我们今天看到的《醉翁亭记》言简意赅的开头。

由此可见,只有承认与他人差距的存在,才能不断进步。我们还是抛弃那些"唯我独尊"的自负心态,常怀一颗谦卑之心对他人说一声"不吝赐教"吧!

7.最根本的是高质量服务

企业获得利润的唯一途径,就是向社会提供产品或服务。阿里巴巴是靠为会员服务来赚取报酬的,因此,能否搞好服务、让会员满意关系到阿里巴巴的兴衰。马云一直倡导要全心全意为客户服务,只有客户赚到了钱,阿里巴巴才能赚到钱。

企业怎样才能发展壮大?其实很简单,只要你能想方设法地为社会提供更好的产品和服务,消费者就会接受你,一个受到消费者认可的企业发展壮大是理所当然的事情。

企业发展壮大绝不能靠坑蒙拐骗,对企业来讲最重要的是回头客,一个没有回头客的企业是很难经营的。而要想拥有越来越多的回头客,需要的不是整体研究销售技巧,而是千方百计提高产品质量和服务来增加自身的市场吸引力。有人问过马云,阿里巴巴已经拥有了那么多的会员,他还想要多少?其实,马云每天考虑的不是增加更多的会员,而是让更多的会员赚到更多的钱。客户今天在阿里巴巴交了钱,明天他们愿意付更多的钱,说明他们在阿里巴巴赚到了钱。会员只有得到远远超过付出的费用,他们才会成为真正的老客户。

阿里巴巴的会员都是实实在在的商人,商人是没有时间上网的,更不会没获取一点好处就花时间注册成为一个网站的会员。诚信社区的服务还包括协助客户解决贸易争端。

阿里巴巴曾妥善地处理了发生在一家以色列公司与一家中国扬州公司之间的误会。这家以色列公司在阿里巴巴网页上贴出来一条消息:中国扬州某家单位是欠款单位,请不要相信它等。阿里巴巴的工作人员发现这条消息后马上同他们取得联系,告诉他们这条消息阿里巴巴不能发,希望对方通过正常的法律程序来处理。然后,阿里巴巴的工作人员又马上写邮件给这家扬州公司,跟他们核实是否有人投诉他们。扬州公司立即反馈回来的事情却是"他们跟我们买二手鞋,我们也准备好了,可是出口时被有关部门扣住了,不让出口"。扬州公司说:"我们确实收到他们开过来的信用证,我们也说了对不起,可他们就是不理解、不相信我们,阿里巴巴能不能帮我们做个解释?"接着阿里巴巴的工作人员就跟以色列公司做解释,经过四五封邮件通信,两家公司不仅消除误会,还成了朋友,并且现在都是阿里巴巴的忠实会员。

现在阿里巴巴的网上社区,尤其是中文站点人气极旺。论坛按行业合理分类,比如五金、矿产、农业、工业、机械等,各个行业里的问题都可以得到探讨。此外还有情感世界、商海沉浮、旅游天地……八方信息,穿插其间;方寸之地,琳琅满目。阿里巴巴把商界称为一个社会,网上虽是一个虚拟世界,从中透露出的主办者的情怀却是真挚的。因此,马云觉得他们做这个事情,每天都很动情,很投入,当然也很累。他们觉得一天工作十五六个小时很正常,也很有意思。从无到有,从小到大,直到今天这样的规模,能为全世界商人服务,他们感到骄傲。

阿里巴巴成功的案例越来越多。

2001年年初,浙江省衢州市市委书记带着参加浙江省两会的代表来感谢阿里巴巴公司。原来,有一阵子他们突然发现阿里巴巴网站上有三四百个农民上来发布信息,卖大蒜的、鸭子的、兔子的,什么都有,而且很简单,只写"我卖兔子"几个字,结果招来了成群结队的买主。衢州是浙江比较偏远的地方,当政府知道要把当地的产品卖到外面去最好的渠道是网络时,非常高兴。后来,市信息化领导小组办公室做了一个调查,他们找了全世界40个商业网站进行测试,发了同样的信息出去,经过一个多月的时间,75%的反馈是通过阿里巴巴发来的。

然后他们转告农民,可以充分利用阿里巴巴沟通供求信息,有些农民不相信。这时衢州建高速公路到一个村,村口有两棵大树,要么砍掉,要么移走。正好信息化领导小组办公室的人来宣传网络。农民就说:"如果你能通过网络把这两棵树卖走,我们就用。"

办公室的人回去真的就在阿里巴巴上发了一条信息,两个礼拜以后,就有人把树买走了。树一买走,农民就相信网络这东西真管用,接着一哄而上。

不仅偏远地区的产品能通过阿里巴巴卖向全国,国内公司的产品也走向了世界。

2003年6月底,浙江金陵光源电器有限公司的朱小姐初次接触网络,她选择的平台就是阿里巴巴中国供应商。三个多月的时间里,金陵公司不仅收到来自世界各地的买家询盘,而且凭借其自身实力及阿里巴巴这个全球最大的网上贸易平台,与三位国际买家顺利完成交易。

"让我印象最深的是一位阿根廷的买家"。公司外贸部负责人朱小姐介绍说:"7月,我们就与他取得了联系,对方提出的要求很多,态度也很平淡。我们认为,要取得对方的理解和信任,首先要从自身做起,讲究诚信,从客户的利益出发。例如他们所需的有些产品我们公司没有生产,针对这种情况,我们帮助他们寻找相关供应商,提供厂家的联系方法,然后让他们自行沟通,不介入洽谈过程。通过一段时间的接触,对方的态度发生了明显的改变,洽谈、寄样工作也进行得很顺利。近期,对方已经提前预付了全部的货款,这说明我们的合作是建立在完全信任的基础上的。"

温州成功集团下属的服饰类促销品公司以国外运动赛事为主要服务对象,生产出口包括T恤、运动帽、围巾、手套、运动包等产品。为了更好地发展广阔的国际赛事市场,公司于2003年4月加入阿里巴巴中国供应商。仅仅五个月的时间,就成交了三笔订单。不仅认识了来自欧洲和非洲的三个新客户,还进入了非洲运动产品的广阔市场。随着双方信任度的进一步提高,合作的空间越来越大。

通过以上几个事例不难发现,企业获得利润是本位追求。买家代表市场需求,也是本位需求,而把它们联结在一起的就是商业网络平台。想让一对一的生意成交率上升,最根本的就是高质量的服务。

8.承诺了,就该兑现

红顶商人胡雪岩说:"江湖上做事,说一句算一句,答应人家的事,不能反悔,不然叫人家看不起,以后就吃不开了。"在任何情况下,如果你已经许下诺言,那不论发生什么事情,你都不能反悔。假如你已经做出了某个承诺,而你却言而无信,最终将导致糟糕的局面。

《郁离子》一书中有如下一则故事。济阳某商人过河时船沉遇险，他拼命呼救，渔人划船而过。商人许诺："你如救我，我付你一百两金子。"渔人把商人救到岸上，商人只给了渔人八十两金子，渔人责商人言而无信，商人反责渔人贪婪。渔人无言走了。后来，这商人又乘船遇险，再次遇上渔人。上次救商人的渔人对旁人说："他就是那个言而无信的人。"众渔人停船不救，最后商人淹死在河中。

如果承诺不能兑现，就会失去对他人的影响力。更为痛楚的是，下次你说的话，做的事，即便是真心实意做下来的，别人也会在心里给你打个折扣。

既然许下诺言，无论刀山火海都不能反悔——你不能言而无信。马云和他的销售团队很好地用行动兑现了这一点。

2003年2月，阿里巴巴的员工狂欢节上，在黄龙饭店的大厅里，阿里巴巴的销售王牌贺学友和马云打了一个赌。

马云说："他说要赌，我说好。我说你赢了我，全世界任何地方，你随便挑一个我请你吃饭。我说你若输的话，就到杭州西湖去脱光衣服跳下去。"

贺学友和马云赌的什么？原来那天马云一直在想，罗建路在2002年已经突破了200万，2003年定一个什么目标呢？当他看见贺学友时，就即兴对他说："贺学友2003年你给我做到365万元，一天一万元，续签率78%。两个指标都做到了，你可以提任何要求，我可以在任何城市请你吃饭；做不到，你就穿三角裤沿着西湖跑一圈，然后跳下去。"

贺学友当场就说："OK！"所有人都认为一天一万元是很难的事，贺学友居然敢赌。赌完之后，贺学友也有点迷茫，但他仍然很自信，觉得有把握。

其实还在海南休假时，贺学友就向马云、关明生和李琪提出了一个狂妄的问题：如何做到每月120万元，全年1440万元？三个人一听就愣住了。后来关明生说了三点：团队、策略、市场。贺学友说，给他四个助手，他来试试。最后公司给了他两个助手。

黄龙饭店打完赌后三天，贺学友做出了2003年的团队计划和个人计划。团队（他和两个助手）目标是1000万元，个人目标是588万元，这个数字远远高于马云的365万元。

目标定出来后，贺学友把588万元细分到每一天，然后制成表贴在家里的墙上。战斗打响后，贺学友每天提醒自己必须完成多少。遇到挫折、沮丧时，他就听磁带，去上培训班，去和别人交流，去看书。2003年贺学友看了60多本有关市场销售的书，他突然发现自己的学习总结能力变强了。

2003年8月，贺学友的销售额已经突破了365万元！马云知道了，高层知道了，阿里巴巴的全体员工也都知道了。关明生和李琪在杭州张生记请贺学友吃饭，关明生还特意从香港带来一瓶红酒，那顿饭让贺学友很感动。

马云一直等着请他打赌那顿饭，马云对贺学友说："你来，我随时恭候。在任何地方！"贺学友说："希望我的团队达到顶峰，希望马总请我和团队一起吃这顿饭！"

2003年年底终于到了，贺学友当年的业绩达到了630万元，比马云提出的365万元高出了265万元；贺学友的三人团队也突破了1000万元！然而遗憾的是续签率没达到78%。贺学友说："续签率差了两个百分点，有几个客户没有续签。他们是2002年的客户，自己关注不够，有一些误解，是我的责任。"

马云说："他最后差两点，我后来跟他讲，功不可抵过，饭我照请不误，但西湖一定要跳。所以那一年很冷很冷的冬天，贺学友就到西湖边跳了下去。他的经理也在边上，也脱光了衣服跳下去了。"

贺学友跳西湖的确切日期是2004年2月7日。那天晚上,贺学友去参加一个婚礼,席间喝了一点红酒。马云说:"就在今晚吧。"于是他们来到杭州香格里拉西湖边上,闻讯赶来的阿里巴巴员工有三四十人,有拍照的,有助威的,场面颇为壮观。贺学友的两个经理也都到了,陪他一起脱了衣服,三人一起秀了一下,虽不是健美比赛,但肌肉还是有的。这一"秀"引来阿里巴巴围观的女员工一阵喝彩。三人在湖边跑了大约1公里,然后跳下湖去,顿时人声鼎沸,灯光乱闪。马云跑过来,招呼他们上来。

人们以为冬天跳西湖肯定是惩罚,但他们不会想到,那个跳西湖的人正是阿里巴巴的销售功臣,他一人一年为阿里巴巴带来630万元的销售收入。

这就是阿里巴巴的诚信文化,贺学友三人上岸后,马云在人群中讲了一段话:"今天这个日子值得纪念,它已成为阿里巴巴历史上非常重要的事件。第一体现了诚信,承诺了就要兑现,该奖的奖,该罚的罚。第二体现了团队精神,贺学友的两个经理都来陪绑。续签是我们的生命,希望以后不再看到这种事。我非常钦佩贺学友……"

人无信不立,诚信是一种朴素的美德,就像上述的人物,没有豪言没有壮语,只有默默自觉的行动和最本真的话语,然而这些却闪烁着动人的光芒,让人心生尊敬并感受到道德的光彩和人性的温暖。

孔子曰:"人而无信,不知其可也。大车无輗,小车无軏,其何以行之哉?"诚信是最基本和最根本的道德要求,是人之为人最重要的品德,也是社会赖以存在和发展的基石。一个信用缺失、道德低下的社会,不可能有快速、持续、良性的发展和进步,只有讲诚信,才能建立正常的经济、生活秩序。只有讲信用,才有人和人之间的相互信任,社会生活才能正常地运转、前行。不讲诚信者,也许能获得眼前一时的利益,但难以长久;诚实守信的人,虽然有时眼前会若有所失,但却能"心正、气顺、颜美",赢得人生长久的可持续发展,能够基业长青。

诚信,是为人处世的基本准则,也是中华民族的传统美德。有智者言:"失去信用是最大的失败。失去了信用,就再没有什么可以失去的了。"只有诚信才能取信于人,一个言而无信的人不可能得到他人的尊重和社会的认同,也不可能拥有真正的成功。

第七章

慧眼识才,打造卓越团队

1.不一定要用拔尖人才

谁都知道现在的阿里巴巴公司,有一个汇聚世界精英的团队,但是,马云平时在用人上,不像其他企业只招"精英"人才。马云选的是对阿里巴巴公司的价值观有认同感的人。

为了秉持这个用人标准,马云把那些很多用人单位都不喜欢招聘的院校应届毕业生也列入自己的录用表格中。因为在马云看来,这些人有很大的可塑性,他们能够很快地认可和接受阿里巴巴公司的价值观。

在刚开始的时候,马云和其他企业家一样也不喜欢应届生,觉得他们没有受过磨炼,太浮躁,不能静下心来,今天来了,一受到挫折明天就有可能拍屁股走人。那时候,他还经常说:"给年轻人最好的机会就是不给他机会。"甚至对中国的大学教育,马云也颇有微词："中国的大学只会教人知识，不会教人才能，根本不是什么精英教育。中国的大学生大部分都是差不多的，无论是聪明才智还是社会能力。"所以，在阿里巴巴成立之后相当长一段时间内，马云对同行们大规模的校园宣讲、招聘不屑一顾。

但是到了后来，马云意识到了应届毕业生、年轻人的真正价值。他大概是想起自己当年刚创业时也会因年轻气盛、锋芒毕露而引起人们的误解和非议。渐渐地马云在应届毕业生身上发现他们越来越多的优点，逐渐开始喜欢这些初生牛犊不怕虎的大学毕业生了。

于是，前几年阿里巴巴开始尝试招聘一些应届生。经过一阵子"试水"之后，马云越来越发现应届生有应届生的优点。因为他们都是一张"白纸"，容易接受新事物，成才概率高。现在马云开始为这些天之骄子感到自豪。如今阿里巴巴公司有很多刚毕业两年的员工，目前都已经开始管理上百人了。现在马云又开始说："如果一个年轻人今天和你说他要做什么，三年后依然说他要做这个，而且坚持在做，那你就一定要给他机会。"这其实是马云自身的写照，也是他最让人欣赏的地方。

随后，阿里巴巴的校园招聘声势也越来越浩大，大有"包揽天下英才"的雄心壮志。

2005年，是阿里巴巴第一次组织大规模的校园招聘。这一年，也是中国的"搜索人才年"。2005年11月9日，雅虎中国宣布全面转型并从门户网站变成搜索引擎网站，对搜索人才的需求明显增多；谷歌中国的新掌门李开复更是打出了50名"关门弟子"的旗号，果断挺进中国内地市场；百度也摆开了架势，无数的媒体里都写着"百度一下"。

2005年11月20日，一年一度的校园招聘终于拉开帷幕。同一天,雅虎中国在北京拉开了校园招聘宣讲会的帷幕。在接下来的两个月里,马云和雅虎搜索技术专利所有人吴炯亲赴北京、上海、南京、杭州、成都、西安和哈尔滨七大城市进行宣讲,他们的目标是招聘50名搜索方面的技术人员。

为了增加对于人才的吸引力,阿里巴巴可谓使尽了浑身解数。不仅笔试的第一名可以获得人民币2万元的奖励,而且每一个被录取员工都将得到阿里巴巴股票期权。除此之外,吴炯和雅虎副总裁路奇还将对这50名员工一对一地制订合适的发展和培训计划。

尽管从进入时机上看,阿里巴巴2005年的招聘时间落后于谷歌和百度,但马云并不担心。他说:"学生肯定会多走走多瞧瞧,货比三家后才确定自己的去向。条件比较好的毕业生敲定工作一般在次年的三月到四月份。"另外,由于阿里巴巴并购雅虎中国后雅虎将专注搜索业务。尽管雅虎搜索技术在全球处于第二的位置,占据35%的市场份额,但雅虎中国的搜索比较弱,需要补充精干的本土化技术人员。因此,整个2005年,招揽人才成了阿里巴巴最重要的工作之一。当时,阿里巴巴甚至打出了"天天招聘"的口号。

马云带领着自己的团队,在校园与大学生进行轻松的交流,并极力塑造阿里巴巴平易近人的形象。阿里巴巴的招聘人员更像是市场上的小商小贩,他们热情地招呼着大学生们,甚至有的员工高喊:"请大家来看看,看看这边有没有适合你发展的空间。"无疑,这种诙谐的风格从某种程度上来说缓解了大学生们的压力。

马云对进入阿里巴巴的员工有4点要求:第一,进入阿里巴巴的大学生必须是一个诚实的人,一定要有工作的激情。马云认为这是最基本的品质,如果一个大学生没有这些品质,进入企业后是很难培养的。第二,进入阿里巴巴的大学生要有极强的学习意识,要富有学习的能力和好学的精神。第三,进入阿里巴巴的大学生要有适应变化的能力,具备较好的专业素养和职业修养,善于沟通协作。第四,进入阿里巴巴的大学生性格要开朗,乐观上进,健康积极,富有年轻人的朝气,有极强的事业心和成功的欲望。

马云说:"我上学的时候从来没进过前三名,当然也没进过后15名,中等偏上的学生最有可塑性。"的确,高考数学考过19分的马云都能创造出一个阿里巴巴奇迹,他没有理由不相信那些中等偏上的学生可以继续创造"芝麻开门"的神话。马云之所以给年轻人一个机会,是因为在他看来,一个企业用人不一定非要选择拔尖的人才,只要有一定的可塑性,只要能出色地完成自己的工作,对阿里巴巴来说,就是选对了人、用对了人。

2.不轻易挖对手的墙脚

随着"职业生涯规划""跳槽"这些词语在现代人生活中出现的频率不断增高,"猎头"这一过去被人贬义为"挖墙脚"的职业,一跃成为各类企业招聘人才不可或缺的角色。大公司中高管的突然辞职另谋高就,每年新年前后各大企业遭遇的跳槽高峰,来自海外、拥有国际性经验的专业人士进入民企担当重任……这一切,都离不开专业猎头。而马云对职业猎头却有一种抵触的心理。

在此,我们还要提一下马云的遭遇。

在马云并购雅虎中国之后,西方分析人士认为雅虎获得了一位强势的中国本土企业家,他有能力率领整个公司走向成功。而一下子"吃"掉600人的雅虎中国和100多人的一拍网,也是对从未收购过公司的马云的一次严峻考验,有一段时间他基本上天天在雅虎中国公司上班,忙着和管理层、员工见面。让马云头疼的是,猎头公司接连不断地挖人电话,雅虎中国的很多员工都接到了"挖人"电话,有人一天就接了好几个。马云承认当时的形势确实比他想象的紧迫,他说好像全世界的猎头公司一下子都出现在这个公司,员工对马云说他们也没想到自己这么热门。"好在这两天的情况跟前几天比已经发生了很大变化,我一点儿也没想过从杭州带一帮人到雅虎中国做官,就是实事求是地和大家沟通。员工们基本上已经冷静了下来,比安慰更重要的是大家要了解公司未来的方向,不过外界挖人的骚扰声多了一点儿。"

正因为马云深深懂得被挖墙脚的滋味,所以他对挖墙脚这类手段十分厌恶。马云认为,在竞争激烈的商场上,落井下石不是企业的竞争之道。当挖墙脚已成为竞争的手段,马云对挖墙脚却有不同的看法,他承诺绝不主动向竞争对手挖人。

2005年,谷歌为了招聘优秀人才,打出了招聘50个李开复"关门弟子"的大招牌。对于谷歌的做法,马云发表了自己的看法,他说,这些人每人违约金5万元,即使阿里巴巴全挖过来也不过250万。但阿里巴巴绝对不会这样做。马云不但绝对不允许自己公司挖竞争对手的人,同时也不允许阿里巴巴的猎头挖。马云曾经多次强烈地谴责竞争对手挖阿里巴巴的人才。

但是事情反过来了,如果其他公司的人才主动找上门来,马云会接受吗?尽管不是马云主动挖别人的墙脚,但对那家公司来说,本质上就是马云挖走了他们的人。马云说,如果有这样的情况,他基本上不会接受。

而且,与大部分企业不同,阿里巴巴不仅不会用高薪来诱惑人才。在阿里巴巴马云不承诺金钱,马云很多时候会让那些眼里只看到金钱的人离开阿里巴巴。

其实,关于不"挖人"的做法,马云除了出于遵守"江湖规矩"的侠客风范外,他更有自己独特的"马氏"用人理论。马云认为,从竞争对手那边挖来的人,如果他说出原来公司的机密,他就是对自己的旧主"不忠";如果不说,他就是对现在的新公司"不孝";即使不让他说原来公司的机密,他在工作中也会无意识地用到,这样他就"不义"了。所以,他觉得"挖人"不符合阿里巴巴的价值观,他不希望挖过来的员工有某种心理上的负担和道义上的压力。

对于用人的标准,马云说什么才是最合适人才的具体标准,这要根据企业而定,但一些最基本的要求则是必需的。因为马云对用人有着严格的要求,在他心里这是一条不可更改的法则。马云的用人标准主要有以下几条。

(1)注重人品

选择人品好的合作伙伴可以使企业少走很多弯路。

(2)互补性强

进行人才选择的时候,必须要看清楚每个人的长处,而对于一些小的缺陷要学会包容。选择互补性强的团队并非只是说性格上的互补,而是每个人的长处的互补,因为这涉及分工的问题。

(3)善于沟通

企业是个利益共同体,因而双方都有责任主动去沟通。有效的沟通是强大的执行力的前提,只有把每个人的想法理解到位了才会获得好的执行效果,而理解的前提则是有效的沟通。

(4)能共同承担责任

创业的过程也是一个不断犯错误、不断学习改正的过程。每个人都要为错误承担责任,而不是互相指责。有福同享,有难同当,说的也是这个道理。

马云永远把自己的员工当作阿里巴巴公司最值钱的财富,他每次面对自己员工的时候都有这样的一种心情:"我第一次走进他们办公室的时候,员工们用各种眼神注视着我,焦虑、怀疑、气愤、平静。我很理解他们的心情。自己的命运被不同的人掌握,确实会心里打鼓。所以,我希望他们可以给我一个机会。现在我没有裁人计划,我十分希望他们都可以留下来,给我马云和阿里巴巴一个机会,共同把事业继续做下去。"据说,自阿里巴巴收购雅虎中国之后,马云尚未接到一封辞职信。

3.人尽其才,合适的人做合适的事

杀猪的屠夫,干不了精细的针线活;能让宇宙飞船升天的科学家,也干不了杀猪的行当。人都有自己的长处和局限性,让每个人站在自己最擅长的位置上,企业才会形成最大的合力。

马云毕业于一个"二本"学校,他能走到今天,能力和奋斗起了关键作用。他知道,阿里巴巴要想继续辉煌下去,就需要发挥每一个人的聪明才智。而要发挥每个人的聪明才智,就要让合适的人做合适的事。

马云是这么想的,也是这么说的,更是这么做的。阿里巴巴人力资源高级主管彭蕾,曾经这样形容阿里巴巴的用人原则:"阿里巴巴没有任何责任和义务把某一个人培养成总监、副总裁,我们要做的就是不断把土壤弄得松软、肥沃。但是,只要你自己是一颗好种子,早晚都会生根、发芽、结果……"

这个世界不缺少人才，而是缺少发现。马云当然明白这一点。把每个人的优点找出来，把他们放在最合适的位置，并加以培养，这是马云的思路。只有把人放对了地方，才能称其为"人才"。

彭翼捷，出生于1978年，现任阿里巴巴B2B中国事业部副总裁。2000年，彭翼捷从西安交通大学外语系毕业后，就来到阿里巴巴工作。仅仅用了七年时间，就从一名普通的销售人员做到了副总裁的位置。现在，彭翼捷管理着阿里巴巴的中国网站，以及诚信通高达十亿元的销售额。2007年4月25日，《互联网周刊》发起的"长三角地区互联网经济发展高峰论坛"在杭州召开。当时彭翼捷不到30岁，却已经成为阿里巴巴集团举足轻重的人物，代表公司在论坛上发表了长三角电子商务产业群合作发展的主题演讲。

其实，像彭翼捷这种"坐着火箭上升"的职业生涯成长奇迹在阿里巴巴很常见。而且马云的团队内也有很多不可思议的成长奇迹。

在阿里巴巴，员工一旦被"伯乐"（通常是人力资源部门）发现并确定为"猎犬"，而且是一只能够深入理解公司文化，愿意与公司一同长期发展的"猎犬"，往往会得到公司的大力培养和重用。阿里巴巴会给"猎犬"或"准猎犬"们提供各种培训机会，给予他们在不同业务部门轮岗的机会，使他们能够在较短的时间里接触不同的业务，锻炼各个方面的能力。

我们都知道，马云的第一份职业是杭州电子工业学院的英语老师，所以在打造自己公司的管理架构时，他习惯性地先想到了大学的架构，"大学里除了科室主任、系主任、院长这条管理线，还有助教、讲师、教授这条业务线，公司也可以按照这个办法来打造"。

于是，按照马云最初的构想，就诞生了阿里巴巴公司的两条泾渭分明的"升职路线图"，也是员工职业生涯规划的路线图。

一条是管理线，即沿着"官路"走。沿着金字塔的路线向上依次是Head（经理）、Manager（领队）、Director（总监）、VP（副总裁）、SeniorVP(资深副总裁)、CEO。

另外一条是"学术线"，追求"技术立身"或者"业务立身"。走这条路线的人，阿里巴巴鼓励他们搞学术、研发和创新。

通常，新员工来到阿里巴巴之后，经过第一阶段试用期转正以后就变成了"勇士"；然后，经过3~6个月，跳过3级，升为"骑士""侠客"；侠客以后是"英雄"。当然，要达到英雄的级别很难，英雄里面又分A、B、C3级；然后到大师；大师之后才是首领，共分5挡，每挡又分3级，一共15级。这条"学术线"不可谓不漫长、复杂，熬到大师级的人应该是进入一个非凡的境界了。

应该说，为员工的职业生涯定了这样两条泾渭分明的路线，马云是用心良苦的。他经常说一句话："什么是优秀的团队，不让任何一个队员掉队就是最优秀的团队。"而这样两条路线无疑给所有阿里人都提供了一个公平竞争的平台。比如，技术人员可能永远不会管人，但"大师"可以成为他前进的方向和努力的目标；而有些人技术水平是"0级"，管理水平却可能是相当高的"9级"。

实际上，即使是当初和马云一起干的"十八罗汉"，今天也只有少数几个人出现在阿里巴巴"CXO"的名单上。除了有"避嫌"的考虑之外，更重要的是有些人的确不适合在管理岗位上，但他们在向着公司的业务线方向发展，成为另一类举足轻重的人物。

而且，马云对优秀的技术和业务人员也是赞赏有加的，"不要以为CEO很了不起，也许CEO只是个英雄，但是某个业务骨干已经是大师了。马云也许在阿里巴巴很重要，但是这个大师，他在中国互联网，甚至亚洲、世界互联网界，说话都有分量，比马云说话有分量得多。"的确，比如雅虎搜索引擎的发明人、现任阿里巴巴CTO(首席技术官)的吴炯，比如在美国通用电气公司工作了16年之后加入阿里巴巴的关明生，比如曾任雅虎中国总裁的曾鸣，他们在各自的技术、管理、学术领域,都要比马云优秀得多。

马云说,阿里巴巴永远可以容纳各种古里古怪的人,"有些人能干活不能管人,有些人能管人不能干活"。

学业上优秀的人才一定要做官吗?能做官的人一定要学业优秀吗?大方面说,这关系到人力资源的优化组合与配置问题;往小处说,这也是一个人生选择的关键问题。而马云这种让"官迷"和"学迷"都能看到希望的开放性用人政策,无疑给今天的创业团队的领导者们树立了一个典范。

4.不穿衣服的公司:构筑和谐团队

一个成功的团队需要和谐的人际关系,领导者与员工,管理者与员工、领导者之间的和谐关系对团队发展都起着至关重要的作用。一个成功团队打造的企业,要实现持续发展,就必须注重和构建和谐的人际关系,增强员工团队意识和协作意识,从而提升企业的凝聚力和战斗力,促进企业的全面发展。只有处理好企业内部的人际关系,企业的发展才能正常,而能否处理好企业内部各方面的人际关系,将会直接影响企业的兴衰。

马云在构建内部和谐的人际关系时,似乎并没有刻意地去做什么,而是出自至诚的天性,以率真坦荡的胸怀为公司上下赢得了和谐的环境。"阿里巴巴是个不穿衣服的公司,没有别的公司那样一层层的框架外套,剥开一层还有一层,我们这里一眼看到底。"一位部门经理说。马云告诉员工:"把复杂的事情简单化,要用胸怀去赢得和谐。"

当然，能够构建马云团队内部和谐的主要因素，则表现在文化治心的理念和善待员工的举动上。正是因为如此，马云才能在收购雅虎中国时留住绝大部分雅虎中国的员工。当时，作为被收购公司，雅虎中国的员工对马云是存有一定敌意的，然而，马云用实际行动化解了这些员工的敌意。

第一步，马云为雅虎中国的员工量身打造了"N+1计划"，其基本内容是：如果在一个月内，雅虎中国的员工选择辞职，阿里巴巴会为他们提供"N+1"个月工资的离职补偿金，其中"N"指的是在雅虎中国的工作年数。而所有留下的员工，都可以获得阿里巴巴的股票期权。这项措施在阿里巴巴是史无前例的。

第二步，在2005年9月，马云举行了一场盛大的"回归"仪式，就是这场仪式，让雅虎中国的所有员工真正感受到了马云和阿里巴巴的诚意，从而使大家从心底里认同了这次收购，并接受了马云和阿里巴巴。

在2005年的9月23日清晨，马云亲自带领雅虎中国600多名员工乘坐Z9次专列抵达杭州阿里巴巴总部。浩浩荡荡的队伍一下车便感受到了阿里巴巴的温馨，在杭州文三路附近的主要街道上，到处都是"欢迎雅虎中国同事来到杭州"的标语条幅。吃早餐的时候，每一位雅虎中国的员工都收到了一个小袋子，里面装了两个热包子、一瓶牛奶、一包口香糖和一包餐巾纸。其实，关于早餐的配送问题，阿里巴巴的接待小组也经过了一番深思熟虑，最终才确定了包子加牛奶这样中西合璧的组合。就是这样细致的服务，使雅虎中国的员工感受到了家人一般的温暖和关怀。

第三步，杭州市政府亲自设宴招待阿里巴巴3000多名员工，为来自北京的雅虎中国员工接风洗尘。市长亲自祝酒，省委常委、市委书记等高级行政官员也纷纷发来贺信。当天下午,在浙江省人民大会堂召开的员工大会上,马云在雷鸣般的掌声中发表了激情洋溢的演讲,他张开双臂,高喊着:"欢迎回家!"大会上,马云向雅虎中国员工庄严承诺:"2005年12月31日之前,雅虎中国决不裁员!"

正是由于马云如此大手笔的感情投资,才让雅虎中国的员工感受了在阿里巴巴大家庭里,一切都是那么温馨。最终,马云以他的热情和诚意打动了雅虎中国的员工,留下了绝大部分员工,创造了收购史上的一大奇迹。所谓"得民心者得天下",正是因为马云善待自己的员工,用企业文化来感染员工,阿里巴巴的团队才构建了牢固的内部和谐基础。

从阿里巴巴的发展过程中,我们可以看出企业内部和谐的重要性。构建内部的和谐环境,需要坦诚做人、透明做事,我们可以从以下几个方面努力。

(1)进行科学合理的分工,形成企业合力

只有每个员工都明确自己的岗位职责,才不会产生推诿、扯皮等不良现象。企业是发展的,管理者应当根据实际动态情况对人员数量和分工及时做出相应调整。否则,队伍中就会出现"不拉马的士兵"。如果队伍中有人滥竽充数,给企业带来的不仅仅是经济上的损失,而且会导致其他人员的心理不平衡,最终导致公司工作效率整体下降。

(2)强化团结协作,增强企业战斗力

有分工就要有协作,只有协作才能使分工实现初衷。没有协作的分工不是真正意义上的分工,企业的内部环境是企业兴衰成败的根本性内因,企业高层管理者应抓住内部分工协作、权力划分及人文关怀等方面,着力营造和谐的内部环境,提高企业的合力、战斗力、张力和凝聚力。

(3)坚持以人为本,提高企业竞争力

企业要想实现人本管理,就要了解企业自身的发展历程,从中发现并提炼出企业员工共同的价值观,以文化管理为主导,并与科学管理及经验管理相结合。以人为本,也就是要善待职工,主要包括因才用人、以德服人、以情感人。

(4)实行系统化、规范化、制度化,形成企业发展的动力

完善科学的管理制度是企业留住并有效激发员工潜能、提高企业竞争力的重要保证。企业应在实践中,结合具体情况不断建立并持续完善各种管理制度,形成科学的制度框架体系并加强其执行力度,为企业全面快速、健康持续地发展打下良好的制度基础。

(5)构建和谐的人际关系,提升企业的凝聚力

在企业中建立起和谐的人际关系,缔造出和谐的内部环境,这种环境可以激发员工的士气,形成凝聚力和向心力,使员工的潜能得以充分释放,从而推进企业创新,促进企业发展。"尊重、至诚、团结"成为新时代众多企业凝聚人心、激发士气的价值理念,这些理念对创造和谐的发展环境发挥着越来越重要的作用。相互尊重、相互信任的文化内涵是在管理中既强调员工要忠诚于企业,发挥职业精神,为企业持续创造价值,同时企业也要给员工创造持续发展的空间、对员工绩效给予科学的、公平公正的评价,以及为员工提供良好的培训机会和发展机会。员工在相互尊重、相互信任的文化环境中可以保持愉快的工作心情,更好地开发自己的潜力。要形成和谐的工作氛围,形成一种凝聚力和群体的合力,形成一个和睦的大家庭,使员工感受到集体的温暖,对企业有依恋感、依赖感、责任感和共存感,从而产生强烈的使命感,为企业自觉奉献。

5.开除"野狗",留下"小白兔"

不少企业在团队建设过程中,过于追求团队的亲和力和人情味,认为"团队之内皆兄弟",而严明的团队纪律是有碍团结的。这就直接导致了管理制度的不完善,或虽有制度但执行不了,形同虚设。严明的纪律不仅是维护团队整体利益的需要,在保护团队成员的根本利益方面也有着积极的意义。管理制度一旦制订下来,领导者们就必须坚决维护管理制度的严肃性。做到这一点,就要强调对人对己都应一视同仁。

当阿里巴巴的员工扩展到200人时,管理问题就出现了。当阿里巴巴扩展到1000人时,马云及时提出了管理危机的问题。他的应对方法一是聘请具有十几年美国通用电气公司管理经验的高管关明生出任COO;二是根据阿里巴巴企业文化和国际成功企业先进成熟的管理经验,制定阿里巴巴的管理制度。

阿里巴巴的管理制度主要由培训制度和绩效考核制度组成。它把员工分为五类:一是没有业绩也没有价值观的,被比喻为"狗",这样的员工将被"杀掉";二是业绩好却没有价值观的,被比喻为"野狗",这样的员工如果不能改变其价值观也将被清除;三是没业绩但有价值观的,被比喻为"小白兔",这样的员工将获得帮助;四是业绩好价值观也好的,被称作"明星",这样的员工将得到最多的机会和最多的股票期权;五是业绩一般价值观也一般的,被称作"牛",这样的员工是大多数,他们将得到公司的培养和提高。

阿里巴巴的绩效考核制度有着严格的指标管理。末位淘汰制度执行起来也很残酷。"我们公司是每半年一次评估,评下来,虽然你的工作很努力,也很出色,但你就是最后一个,非常对不起,你就得离开。在两个人和两百人之间,我只能选择对两个人残酷。"

在马云的原则里,对于"野狗",无论其业绩多么好,都是要坚决清除掉的,正如马云所说:"善待犯错误的人是对的,但是绝不容许那些'野狗'破坏团队,破坏公司利益,对这些人绝对不容忍。"不能作假、不能作弊、不能欺骗客户、不能夸大服务、不能给客户回扣、不能为客户垫款,很多这类的硬性规定都能够从阿里巴巴的规章制度中得到充分体现,成为阿里人的基本原则。

阿里巴巴的一位资深员工这样说道:"新来的员工业绩不好,没关系,如果违背我们的价值观去欺骗客户,好,你就一句话都不要讲了。"

"第一,阿里巴巴永远不给客户回扣,谁给回扣一经查出立即开除。中小企业老板的钱赚得并不容易,你再培养下边的员工拿回扣,你不是在害他吗?第二,不许说竞争对手坏话。"这是马云为阿里巴巴制定的两条铁的规定,无论是谁,如果违反这两个规定,尤其是第一个,一定会受到严厉的惩罚。

2004年,阿里巴巴的高管在抽查业务员的通话录音时,听到了一名员工跟客户承诺回扣的事情。这让主管们大为吃惊,在阿里巴巴竟然有这种员工存在?随即公司马上进行了一番认真的调查,结果发现,这名员工原来是淘宝网一名业绩一直很突出的业务员。据说,这名员工还是上个季度的"销售冠军",平时一直很遵守公司规定,这个季度马上就要"冲线"了,为了保住"冠军"之位,才急功近利地出此下策。可即便是这样,马云还是在调查清楚后,毫不留情地把这名员工辞退了。

或许,马云的做法在外人看来有点不近人情,但是在原则问题上就是不能讲人情,用马云的话说:这是"天条",永远都不能侵犯!

但阿里巴巴制度管理中也有一些人性化的东西。例如，善待犯错误的人，容忍失败，敢于使用败将，全力帮助业绩不好的"小白兔"。

马云是个人情味很浓的企业家，冷酷不是他的特色。他一直希望把企业变成家庭，变成学校，变成同甘共苦、相濡以沫的战斗集体。因而阿里巴巴在推行严格科学的制度管理时，马云也没忘了人性化的管理。

随着阿里巴巴的发展壮大，人员越来越多，如果没有行之有效的制度，企业就不可能正常地运转下去。因此才会说制度是企业赖以生存的体制基础，是企业的行为准则和活力之源，是企业经营活动的体制保证。

那么，阿里巴巴是如何制定出科学的规章制度的呢？

一是要合法。首先是要符合国家的法律法规，这是最基本的要求。特别是一些财务规定和人力资源方面的管理，不能单纯从公司利益出发，不考虑社会法律的要求和员工的利益，否则最终吃亏的还是公司。其次是要符合公司的基本法律，也就是公司章程。公司任何制度的制定要以公司章程为基准，以公司股东利益为最高要求，而绝不能仅仅以部门甚至个人利益为出发点。最后是规章制度的制定要与公司其他的规章制度相融洽，不能出现制度之间的相互矛盾和对立，否则不利于执行。阿里巴巴的所有制度，都是在国家法律法规的指导下制定和完善的。

二是要合情。制度贵在精，不在多。阿里巴巴制定过一大堆的规章制度，但是真正发挥作用的制度，已经失效的制度，不能很好执行的制度有多少都不得而知。特别是涉及互联网技术程度较高的制度设计一定要合情而且实用可行。淘宝网发展的飞快速度，不可避免地也会带来一些负面影响，为了确保客户的利益，站在客户的角度，马云制定了一系列监督制度和担保制度，使客户利益得到保障。

三是要合理。制度的合理性来自于内部外部两个方面。从外部来讲,一个制度的设计要考虑公司、社会、客户等多方面的利益诉求,要尽量做到平衡。从内部来讲,制度的设计要考虑到公司内部各个部门和层级之间的平衡,不能顾此失彼,从而引发部门与部门之间的矛盾或者公司层级之间的隔阂。阿里巴巴的制度,都是在实践中合理地进行修改完善的。

在阿里巴巴,同样有着严格的绩效考核:所有的员工,每季、每年都要参加业绩和价值观的双重考核,各部门主管按"271"原则对员工的工作表现进行评估:20%超出期望,70%符合期望,10%低于期望。

在这个过程中,怎样保证考核的公正性呢?在阿里巴巴员工进行自我评估、主管给员工考核时,如果考核成绩在3分以上或0.5分以下,都要用实际案例来说明这个分数。主管完成对员工的评估,同时跟员工进行绩效谈话以后,员工就可以在电脑上看到主管对自己的评价。同时,员工也可以随时找人力资源部门,反映考核中的问题。

6.制定严格的培训管理制度

培训是人力资源最重要的投资,尤其在竞争空前惨烈的情况下,企业唯有提高管理品质作为应变之道。而要追求管理品质的完善,也只有通过培训,才能实现这种目标。因此,国外一些竞争力极强的企业,都把员工培训放在企业长期发展的战略高度来认识。遗憾的是,目前在国内企业似乎对员工培训的重要性缺乏应有的认识,许多企业界人士还未将管理训练与考绩、升迁、加薪、奖惩等人事决策适当挂钩,顶多只是将培训当做参考而已。而且公司与企业往往只注意短期培训,忽略长期规划。

事实上,有效的培训是十分必要的,这种培训,需要靠个人与企业双方的共同努力。而人员接受培训的质与量则影响了两件事,工作表现的结果及员工离职率。适当的培训对员工的留职有正面的影响,接受适当培训的人员,能以更多的信心、热情及骄傲去从事他们的工作。这些良好的感觉除了可以提高个人工作品质外,同时也使公司更壮大,人员也更容易管理。较低的员工离职率与员工好的工作表现,对一个成功的企业是十分重要的。

作为全球领先电子商务公司的阿里巴巴,对于员工的培训十分重视,他们联手苏州工业园区培训管理中心、国际科技园软件园培训中心,共同组建了高端人才培养基地,从此拉开了双方共同打造国际化、复合型电子商务人才库的序幕。同时,苏州国际科技园电子商务人才培训班也正式开班。其对象囊括了公司所有的员工,无论是新员工还是工作骨干、中层干部、高管人员,都在培训之列,即便是保安人员,除了参加相关的保安培训外,也要参加公司内部的培训。培训内容总体分为三部分:新员工的入职培训、在职员工的岗位技能培训和管理人员的管理技能培训。

新员工培训分为销售和非销售员工的培训。新员工在入职一个月内必须参加两周的脱产带薪培训,课程项目有公司发展、价值观、产品和组织架构介绍等。针对公司新员工年龄普遍较轻、平均年龄不到30岁的特征,还开展了百年责任的活动,包括做环保义工、去敬老院慰问老人等,帮助员工感悟做人做事的道理,增加社会责任感。

岗位技能培训分为专业技能培训和通用技能培训。专业技术技能包括计算机技术、市场营销、PD/网络、客户服务、人力资源等;通用技能包括基本技能、沟通技能、项目管理、问题解决、工作精简、行业知识等。通过这些培训,员工能掌握工作技巧、提高工作效率,从而增强员工的成就感。

　　管理人员培训计划分为阿里巴巴管理技能计划、阿里巴巴管理发展计划和阿里巴巴领导力发展计划。公司内部简称为3A课程。每个计划由3~4门核心课程组成,针对不同层级的管理人员进行系统培训和学习。每个项目都结合工作实际,并兼有课前的沟通调研,课后行动计划的执行,由业务主管、人力资源部和培训部共同打造管理人员的综合能力。

　　每个进入阿里巴巴公司的员工都要参加为期两周的"百年阿里"培训,培训期间学员一起上课、拓展、游戏。这一培训主要是向大家介绍公司,宣扬价值观,培养团队合作意识。

　　阿里巴巴人力资源负责人说,有共同价值观和企业文化的员工是公司最大的财富。"今天银行利息是2个百分点,如果把这个钱投在员工身上,让他们得到培训,那么员工创造的财富就远远不止2个百分点。"因此,阿里巴巴每年用于员工培训上的投资,就有几百万元。

　　一般员工都要经过1~3个月才能融入公司文化,为此,阿里巴巴特意设置3个月的师傅带徒弟和人力资源关怀期,而在入职6~12个月的时候还可以选择"回炉"接受再培训。

　　阿里巴巴的培训,可以说是多种多样、异彩纷呈,不仅有"百年阿里"培训,还有着许多其他培训,诸如"阿里课堂""阿里夜校""管理培训"等。

　　据一位支付宝的员工讲述,公司定期请外面的专业讲师为他们培训有关银行结算、风险控制等方面的专业知识。"阿里夜谈"针对公司年轻人多,兴趣爱好各不相同的特点,设立了一些员工感兴趣的学习和交流。修身养性、行业动态、文化素养、兴趣爱好,都是夜谈关注的重点。

阿里巴巴根据员工不同的偏好，分为三个职业阶梯，使性格不同、对未来规划不同的员工都能够满意。比如说，你希望平衡生活，按部就班，照顾家庭，不需要有太多挑战、太多压力，你可以选择去做S序列。S序列就是标准工作的序列，你只需要按照现有的方式做事就行了。如果你擅长跟别人打交道，不喜欢对着机器做事情，你可以选择M序列去发展。其实不同类型的员工，选择各不相同，所以人的发展绝对不是企业一厢情愿的事情，而是企业和个人的主观共同来作用的，只有当这种需求是大家都想要的，这个时候才会得到各方面的配合，才能得到认同，才能把"试"转化为"学"。他们还不断扩展内部讲师，不断鼓励内部教学相长的文化，不断建立内部员工分享的氛围，希望营造一个要学一定要有行动，有了行动一定要带来结果的学习氛围。

在阿里巴巴，年轻人平均27岁，这一年龄层的人都有一个共同特点，都是被父母培训大的，被老师培训大的，所以他们的自主学习的意愿还不是特别强。面对这群员工，阿里巴巴用的方法又不一样。先培养行为，让他看到这种行为的结果，然后再去转变他的观念。就好比小孩子刷牙，你可以跟他讲刷牙可以避免蛀牙，蛀牙是怎么产生的，讲了一大堆，小孩子也不懂什么是蛀牙。父母教小孩，一定是规定你早上、晚上一定要刷，先刷了再说，然后刷到20多岁，他才知道为什么爸爸妈妈教我刷牙。这就是行为带来结果改变思维的过程。

阿里巴巴学习的项目名称很怪，什么夜校、课堂等，他们把这些名字拿来，希望强化这个概念。其实里面的内容还是管理体系，包括阿里巴巴所有管理人员必须接受的强制性培训。从普通员工到高级主管，给每名受训人员制定了不同的选修和必修项目。

不仅员工可以根据需求选择不同的培训项目，各个子公司还根据实际情况开发出本公司适用的培训形式。淘宝推行师徒制，由经验丰富的员工在工作中一对一地指导徒弟。从而构建良好的工作学习氛围。师徒制的推行，一方面使新人业务知识和工作技能得到有效指导，工作绩效快速提高；另一方面师傅在指导过程中，自身能力也在不断加强。支付宝采用管理论坛，针对内部管理者在管理工作中存在的问题，采用大家分享讨论的形式，提高管理者能力。雅虎中国在价值观的培训中，让员工自导自演，以情景剧的方式诠释自己对价值观的理解。这些不同的形式增加了培训的乐趣，让员工在娱乐中得到了学习。

阿里巴巴培训有3个特点。一是能者为师。阿里巴巴的培训师来源广泛，既有公司外部的专业培训师，也有公司内部经验丰富的管理人员，还有工作在"一线"的员工。二是次数频繁。在阿里巴巴，几乎每周都有培训，这么多场次的培训针对不同对象，开设不同内容，覆盖率达到70%，使每个员工都有机会学习、发展。三是严格管理。为了提高培训效果，阿里巴巴制定了严格的培训程序管理。阿里巴巴视员工培训为"百年大计"，也称其为"阿里军校"，是整个阿里文化的发源地。

7."晋升三步走"模式

阿里巴巴是一家拥有数万人的企业，之所以能够成功发展，留住员工，与他们实施的员工"晋升三步走"模式分不开，其具体内容如下。

(1)晋升第一步,跨入"优秀行列"

员工工作满一年,即会对一年的工作业绩进行综合考评。考评的标准尺度一定要绝对客观公正,部门业绩排名前10%的员工即跨入"优秀行列"。每年进行的年度考核都为员工提供了发展的机会,这里没有工作资历深浅的限制,大家机会均等。跨入"优秀行列"并不意味着他们可以获得晋升(不论是职务的晋升还是职级的晋升),因为他们还需接受挑战任务,就是积累所必需的专业知识并达到要求的水平。比如说,要从业务代表成长为业务主管,那他所要获得的新的专业知识将涉及销售管理、培训、考核、电脑操作水平等。同样,如果要从业务主管成长为销售经理,其所要获得的新的专业知识将涉及市场营销、基本的人力资源管理技巧(如招聘、员工关系处理等)、基本财务知识、基本法律常识等。这个积累过程没有时间限制,唯一的条件是必须使自己的绩效保持在"优秀行列"之内。

所要积累的专业知识可由以下三条途径获得:第一,自己购买或借阅公司相应的书籍,利用业余时间自修;第二,申请参与公司组织的相关培训;第三,通过相关的职业资格考试获得认可的资格证书。

在员工认为自己已完成相关专业知识的积累后,他可向人力资源部门提出测试考核申请,由人力资源部门组织这些员工在他们认为合适的时候进行基础知识的综合测试,通过测试则可以进入下一阶段。采取第三条途径获得资格证书的员工可以同等视为通过了综合测试。没有通过测试的人员,原则上要半年后才能再次提出测试申请。实际上员工完成这一积累过程的进度有所不同,这与他们的学习能力有关。其余尚未跨入"优秀行列"的员工,说明他们还需要在目前岗位上继续锻炼,但大门始终向他们敞开。

(2)晋升第二步,"横向交流"的实习

完成了专业知识理论的积累后,员工可通过"横向交流计划"的方式获取其他相关部门专业领域的实践工作经验。人力资源部门开始为这些员工制订"横向交流"计划,确定实习部门、实习辅导员、实习内容、实习方式、实习时间、实习评估。在人力资源部门与相关部门完成协调后,员工正式进入实习阶段。实习部门将安排一名指定的辅导员,指引他完成整个实习过程。实习的内容主要是熟悉了解该部门在组织中发挥的作用、主要工作内容、工作流程、工作指标要求和现有部门制度。

采取的实习方式上,有条件的岗位可以上岗锻炼(如业务岗位、培训岗位、生产岗位等),条件受限制的岗位可以采取真实模拟(如编制某项财务预算、编制基本财务报表、制订市场规划、整理法律文件材料等)。实习的时间长短根据岗位的不同灵活确定,一周至四周都可以。实习结束,员工撰写实习报告、实习体会,辅导员给出实习评定,交人力资源部审核、备案。实习评定通过者证明不仅掌握了对目标岗位所应具备的相应理论基础,同时拥有了基本的实操经验,可以进入下一阶段的考察。没有通过评定的人员,辅导员、该名员工和人力资源部一起,提出改进目标和计划,并形成书面备案,原则上要半年后才能再次提出实习申请。

(3)晋升第三步,"代理人"的考察

员工在具备了相应的专业知识、理论和基本的实践经验后,不能就此断定他就一定能胜任目标岗位的工作,因为仅有理论和经验还不能说明他具备了必要的管理能力,还必须对他的管理能力有所预知。"代理人计划"就是一个有效的预知途径。

通过第二步考核,符合资格条件的员工,将安排在本部门内轮流暂时代理上一级直属领导的部分职能,除了决策性的审批权限外,其他计划、组织、协调、控制职能可根据他的表现逐步放开。这个代理时期应根据不同的岗位级别要求来适当设定,可以设置两周至八周的时间。直属领导和人力资源部门在此期间对他的表现进行观

183

察，在必要的时候参与指导、纠正。代理期结束后，代理人做出书面自我评定，直属领导给出《代理期工作评价》，人力资源部门进行审核评定。如果代理人达到了该岗位的各项基本要求，说明他已成为一名代理岗位的候选储备人才，在相关岗位空缺的时候，他将得到晋升候选人的资格。如果代理期结束，该员工没有达到该岗位的基本要求，直属领导、人力资源部和这名代理人，应共同进行仔细检视，分析他在哪些管理能力方面还有欠缺，这些方面应如何加强，采取怎样的途径加以改善，制订出一个改进计划。以便在下次机会来临时，能有更好的表现。

如果某岗位出现了一个空缺，而只有一位晋升候选人，则他可以顺理成章地实现晋升，但如果有多名晋升候选人竞聘一个空缺职位，则在这些候选人中确定第一候选人、第二候选人或第三候选人，优先晋升第一候选人。每年都会有数个岗位出现空缺，因为企业的大部分层面都应保持一定的更新率和淘汰率，只有这样才能使企业各个层面的员工保持较高的素质。当然也会出现这样的情况，即几个候选人竞聘一个空缺职位，剩下没能晋升的候选人，则可选择等待下一次机会，也可选择离开本企业到其他企业去继续新的职业发展。

阿里巴巴"三步走"的晋升机制具备以下几大优势。

(1)晋升制度透明，员工机会平等。值得一提的是，员工跨入"优秀行列"之后，所有的申请都是直接向人力资源部提出的，这样避免了其直属领导对于该员工职业发展的干扰，消除了员工的顾虑。

(2)有效保障了人才培养的质量，减少企业因用人不当而造成失误的发生概率，同时也确保了员工得到真正的锻炼和提高，体现了企业对员工的爱护和责任心。

(3)建立起了内部储备人才库，使员工在组织内部有足够的成长空间。

（4）创造出良好的工作氛围和竞争氛围，使员工坚信只要努力工作，做出良好的业绩，企业就会给予他向上发展和提升价值的机会，这样将使员工更加积极地投入工作。

（5）即使没有得到晋升的合格候选人，离开企业发展的概率也不高。因为员工更关注一个企业的工作环境。在这样的企业，真正对员工的负责正体现在对他的培养上，即使现阶段没有空缺的职位给他，但并不意味着下一次没有。如果他获得晋升之后，在新的工作岗位通过一两年的锻炼，再次跨入"优秀行列"，意味着他将继续获得企业对他的更高层次、更全面的培养，而这样的机会不一定能在其他的企业获得，所以，此类员工因初次未实现晋升目标而离开企业发展的概率不会太高。

（6）使员工由被动培训转变为主动培训，并自主进行必要的投资，减轻了企业培训投资的压力。如员工可以有三条途径积累专业知识，购买书籍自修和参加职业资格考试都需要员工对自己进行投资，而企业对他们的投资主要体现在为胜任岗位所必需的特殊技能培训和员工因离岗培训付出的时间薪酬成本。这样，员工的培训就成功实现了由企业和员工共同投资的最优组合。

归根结底，企业应根据自身的性质，建立符合企业发展的人才培养战略，晋升机制是这项战略的主要实现方式，不论采取怎样的模式，把握一个根本点就是真正做到关心企业每一个员工的职业生涯发展，并为此提供必要的条件和创造合理的环境，负责任地培养企业的每一个员工。

8.价值观一致的重要性

马云说过:"造就一个优秀的企业,并不是要打败所有的对手,而是形成自身独特的竞争力优势,建立自己的团队、机制、文化。我可能再干5年、10年,但最终肯定要离开。离开之前,我会把阿里巴巴、淘宝独特的竞争优势、企业成长机制建立起来,到时候,有没有马云已并不重要。"

"我比较喜欢唐僧团队,而不喜欢刘备团队。因为刘备团队太完美,千年难得一见。而唐僧团队是非常普通的。唐僧有很强的使命感,他西天取经的计划,谁都改变不了,对于不该做的事情,他是不会去做的。唐僧是一个好领导,他知道孙悟空要管紧,所以要会念紧箍咒,否则孙悟空就很有可能就变成"野狗"。公司最爱的是这些人,最讨厌的也是这些人。其实猪八戒很重要,他是整个团队的润滑剂,你别看他很"反动",但是他特幽默,没有笑脸的公司是很痛苦的公司。这四个人若是没有猪八戒,我都不知道这本小说怎么写下去。猪八戒小毛病多,但不会犯大错,偶尔批评批评就可以。沙僧则需要经常鼓励一番。这样,一个明星团队就形成了。"

在马云看来,一个企业里不可能全是孙悟空,也不能都是猪八戒,更不能都是沙和尚。"要是公司里的员工都像我这么能说,而且光说不干活,会非常可怕。我不懂电脑,销售也不在行,但是公司里有人懂就行了。"

马云曾回顾说,阿里巴巴在发展过程中犯过许多错。比如在创业早期,阿里巴巴请过很多"高手",一些来自500强大企业的管理人员也曾加盟阿里巴巴,结果却是"水土不服"。"就好比把飞机的引擎装在了拖拉机上,最终还是飞不起来。我们在初期确实犯了这样的错。那些职业经理人管理水平的确很高,但是不合适。"在阐述了企业必须用对人的道理之后,马云接着强调了团队自身提高的重要性。

毫无疑问,企业发展最重要的就是要打造一个优秀的团队。同时要坚信,你现有的团队就是最好的团队。其实,在一个团队里,不可能人人都是优秀者,十个指头还参差不齐呢。团队里的每个成员因为各自的教育背景、文化程度不一样,对事物的认识、观点也有所区别。一个团队只能有一个马云,才能带领整个团队勇往直前,倘若有了几个马云式的人物,团队不仅不能前进,反而会成为一团乱麻。在一个团队里,必须有各种各样的人才,要有能说会道的,更要有特别能干活的,只要能做到人尽其才物尽其用,又何必苛求人才一致呢。在团队必须要求一致的东西就是共同的目标、共同的使命感、共同的价值观。所谓共同的价值观就是做人的道理是一样的,比如不欺诈、共同进步等。虽然在一个团队中他喜欢这个,你喜欢那个,这都没有关系,重要的就是要做到精诚合作,同心同德向一个目标去努力。

"团队合作"是阿里巴巴六大价值观中的一条,核心是共享共担、以小我完成大我。马云认为,一定要保持团队的复杂性,这样才能在各个方面进行互补。但是,有一点必须是相同的,那就是价值观。

哈佛大学商学院教授克里斯滕森就特别强调团队价值观一致的重要性。他认为公司越大越复杂,"高管"就越应该重视对全体员工的培训,从而使他们独立确定的优先事项能够与公司的战略方向和商业模式保持一致。实际上，衡量管理水平优劣的一个关键指标就是，这种明确并一致的价值观是否已经渗透到组织的各个角落。

企业离不开竞争，企业要生存、发展，必须要有竞争，但是竞争并不是企业的目的，而是发展过程中必不可少的历程，只有通过竞争，才能够占领市场，拥有属于自己的市场份额。只有具有竞争力的企业，才能在激烈的市场竞争中立于不败之地。因此，企业要发展壮大，首先就要打造具有竞争力的团队，如何打造，重点就是企业文化，是拥有及时了解市场的组织机制，是一套适应市场变化的完整系统，只有这样，企业才能一步步地走向成功。

阿里巴巴之所以能够生存发展，并兴旺发达，马云所倡导的团队精神，居功至伟。这也是管理团队的重要诀窍。

9.激励士气的团队精神

团队精神是高绩效团队中的灵魂。简单来说，团队精神就是大局意识、服务意识和协调意识"三识"的综合体，反映团队成员的士气，是团队所有成员价值观与理想信念的基石，是凝聚团队智慧、促进团队进步的内在力量。团队精神的核心是合作协同，目的是最大限度地发挥团队的潜在能量。所以说，团队是一种精神力量，是一种信念，是一个现代企业不可或缺的灵魂。

在商场的打拼中，不管是领导者还是员工，都只有做到同舟共济，风雨同行，才能走出绝望的荒漠。没有永远的领导者，也没永远的员工，领导者和员工在一起，不仅是在一起工作，更要在一起分享成功与失败。

马云就深谙此道，多年来他一直与团队携手并进。马云总是以他的"伟大使命"来鼓励员工："这些梦想我从来没有改变过，我希望你们也没有改变。未来，我们会发展得更快，我相信这一年中国的互联网将发生巨大的变化，这个变化是在阿里军团的带领下产生的。"

风雨同舟是精神上的面包，就如同古代打仗时我方的军旗一样，旗在人在，旗断人散。领导之于公司、企业也是如此，它是一个团队的精神支柱，更是在激烈竞争中，永远立于不败之地的核心力量。

假如一个公司处在危难之际，作为领导者，不能够在第一时间与员工站在统一战线上，激励将士，鼓舞三军，那么势必会使军心涣散，员工消极怠工。所以在一些特殊时期，作为领导者，一定要起到表率作用，与员工风雨同路、同舟共济。

马云在创业时常对员工说的是电子商务的前景非常乐观，但是未来电子商务的发展不仅仅是客户数量、服务质量，更重要的是技术。所有阿里巴巴的员工都应该和他有同样伟大的梦想，只有同舟共济才是取胜之道。

阿里巴巴发展神速，曾经让马云的团队欢跃不已，但未来无法预料，如果有一天一个巨大的危机袭来怎么办？对此，马云很有远见地向员工呼吁："未来两年不管发生什么事情，希望大家都能留下来。我们还很年轻，时间不等人，我们必须边跑、边干、边调整。将来公司会保持10%的员工淘汰率，但只要不是罪不可恕，我都欢迎你们回来！"这番话没有回避困难，而是直接告诉员工，让员工参与进来，一起解决。马云的目标只有一个，那就是让全体员工团结得像一个人，一起向同一个目标奋勇前进。马云成功点燃了团队全体成员的士气和激情，吹响了奋进的号角。

诚如马云所说："创办一个伟大的公司，靠的不是领导者而是每一个员工。我不承诺你们一定能升官、发财，我只能说，你们将在这个公司遭受很多磨难,但经历这一切以后,你就会知道什么是成长,以及怎样才可以打造伟大、坚强、勇敢的公司。"

很多知名公司都有打破团结走向分家的先例,比如蒙牛与伊利、上海四人组解散自己创建的公司,等等。不过马云的阿里巴巴却没有,这与他的个人魅力不无关系。在遭遇危机时,马云总是能站在第一线与员工共同捍卫公司的生死。这种风雨同路、同舟共济的精神让每一个员工感动和振奋。正因为这样,阿里巴巴在市场的汪洋大海中,才能如一艘乘风破浪的"航空母舰",勇往直前。

那么,从阿里巴巴的团队精神中,我们能学到什么呢?

一是要有一个卓越的领导。一个优秀的团队少不了一名出色的领导,统帅素质的好坏很大程度上决定了团队战斗力的强弱,企业领导要有个人魅力、有感召力,要有眼光、魄力和胸怀,要有协调能力和凝聚力,更要善于倾听、勇于决策。阿里巴巴的飞速发展,就得益于马云这位卓越的领导人。

二是建立有效的沟通机制。与员工沟通必须把自己放在与员工同等的位置上,"开诚布公""推心置腹""设身处地",否则会因大家位置不同而产生心理障碍,致使沟通不成功。沟通应抱有"五心",即尊重的心、合作的心、服务的心、赏识的心和分享的心。具有这"五心",才能使沟通效果更佳。尊重员工,学会赏识员工,与员工在工作中不断地分享知识、经验、目标,分享一切值得分享的东西。阿里人的幸福感,很大的程度上是因为阿里巴巴建立了良好的内部沟通渠道。

三是团队必须形成有领导力、决策力、实施力的不同层次上的一个强强联合体。如果不是最佳组合就难以在竞争中发挥协作性。不同的市场竞争形态对这个团队中个人的知识和素质有着不同的要求。阿里巴巴的发展壮大,正是团队强强联合的结晶。

四是从人的心理角度出发培养团队灵魂力量。从心理学的角度，如果要改变一个人的行为，有两种手段：惩罚和激励。惩罚是对员工的否定，一个经常被否定的员工，再多的工作热情也会荡然无存。领导者的激励和肯定有利于增加员工对企业的正面认同，而领导者对于员工的频繁否定会让员工觉得自己对企业没有用，进而员工也会否定企业。阿里巴巴之所以能够始终立于不败之地，与员工树立的以企业为家的观念是分不开的。

五是不断赋予团队灵魂新的内涵。团队灵魂，作为企业的特有文化优势有着一以贯之的深刻内涵，如信念、士气、作风等。这些东西任何时候都不能丢、不能变。但团队灵魂的内涵并不是僵化的、一成不变的。随着世界工业经济变革的发展，传统的企业理念正在发生变化，团队灵魂的内涵也有了新的拓展。因此，在企业经营战略管理中，仅有"个人能力"是远远不够的。我们要从"国际视野""系统能力""智勇谋略"上去培养企业团队灵魂，努力打造一批具有国际化管理素质的优秀人才，使企业不同层面的人才在技能实施、知识积累和应变能力上适应时代发展的需求。而阿里团队的灵魂就是不断创新。

第八章

激情战斗,阿里激励员工的独特模式

1.抓住人性本真,满足员工需求

人性化管理是一门管理的艺术。企业的生命在于人力,企业的最大资产是人才。这一理念是提升企业凝聚力、建设企业文化的最重要准则。秉承这一理念,众多企业建立了自己杰出的团队。一个领导者的亲和力,是判断其领导力的重要指标。一个优秀的管理者,不在于自己有多大能力,而在于其确定的方向是否正确,能否号召大家一起努力。一个企业如何用好人,绝非小事,它直接影响着企业人力资源的开发和效益的增减。

企业的发展需要员工的支持。作为团队的领导者应该懂得,员工绝不仅是一种工具,其主动性、积极性和创造性将对企业的生存发展产生巨大的作用。而要取得员工的支持,就必须对员工进行激励,调动员工积极性是管理部门的主要功能。建立有效的激励机制,是提高员工积极性、主动性的重要途径,要做到这一点,首先就要懂得抓住人性的本真——满足员工的需求。

抓住人性的本真！这并不是一个空泛的口号，而是阿里巴巴自创立以来一直自上而下践行的人力资源管理的精神内核。对于员工，马云曾有段话这样表述："我们对进来的员工都给予他们三样东西，一是良好的工作环境（人际关系）；二是钱（今天是工资，明天是资金，后天是每个人手中的股票）；三是个人成长。第三点是非常重要的，公司要成长首先要让员工成长，人力资源不是人力总监一个人的事，而是从CEO到每个员工都要认真对待的事。要让员工成长是件很困难的事情，这需要很长的一段时间，我们还要做到帮助刚进来的员工融入我们这个团队。"在马云的带领下，阿里巴巴的人力资源管理不断折射出人性的本真光芒，绚烂而朴实。

马云告诉所有人，阿里巴巴的团队已经能造血，并且有信心战胜一切。这为持续发展102年的企业目标打下了基础。

阿里巴巴最早的价值观只需6个字便可概括：可信、亲切、简单。最突出的企业文化就是校园文化和教学相长。在这里，员工、上下级之间和同事之间都像同学一样相称，除了中英文名之外，阿里巴巴的每一位员工还有一个花名，比如，马云的花名就是风清扬。这样一种文化使得学生从学校进入公司后没有那种巨大的落差。阿里巴巴组织的一些培训让刚刚走出"象牙塔"的学生有了一个很好的过渡，使他们能够在工作中学习，他们的心理情绪变化都受到了关注。

马云讲过这样一个故事。一位刚毕业参加工作的员工和女朋友总是有矛盾，情绪不好，工作干不下去，于是马云呼吁身边的同事跟他分享经验，让他成熟一些。正是这样的文化氛围让更多毕业生不断涌入阿里巴巴。员工心理情绪是我们最关心的，他们的专业能力总有一天会具备，但如果没有人关心他们的心灵成长，他们有一天可能会走掉，会在工作的高压下变得迷茫。

马云的谜 阿里巴巴的那套办法

对阿里巴巴18000多名员工来说，学习发展从来都是自己的事，公司只是平台与工具的提供者。所以，在这里员工自己要想清楚要什么、困难是什么。阿里巴巴在2009年开设的三个培训班就是结合公司当下实际应运而生的——EQ（情商）为零班、自我中心班、简单粗暴班。公司的业务近年来不断飞速扩张，需要大量管理人员补充进来，于是一些能力很强的员工迅速被提升到领导管理岗位，但这些速成人才初任领导者时却面临着不同的管理难题，比如，技术出身的管理者管理风格单一，处理事情简单化，智商很高但情商不够，缺少跨部门合作和沟通能力，EQ为零班正是为这部分人群设计的。

抓住人性的本真也就抓住了管理的核心，这样才能凝聚一批愿为之奋斗的人。如何才能抓住人性的本真，主要有以下几点：一是为员工安排的工作内容必须与其性格相匹配；二是为每个员工设定具体而恰当的目标；三是对完成了既定目标的员工进行奖励；四是针对不同的员工进行不同的奖励。

在2012年，阿里巴巴集团真正实现了"三个人干五个人的活，拿四个人的工资"的理念，并且超额完成年度各项指标。在马云看来，工资是公司发给每个岗位的报酬。他在邮件中表示，"2013年，我们将会对很多岗位加工资"，除了应对物价因素外，更重要的是"公司对你的岗位有了新的更高要求"。他鼓励待在那些暂时没有调薪的岗位的员工，"提升它的作用和价值"。同时，马云也称，"有增必有减"，如果能力达不到要求可能会被减薪。

而特别红包的发放原则更是体现了长远性这个原则。阿里巴巴集团表示，今年阿里巴巴的"13薪"（年终奖之外额外奖励一个月薪酬），员工人人都有，特别红包发放原则同样是人人有份，全额主要根据员工在阿里贡献的年份而定,以鼓励员工在公司里长期发展。而年终奖则与往年的评定标准一致,取决于员工的业绩和效能。

同时,阿里巴巴在激励制度上坚持了五大原则:

(1)激励要因人而异。由于不同员工的需求不同,所以相同的激励政策起到的激励效果也会不尽相同。即便是同一名员工,在不同的时间或环境下,也会有不同的需求。由于激励取决于内因,是员工的主观感受,所以激励要因人而异。在制定和实施激励政策时,首先要调查清楚每个员工真正的需求是什么,并将这些需求整理归类,然后制定相应的激励政策,帮助员工满足这些需求。

(2)奖惩适度。奖励和惩罚不适度都会影响激励效果,同时增加激励成本。奖励过重会使员工产生骄傲和自满的情绪,失去进一步提高自己的欲望;奖励过轻则起不到激励效果,让员工产生不被重视的感觉。惩罚过重会让员工感到不公平,失去对公司的认同,甚至产生消极怠工的情绪;惩罚过轻会让员工轻视错误的严重性,可能还会犯同样的错误。

(3)激励的公平性。公平性是员工管理中一个很重要的原则,员工感到的任何不公平的待遇都会影响他的工作效率和工作情绪,并且影响激励效果。取得同等成绩的员工,一定要获得同等层次的奖励;同理,犯同等错误的员工,也应受到同等层次的处罚。如果做不到这一点,管理者宁可不奖励或者不处罚。管理者在处理员工问题时,一定要有一种公平的心态,不应有任何的偏见和喜好。虽然可能有些员工你喜欢,有些你不太喜欢,但在工作中,一定要一视同仁,不能有任何不公的言语和行为。

(4)奖励正确的事情。如果我们奖励错误的事情,错误的事情就会经常发生。奖励得当,才能种瓜得瓜。经营者实施激励最犯忌的,莫过于他奖励的初衷与奖励的结果存在很大差距,甚至南辕北辙。

(5)及时激励。不要等到发年终奖金时,才犒赏员工。在员工有良好的表现时,就应该尽快地给予奖励。等待的时间越长,奖励的效果越弱。

2.以身作则,人格魅力影响员工

榜样的力量是无穷的,我们每个人在成长过程中,都会从先进人物身上吸收营养和力量。在员工管理中,好的领导者使员工有榜样可学,从而引导他们积极向上、奋发工作,同时,也使领导者更加充分地发挥和施展自己的才智。因此,对于企业培训来说,榜样学习仍不失为一种行之有效的好方法。

对于榜样衡量的标准,马云说过:"为过程喝彩,为成果奖励。"

对一个企业来说,要想长期生存下去,就必须组建一个非常有战斗力的团队,因为在这个讲究合作、共赢的社会,靠自己单打独斗永远没有出头之日,谁能团结最多的优秀的人才,谁就有可能成为商场上最终的胜者。而要做到这一点,就要求领导者有良好的个人魅力。马云创业的经历正是个人魅力的充分体现。

马云创业之初,一没背景,二没金钱,对于互联网也是一知半解,顶多也就是网民的水平。但几年过去了,他一手创立的阿里巴巴却成为互联网中的"金刚",取得了石破天惊的成功。这得益于马云所具有的良好的个人魅力,包括他从小具有的侠义精神、出色的演讲能力、永不言弃的坚强品质等。这些让无数的合作者认为和他在一起有前途,于是,谈投资的蔡崇信当他的CFO,哈佛的35名MBA争着"回中国跟着Jack Ma一起工作",还有孙彤宇等一大群忠心追随他的伙伴们。"人心齐,泰山移",正是有了大批优秀人才的加盟,才最终铸造了阿里巴巴发展的神话。

马云之所以能够将大批的企业精英集聚在麾下,正是因为其极具特色的个人魅力吸引了他们。

(1)说话磁力。马云说起话来总是有条不紊,让听者乐在其中。因此,只要一有机会,人们就会像被磁场吸引一样过去与其交谈。正是因为马云说话具有这种磁力,使其拥有一种成功男人的独特魅力。

(2)办事能力。马云办起事来总是雷厉风行,说干就干。无论什么事情,他总是办得妥妥帖帖。纵使偶尔有失败,人们也会给予理解。因此,当人们有大事、难事时,总是会向他请教,他在人们心目中的威望极高。

(3)目标压力。马云制订目标时总喜欢给自己一定的压力,正因为这种压力,才激发了其动力。事实上,作为一个男人,如果他的目标没有压力,就会自负,脱离实际,逐渐走向平庸。从这个层面上讲,成功的男人所定的目标实现起来是有难度的,且有巨大的压力。当目标实现后,他的自信心又会增加一分,人们对他的评价也会高出一筹。因此,目标有压力的男人会一次次战胜自己,一次次征服对手。

(4)生活动力。生活中,"一个成功的男人,一定少不了女人的支持"。这女人是谁呢?或妻子,或母亲,或知己,只需其一,贤惠即可。当然,也有很多干出了大事业的男人没有贤惠的女人,但他只是一个在事业上顶天立地的家伙,却不能算成功男人。也或者,他有其他非贤惠女人的朋友代替了贤惠女人给予的动力。其实,要得到足够的动力,成功男人必须拥有贤惠的女人和忠心的朋友、兄弟,二者缺一不可。马云不仅有一个贤惠的妻子无怨无悔地默默支持着他,而且还有"十八罗汉"始终如一地和他一起打拼。

（5）传人魄力。马云绝不是空前绝后、平白无故地冒出来的,而是承前启后的肩挑重担的男人。作为这样一个男人,必须具有上代人的优点和下代人的特长,也就是说他拥有了包括自己在内的三代人的长处。不仅如此,还得善于向上代成功人士学习,善于把自己的知识经验传给下一代。

（6）人格魅力。马云对待他人和集体真诚、热情、友善,富于同情心,乐于助人,积极参加集体活动;对待自己严格要求,有进取精神,自励而不自大,自谦而不自卑;对待学习、工作和事业,表现得勤奋认真。在理智上有丰富的想象能力,在思维上有较强的逻辑性,尤其是富有创新意识和创造能力;在情绪上,善于控制和支配自己的情绪,保持乐观开朗、振奋豁达的心境,与人相处时能给人带来欢乐的笑声,令人精神舒畅;在意志上,表现出目标明确,行为自觉,善于自制,勇敢果断,坚韧不拔,积极主动等一系列积极品质。

马云正是通过这种光芒四射的人格魅力和榜样力量,影响着每一个阿里人,促使每一个员工都能竭尽所能、全心全意地为阿里巴巴作贡献。

那么怎样才能像马云一样,努力地培养领导者的人格魅力?应当坚持以下原则:

（1）诚信为本。以诚相待,以心换心,是产生信任的强大内驱力,是建立良好人缘的首要原则和根本要求。若能以诚相待,即使是简单的话语,也能产生意想不到的交际效果;若待人不诚恳,再多的交际、再大的投资也收效甚微,甚至适得其反。

（2）平等待人。无论职位高低,无论是否拥有实权,无论是在职者还是离退休者,都要平等对待,一视同仁。为此,领导者要勤于学习,不断充实自己,用知识和能力提高人格魅力。

（3）勇于实践。实践是人格魅力成长的源泉和动力,也是塑造人格的重要途径。领导者要积极参加各种领导活动,主动接受挑战,在实践中增长才干,锻炼人格;要经常与人沟通思想,用自己的人格魅力感染他人,教育他人,鼓舞他人;要严格管好亲朋好友和身边的工作人员,使他们成为展示自己人格的重要窗口;要从小事做起,探寻和创造建立良好人缘的切入点、结合处和连接部;要敢于同各种不法、不良行为斗争,增强塑造人格魅力的勇气和力量。

(4)善于总结。定期反省自己的人缘发展状况,及时总结成功的经验和失败的教训;虚心听取各方面的意见,及时发现和改正自己的缺点;大胆使用反对自己的人,把他们当做自己的一面镜子;经常开展自我批评,同时鼓励他人批评和监督自己,营造彼此之间诚恳批评和热情监督的良好风尚。

3.用尊重和宽容去感动人才

宽大的心胸带有一种征服的力量,企业领导者必须具备这种素质,才能让员工团结在你的周围,同呼吸,共命运,一起发展壮大。

阿里巴巴在收购雅虎中国的过程中,有一个细节或者说是小插曲引人注意,那就是以《福布斯》为代表的西方传媒和以上海《第一财经》为代表的中国媒体的口水战。当然,这种口水战并没有到白热化的程度,尤其是《福布斯》,仅仅是一条消息一带而过。

但让人感到奇怪的是,作为最有发言权的当事人,阿里巴巴并没有出面解释这个"谁吞了谁"的问题。直到几个月后,已经是雅虎中国新掌门的马云在接受《财富人生》的访谈时,才对此事做了解释,"做人不能太绝,已经买了人家还要在人家门口贴一个标语,说我买了你们,那没意思。"

其实,不仅仅是"没意思"那么简单,作为新"东家"的马云更多的是考虑那些雅虎老员工的感受,不想让他们有一种"一朝天子一朝臣"般的失落感。这一点,雅虎的员工们是看在眼里,记在心上的,这也让他们对自己的新老板马云充满了赞许和期待。

不得不承认,马云就是个"另类"的老板,他不喜欢安安稳稳地坐在办公室里。当中国大多数CEO正坐在办公室里等待听下属汇报工作时,马云早已经去员工的办公区里"闻味道"了。

所谓"闻味道"其实是这么回事:在公共办公区里,马云经常会笑容可掬地走到某位员工身旁,手里还拿着一根橡皮棍(据说这是马云的习惯,他手里不拿个东西就会觉得浑身不自在),亲切地与员工交流,拍着他的肩膀倾听其工作中的难题,和员工打成一片。

这种上下级的沟通方式,既不会让下属感觉唐突,又能及时了解员工的工作状态。时间一长,员工们也逐渐习惯甚至爱上了这种特殊的上下级沟通方式,这也就成为阿里巴巴的一种企业文化——"闻味道"。

马云说,他只有经常去闻一闻味道,才能了解员工的工作状态和情绪,"谁积极谁不积极,我一闻就知道了,根本用不着让主管来跟我汇报。我只相信眼睛,只相信'鼻子'"。在阿里巴巴,还有一个更有趣的事——员工可以直接称呼他们的老板马云的名字。公司员工之间直呼其名或许并不算太奇怪,但老板和员工之间这样"不成体统"却是很少见的,如果不是亲眼所见甚至会让人感觉不可思议。但是,在阿里巴巴这种"犯上"的现象是却非常正常。不仅是马云,在淘宝网,员工们也习惯称他们的总经理孙彤宇为"财叔"。

在公司里,如果有同事偶尔记不住或者新员工"不懂规矩",尊称马云为"马总"时,他会立刻提醒并纠正:"拜托你,别叫我马总好不好,叫马云!"

对此,马云很坦然地说:"我希望自己跟同事之间是真实的感情,像亲人一般,而不是单纯的老总与下属的关系,叫我名字不很正常吗,名字既然起了就是给人叫的!"

而员工们也习惯把马云当成他们的家人看待,一位阿里巴巴的员工这样评价他的老板:"我感觉他本质非常好,非常善良,比较照顾周围的人,而且不是应付也不是应酬,是发自内心的关心。他把我们当朋友,他付出从来不讲回报,他很平等待人,而且做得很正。很多我们觉得困难的事情,他却说,你看我们还有这么多希望。跟他工作很高兴。生活永远是两面的,你看到特别抢眼的一面就看不到另外一面,他启发我们去看到另外一面,困难的时候我们也没怎么愁云惨淡,很开心就过来了。他的性格也很好,这些都影响了我们。"

在中国,有些老板为了树立在企业内部的绝对权威,可谓是处心积虑,用心良苦,甚至不惜用"杯酒释兵权"般的手段。而马云从来没考虑过这些,尽管他已经在自己的团队中有着很高的威望。马云并不希望自己被神化,也不希望公司员工对他有什么个人崇拜,他甚至都不希望自己的员工是为了他马云而干活。

"我永远相信一点,就是不要让别人为你干活。我要的是每个人为一个共同的目标和理想去干活。我讨厌我的员工为我工作。如果谁说'马云你真好,我为你工作',拜托请你明天就离开。"马云说,"一个CEO他最后要取得的决定权不是人,是他讲的理念思想、战略战术是不是确实有理。所有人都觉得你说得有理,他们就会跟着你。"的确,正是应了马云常说的那句话,"自己有一颗平常心,才能让员工放下心"。

4.倒立者必胜

倒立不只是一项娱乐方式,更是一种思维方式,它要求你换一角度去思考问题,从而避免了思维定式带来的束缚和制约。

把倒立作为企业文化的一部分,乍一看会比较搞笑。但马云就是这样一个人,他习惯把严肃的东西娱乐化,让每个员工在快乐之中就得到提升。

关于倒立文化的起源,马云是这样说的:

"在非典爆发的高峰时段,大家都被隔离了。但是在那80天里,我们的业务从来没有停止过。没有人知道我们被隔离,我们都在家里工作。我们知道健康的重要性,但是在自己的公寓,没法进行锻炼。所以我们想到了'倒立'。"

倒立是一项可以不借助任何器械完成的健身运动。"非典"过后,马云为了迎接他年少时代的偶像——荒木由美子到阿里巴巴来访问,他决定和阿里巴巴员工采取倒立的形式迎接。这是因为荒木由美子曾是日本电视连续剧《排球女将》小鹿纯子的扮演者。而这部曾经激励过无数日本青少年奋发向上的《排球女将》,也影响了中国整个20世纪70年代出生的孩子。在《排球女将》走红的那几年,中国大江南北都可以看到孩子们在墙脚排成一排练倒立。

在迎接荒木由美子时,"倒立"也只不过是阿里巴巴公司从上到下的一种娱乐方式。直到马云下了死命令,每一个人,不论男女都必须学会倒立。马云有几个方面的考虑:第一是坚持倒立有助于身体健康;第二是你一个人做不到,在有人帮助的情况下,就一定能做到,这就是团队合作;第三也就是马云的真实目的,因为在平时，我们很少会意识到那些看起来强大的事物，如果倒过来看的话，就并非那么强大了。所以淘宝的理念是，首先要健康，其次要换一种角度来看eBay，它看起来很强大，但是如果倒过来看，eBay一点儿也不重要，大家可以这样做，也可以那样做。

所以这就是用不同的方式看世界的结果。这就是"倒立"的意义。

倒立的方式使得马云的做事方式在别人看来很狂，而马云却认为一般。马云一直把世界上最强的行业领导者看作竞争对手。面临竞争对手eBay在国际上的影响力，淘宝并没有感到很有压力，并在很短的时间内战胜了eBay。这也是因为"倒立"使得竞争对手看起来不那么可怕。

淘宝的成功告诉中国企业，他们完全可以挑战世界的一流企业。淘宝整个注册资本在当时只有一点点，第一期投资一亿元人民币，而对手eBay当时市值就有700亿美元，难怪投资者听说马云要跟它竞争时都以为马云疯了，所以说马云是狂人，但是马云觉得这个是学习。他坚信中国电子商务市场一定比美国大，原因是中国有14亿人口，中国人搞3亿人上网大概5年时间，美国整个人口只有2.5亿左右，要搞3亿人上网，现在开始生孩子20年之后还生不出3亿人来。所以他觉得电子商务是中国人的时代。

"倒立"也使得马云及其团队看问题的方式与众不同，阿里巴巴团队从刚出生就一直不断地和世界上最强的竞争者交锋。eBay在北美市场靠向卖家收费而受到投资商青睐，它从一开始就赢利，而且获利颇丰。可是，马云却宣布中国的淘宝是免费的，而且"几年内都将免费"。

在中国，eBay刚一并购易趣，就推行收费政策，直奔赢利主题，而马云却表示还要烧钱，并准备了5年的资金来支持淘宝的免费政策,而且"投资商嫌我们花钱太慢……"。马云认为,2005年前后的中国C2C市场还不是一个该不该收费的问题。因为中国的C2C消费市场非常不成熟,还需要培育。

eBay中国曾指出,"免费"不是一种商业模式。淘宝网宣布在未来3年内不对其产品收费,只能充分说明eBay在中国业务发展的强劲态势。而马云并不这么认为。对于为什么要在如此长的时间内免费,淘宝网的高层认为,主要是希望借此降低门槛,吸引更多用户,收费将扼杀用户的积极性。

尽管宣称"免费"不是一种商业模式,迫于淘宝免费政策带来的压力,eBay中国也不得不尝试"免费"。2005年11月20日,当eBay在中国推出"免费开店"的时候,马云认为两者客户数差距已超过20倍,eBay此时反击已经太晚,它已失去翻身的机会。

如果在一年半前,eBay易趣采取免费策略的话,淘宝今天的日子就没有这么好了,但现在淘宝气势起来了,eBay易趣就没机会了,淘宝应该把eBay易趣当作反面教材。

马云说,经过两年的快速成长,淘宝已超越eBay易趣,成为国内最受欢迎的第一大C2C网站。在未来几年里,淘宝一直坚持的免费策略依然符合中国C2C处于起步期的特殊国情,淘宝将继续保持着长远的竞争优势。他表示,模仿并不能击垮竞争对手,eBay易趣抛弃自己坚持收费的原则,将使用户无所适从,徘徊在收费与免费之间将令eBay易趣进一步陷入被动。

当然,淘宝之所以完胜eBay易趣并不仅仅靠免费这一策略。淘宝在技术层面上更加符合中国消费者的习惯,功能及服务都更为人性化。eBay易趣在竞争中的决策迟钝与应对失误,直接成就了淘宝的速胜。

马云的倒立思维使得新生的淘宝看清了中国的市场,而没有去模仿eBay这个行业里的巨头。他的成功启示我们：一种定向思维不能适应变化后的需求时，不妨反过来，以一种前所未有的眼光重新审视局面，也许出口就在你身后。

5.财富激励，提高员工的积极性

增强员工凝聚力的方法有很多，美好的愿景目标是一种，感情激励是一种，而财富激励则是最直接也是最有力量的一种。这里，我们要谈到马云的股份问题。在常人看来，阿里巴巴就是马云，马云就是阿里巴巴。这是一种误解，实际情况是，即使把马云的家底全部搬出来，其在阿里巴巴的股份也不足5%。

这并不奇怪，比如，通信设备制造业的老大华为公司，实行全员持股，公司创始人任正非个人持股比例不足1%；联想教父柳传志在联想集团持股仅为0.28%；马化腾在腾讯公司也只占有12%的股权。甚至，微软的比尔·盖茨也只持有微软10%的股份。

但是，没有人否认，这些人在他们的公司里都是绝对的灵魂人物。马云也一样，他也是阿里巴巴当之无愧的精神领袖。很多业内人士也丝毫不担心因为股权的稀释而影响马云的领袖地位。比如，神州数码CEO郭为认为，"马云在阿里巴巴的影响，无论是在员工还是在股东看来，都不是因为股权而是因为他的领导力。"

马云是一个杰出的领导者，战略制定和影响力都非常优秀。盛大原CEO唐骏认为，对马云来说，持股多少并不是很关键，只要他能控制董事。就像微软的比尔·盖茨，只持有微软10%的股份，但他永远是公司的核心。

马云自己也常说:"在公司,人们之所以去听谁的,不是因为这个人是CEO,是什么长什么主任,而是因为他说得对。这就要求一个企业领袖要有过人的智慧、胸怀和眼光,以驾驭企业,而不是手中的股票。如果发现我是控制着公司的时候,所有的人都会因为你控股,觉得跟着你没有前途。这就会出现一批乌合之众跟随你。"

至于控股的问题,他从来就没有考虑过。"就我手中的股份,我是不足以驾驭阿里巴巴的,因为我并没有控股,我拥有的股份大概也只有5%左右的比例。从第一天开始,我就没想过用控股的方式控制。事实上,我们也不允许任何一个股东或者任何一方投资者控制这个公司。我觉得这个公司需要把股权分散,管理和控制一家公司是靠智慧。"

2005年10月11日,"胡润百富榜"在上海正式揭晓,其子榜之一的"2005胡润IT富豪榜"也于同年10月17日正式揭晓。阿里巴巴CEO马云以30亿身价位居榜单第四位。面对财富排行,马云说,他是有财富的,但一个人的财富并不能只用钱来衡量。

显然,马云并没有把金钱看得过重。

2004年年底到2005年年初,一条消息在报纸、网络等媒体上迅速传播开来,它改变了很多人对中国企业家的看法。这条消息就是蒙牛董事长、蒙牛最大的自然人股东牛根生要将自己持有的约10%的蒙牛股份全部捐献出来,创立保障蒙牛百年发展的"老牛专项基金"。

其实,牛根生已经不是第一次"散财"了,这也不是蒙牛第一次散财。蒙牛除了"散财"给消费者,也"散财"给企业的职工,为企业职工解决后顾之忧,让他们可以安心为蒙牛工作,继续创造蒙牛的辉煌。这就是蒙牛提出的"财散人聚,人聚财聚"的道理。

自从英国人胡润在中国创办财富排行榜以来,《福布斯》《新财富》《欧洲货币市场》纷至沓来,抛开其娱乐大众的目的,人们也从不耻谈财富,转变为现在财富成为津津乐道、茶余饭后之谈资。事实上,自百度在纳斯达克创造一夜之间诞生几百名百万富翁的神话之后,"富员工"已经成为现代企业的一个崭新现象。

阿里巴巴网络2007年11月6日在香港联合交易所挂牌上市,马云持有的股份不到5%。相反,按照招股说明书,阿里巴巴持股的4900名员工包括董事在内,共持有4亿股份、3919万认股权以及25万受限制股权,平均每名员工持股9万股,这将产生近千个百万富翁。

马云知道,只有让员工的钱包鼓起来,才能更好地调动大家的积极性。当员工的积极性被充分调动起来后,就会产生更强大的力量,推动着企业更快发展,从而形成一个良性的循环。一个做大事业的老板,绝不会亏待自己的员工。因为他们深知单枪匹马是没有前途的,只有把所有的力量凝聚在一起,才能开创大局面。他们会与员工同患难、共富贵,仅靠画饼是不能充饥的。

6.永远保持一颗年轻的心

21世纪,是充满着幻想和梦想的时代,也是高科技企业发展的最佳时期,一个企业如果想在新世纪里实现自己的目标,就应该尽快建立一种能激发知识工作者潜能的管理模式,给知识工作者注入激情,让他们更富有创造力和灵感,并为他们提供足够的信息平台,这就需要每一个创业者都拥有一颗年轻的心,推动企业向前迅猛发展。

年轻不仅是指年龄的大小,还可引申为有精神、有活力。只有拥有一颗年轻的心,才能保持勇往直前的勇气和旺盛的战斗力。

在马云的创业历程中,即便是最艰难的时刻,他也总是能用激动人心的话语鼓励大家:"就是往前冲,一直往前冲。我说团队精神非常非常重要。往前冲的时候,失败了还有这个团队,还有一拨人互相支撑着,你有什么可恐惧的?今天,要你一个人出去闯,你是有点儿慌。你这个年纪现在在杭州找份工作,一个月三四千块钱你拿得到,但你就不会有今天这种干劲,这种闯劲,三五年后,你还会再找新工作。我觉得黑暗中大家一起摸索,一起喊叫着往前冲,就什么都不慌了。十几个人手里拿着大刀,啊!啊!啊!向前冲,有什么好慌的,对不对?"

就是这种激励人心的话,让和他一起创业的伙伴们的精神为之一振。而马云立即又将自己规划的黄金未来抛了出来:"在未来三五年内,阿里巴巴一旦成为上市公司,我们每一个人所付出的所有代价都会得到回报,那时候我们得到的不仅是这套房子,而是30套这样的房子。"当时对于这些只能掏出一两万元的人来说,30套房子的价值就是个天文数字了,湖畔花园更是个遥不可及的梦。

然而,即便是遥不可及,可这种精神的力量却是强大的。因为马云用来激励团队的不仅是财富,还有事业:做一个中国人办的全世界最好的公司!

上市是当时所有网络公司的梦想和目标,也是阿里巴巴的梦想和目标。上市曾经是激励阿里巴巴创业者的动力之一,但不是全部。后来,许多人是奔着上市,奔着阿里巴巴的原始股票来的,在后来加盟阿里巴巴的国外高管、跨国公司英才中这样的人更多些。在市场经济中,为上市、为股票而来,无可非议,但事实证明,仅仅为此而来的人,很难与阿里巴巴共患难。当阿里巴巴遭遇寒冬,遭遇盈利无望、上市无期时,这些人中的多数会选择离开。

那真是一段激情燃烧的岁月!激情来自何方?疯狂工作的动力又来自哪里?也许是马云点燃了他们的青春激情,也许是事业和梦想给了他们动力。做一个成功的网站,做一个伟大的公司!

马云永远是团队中信念最坚定的一个,初创的艰难时期如此,后来遭遇寒冬时也如此。马云说:"我们一定能成功。就算阿里巴巴失败了,只要这帮人在,想做什么就一定能成功!""我们可以输掉一个产品,一个项目,但不会输掉一个团队!"马云认为:"判断网络公司好坏的依据有三个:第一是团队;第二是技术;第三是观念。一个公司是不是优秀,不要看它里面有多少名牌大学毕业生,而要看这帮人干活是不是发疯一样,看他们每天下班是不是笑眯眯地回家。"

与那些有着光鲜背景的互联网神话制造者不一样,马云太普通了。他没有多少钱,创办公司的时候甚至只能把家当成办公室,但他最大的特点是喜欢梦想、富有激情,经常沉浸在构筑童话的梦想中,并为自己的梦想激情四射。他也善于把自己的梦想传递给他的团队,通过不断奋斗一步一步把梦想变成现实。

2002年年底,互联网冬天刚过,马云提出,阿里巴巴在2003年将实现盈利1亿元,这在当时几乎是难以想象的。但事实上阿里巴巴确实实现了这个看似完全不可能的目标。这是因为马云拥有一颗年轻的心,他使阿里巴巴充满了生机与活力。

马云的经验告诉我们,只有拥有一颗年轻的心,才能勇往直前,要做到这一点,不妨学习以下方法:

(1)把握好情绪。人开心的时候,体内就会发生奇妙的变化,从而源源不断地获得新的力量,但是,不要总想在自身之外寻开心。令你开心的事不在别处,就在你身上。因此,找出自身的情绪高涨期并不断激励自己。

(2)调高目标。许多人惊奇地发现,他们之所以达不到自己孜孜以求的目标,是因为他们的主要目标太大,而且太模糊不清,使自己失去动力。如果你的主要目标不能激发你的想象力,目标的实现就会遥遥无期。因此,真正能激励你奋发向上的,是确立一个既宏伟又具体的远大目标。

(3)加强紧迫感。光阴易逝,时不我待。如果要想打造一片基业,就得加强紧迫感,抓住手中的一分一秒,全力以赴地努力工作。

(4)做好调整计划。实现目标的道路绝不会坦途,它总是呈现出一条波浪线,有起也有落。但你可以安排自己的休整点,事先看看你的时间表,框出你放松、调整、恢复元气的时间。即使你现在感觉不错,也要做好调整计划。

(5)直面困难。每一个解决方案都是针对一个问题的。困难对于脑力劳动者来说,不过是一场艰辛的比赛。如果把困难看作对自己的诅咒,就很难在生活中找到动力。如果学会了把握困难带来的机遇,你自然会动力陡生。

(6)敢于竞争。竞争给了我们宝贵的经验,无论你多么出色,总会人外有人,所以你需要学会谦虚。努力胜过别人,使自己更深入地认识自己;努力胜过别人,便在生活中加入了竞争"游戏"。不管在哪里,都要参与竞争,而且总要满怀积极的心态。

(7)敢于犯错。有时候我们不做一件事,是因为我们没有把握做好。我们感到自己状态不佳或精力不足时,往往会把必须做的事放在一边,或静等灵感的降临。但是这样做并不利于我们进步,如果有些事你知道需要做却又提不起劲,你也要尽力去做,不要怕犯错,给自己一点自嘲式的幽默,抱一种打趣的心情来对待自己做不好的事情,一旦做起来就会乐在其中。

(8)重视今天。大多数人希望自己的生活富有意义，但是生活不在未来，我们越是认为自己有充分的时间去做自己想做的事，就越会在这种沉醉中让人生中的绝妙机会悄然流逝。只有重视今天，自我激励的力量才能源源不绝。

7.没有笑脸的公司是痛苦的

没有热情，就做不好工作，每个员工都开开心心地工作，是马云最想看到的事情。平日里马云是快乐的，他也想用自己的实际行动，让每个员工都笑起来。

相信每个人都有这样的体会，心情不好的时候去工作，不仅效率不高，而且还容易犯错误。处于痛苦和倦怠的状态中怎么能干好工作呢，一个企业要想快速发展，除了要有优秀的领导者以外，更要有一群能够快乐工作的人。

快乐也是一把尺子，可以衡量出一个人是否优秀？判断一个人、一个公司是不是优秀，不要看他是不是有着高学历，而要看他是不是积极乐观地去面对工作，看他每天下班是不是笑眯眯地回家。

只有让员工快乐并努力工作的公司才是一家好公司。马云认为，员工工作的目的不仅包括一份满意的薪水和一个好的工作环境，也包括在企业中能快乐地成长。从管理的角度来看，员工就是企业的内部客户，必须先服务好员工，让他们有良好的情绪，让他们一想到工作就觉得开心、快乐、喜悦，愿意并且能够在企业的平台上不断成长，在工作中获得超越工作本身的价值与意义，他们才能把这种使命感与情感传递给客户。客户在接触到这种情绪与情感时，他们才会相信企业的广告、宣言或承诺所言非虚。

马云认为,员工第一,客户第二。没有员工,就没有这个网站。也只有他们开心了,公司的客户才会开心。而客户们那些鼓励的言语,又会让他们像发疯一样地去工作,这也使得公司不断地发展。

在阿里巴巴,员工可以穿旱冰鞋上班,也可以随时到马云的办公室去,总之一定要让员工开心。

"亚洲最佳雇主"联邦快递亚洲区总裁说过:"我们要照顾好员工,他们就会照顾好客户,进而照顾好我们的利润。"

连续数年以来,阿里巴巴的跳槽率是3.3%,而一般的企业人才流动率范围是10%~15%。"要想留住人才,营造宽松的办公环境正是其中一种做法。"阿里巴巴人事部经理如是说。金钱能够留住人却留不住心,因此阿里巴巴每年至少要把五分之一的精力和财力用于改善员工办公环境和员工培养上。

马云平时不仅会把自己的快乐传递出去,而且经常会制造一种气氛来逗员工开心。在公司里,他就像个闲不住的大男孩,一不留神就出现在员工身后,眉飞色舞地聊聊业务,不露声色地给些启发。马云还曾把手机铃声设成《我们是共产主义接班人》。他喜欢围棋,可是下得很臭;玩三国(一种游戏),也很臭;玩"杀人游戏"时总是第一个被出局,因为话太多。

马云鼓励员工发展各种兴趣爱好,在阿里巴巴杭州总部,墙壁上随处可见大家一起出游时的照片,员工们自行发起组织了10个兴趣小组,每个组都有一句搞怪的口号,活动费用由公司承担。

马云非常注意控制压力的范围,绝少向员工传递。这使阿里巴巴的3000名员工都成为"快乐青年"。他说:"压力是自己的,不应传染给员工。我一直和我的同事说,没有笑脸的公司其实是很痛苦的公司。我最喜欢猪八戒的幽默,他是取经团队的润滑剂,西天取经再苦再累,一笑也就过了。我们公司的LOGO(商标)就是一个笑脸。"

马云为员工所做的一切不仅得到了员工的认可,也得到了社会的认同,马云曾获得"2005CCTV中国年度十大雇主"的称号。

马云公开对媒体表示,2005年他最高兴的事情不是阿里巴巴超过了eBay易趣,也不是并购了雅虎中国,而是成为中国的最佳雇主公司。马云希望,阿里巴巴能够成为青年人创业、成长、发展的最佳平台;培养出"四大天王、八大金刚、十八罗汉、一百零八太保",每个人都可以独当一面。他希望能给全国乃至全世界的企业培养总裁、副总裁,这样才能把阿里巴巴打造成一个由中国人创造的、全世界伟大的公司。

同样一份成就,在痛苦中完成和在快乐中完成有着截然不同的意义。而且,快乐收获的也许是全方位的,不仅仅针对事业,还有整个人生。

8.善于授权,做个"懒"领导

外行是可以领导内行的,不懂技术不要紧,关键是要懂管理。而管理的最高境界就是做懒人,把权力下放,让自己"闲着"。

很多企业老板抱怨自己很辛苦,一天从早忙到晚,事情还有一大堆,即使生病住院,也有秘书的电话打来,询问公司一些事情的解决办法,给人的感觉是只要老板不在,公司就没法运营了。

马云很反感这样的老板,他认为这样的老板很愚蠢,即使把自己累死,公司也不可能有多大作为。他甚至认为是"懒人"推动着历史的进步。给手下人一点信任,一点权力,就能证明自己的眼光,这不是很好吗!

刘邦不会带兵,不精谋略,依然打败了楚霸王项羽,靠的就是他手下的人才。一个领导如果事事都管,那他下属的聪明才智就无法得到发挥。由于下属得不到实战锻炼,长此以往,老板一离开,公司就会陷入困境。

一个好领导一定是个"懒"领导,这里的"懒"不是不思进取,而是大胆放权,把活交给手下人去干。这样既让下属得到了锻炼,自己也有时间去思考企业战略,在大的方面为公司找到方向。

马云就是这样的领导。在技术方面,马云可以说是"一窍不通",但他依然可以让许多技术精英死心塌地地为他效劳,这就是会管理的成果。

在马云的办公室里,有一台电脑,打开电脑你就会发现里面出奇的"干净"。干净到除了一些最基本的文档之外,别的什么也没有。连电影之类的娱乐软件也看不见,难道马云不喜欢这些?非也。是因为他根本就不会弄。

有记者在采访马云的公司时,到马云的办公室里做客。双方聊着一个话题,大概是需要到电脑上调出某个资料,结果他倒腾了半天愣是没弄出来。这时马云打电话让秘书进来,帮他解决这个"技术问题"。秘书进来之后不到10秒钟就帮他搞定了,原来就是个普通的WORD(微软公司的一个文字处理器应用程序)文档,一个连入门级的电脑"菜鸟"都可以解决的问题。后来,记者用了"不可思议"的话语来形容她所看到的一切:这就是中国大名鼎鼎的互联网公司的老总?

在我们的想象中,做IT、搞互联网的公司都是一流的IT精英,肯定身怀绝技。马云恰恰不是,他是一个典型的"既不I也不T"、技术外行的"电脑白痴"。

而且,这个小个子从来都不认为自己是一个聪明的人,他常常说自己如"阿甘"一样的傻。作为中国互联网的"教父"级人物,也许人们以为马云是个"IT天才",这么想的人非跌破眼镜不可。即便是从事被称做高科技的IT业,马云的电脑水平也属于超级"菜鸟"级别。他经常自嘲:"我只会干两件事,一是浏览网页,二是收发电子邮件,其他的一窍不通,我连如何在电脑上看VCD都不会弄!"而且他也"不求上进",觉得"一直保持这种'菜鸟'级的水平挺好的"。

但自己在电脑水平上的"菜"并不妨碍马云带领着他的团队去创造"芝麻开门"的神话,因为他相信"打造一个明星团队比拥有一个明星领导人更重要"。毕竟,对一艘好船来说,仅有一个技术水平和经验丰富的好船长显然是不够的,拥有一支素质良好的船员队伍更重要。

但马云并不因为"既不I也不T"而受到外界的质疑。相反,他还经常因此而受到褒奖。有一次,马云和龙永图一起作为嘉宾参加央视的《对话》节目,龙永图如此评价马云:"外行的确是可以领导内行的,但前提是要尊重内行,如果自己不懂又没有自知之明,那就麻烦了,马云在这方面做得非常到位。"

也许,对这个"既不I也不T"的技术外行而言,恰恰是这些不足,帮他挺过了互联网低潮,并笑到了最后。正是因为作为CEO的马云不懂技术,所以他就更懂得尊重专家和技术人员的意见。

2006年,对雅虎中国的收购整合工作暂时告一段落,阿里巴巴B2B业务上市工作即提上了日程,阿里巴巴的第一步就是将原来的事业部制改为集团控股子公司。

很多人都问,五家公司分开后,马云做什么去。马云的回答是:"具体的业务发展交给集团"五虎将",他们比我聪明。淘宝网总裁孙彤宇有90%的时间在考虑淘宝的发展,我最多20%,怎么可能比他聪明?"

"我要用最远的眼光去看,用最大的胸怀去包容。我去做了孙正义的董事,了解日本发展得怎么样;我到雅虎,了解美国整个的趋势发展。然后就是招人,建文化,建组织。"

对于为什么要把权力下放,马云这样解释:"以前我自己拿着斧头往前冲,到后来指挥下面的兵马往前冲。以前睡两三个小时,起来就往前冲,没有累的感觉,有的是精力。现在突然发现,精力、体力跟十年以前不一样了,跟年轻人去拼,可能会像老将黄忠一样一刀被杀了。我们凭的是经验、胸怀和眼光。年轻人的精力、体力、智力都比你强,他们可能干得更好。"

"我强迫自己和原先所谓的高层团队全部脱离。我觉得自己过渡得还可以。当然,我放手的时候,知道已经没有大问题。淘宝看不出来有人可以打败它,更看不出来有谁能在三五年内灭了阿里巴巴。"当自己的积累足以使事业在日常的轨道上运行的时候,很多成功者选择退居幕后。及时调整位置,使他们的眼界更开阔,市场敏感度更高,所以,权力非但没有失去,价值反而增加了。

第九章

进退有度,比兔子快比乌龟有耐心

1.一只兔子才好抓

俗话说,伤其十指,不如断其一指。马云深知其中的真意。从踏上创业的道路开始,不管潮流怎么变化,不管出现多少概念、多少机会,马云始终朝着自己设定的路线坚定前行,对于外界的诱惑、打击充耳不闻,坚持走自己的路。

其实,在互联网圈内,公认的中国电子商务的开创者并不是马云,而是写下著名网帖《大连金州不相信眼泪》,有着深深文人气息的王峻涛。阿里巴巴也不是中国真正意义上的第一家电子商务公司,第一家真正意义上的电子商务公司,是王峻涛的8848。但是,8848最终烟飞云散,这位外号"老榕"的电子商务领跑者比马云更早地离开了电子商务领域。原因只有一个,王峻涛被全线出击给压垮了。当时的8848,对信息流、物流、资金流多方位全线出击,结果被自己累死了。而马云则保持着清醒的头脑,他始终认为电子商务的特质就是信息流的整合:中国没有沃尔玛,没有完善的配送体系,在中国三线作战只能够增加成本。

在中央电视台经济频道举办的"2005中国经济年度人物评选创新论坛"上,马云应邀在北京大学中国经济研究中心演讲。在这次演讲中,马云重申了阿里巴巴对专心致志地做好一件事的坚决态度:

"2005年以后阿里巴巴是什么样子我不知道,但是在未来的三年到五年,我们仍然会围绕电子商务发展我们的公司,我觉得我们绝对不能离开这个中心。10年的创业告诉我,我们永远不能追求时尚,不能因为什么东西起来了就跟着起来。"

2005年8月,阿里巴巴完成了对雅虎中国的并购,这一事件所引起的争议甚至盖过了当时在纳斯达克成功上市的百度公司的风头。当时,网络上众说纷纭。有人说,阿里巴巴收购雅虎中国是因为看到百度的股票上涨了,也想在网络搜索上分一杯羹。而马云在北京大学演讲时所讲的一段话,可以看成对这一说法的回应:

"我觉得我们不要'起个大早赶个晚集',我不会因为谷歌和百度的股票上涨,就也想做什么。就像四五年前我不相信短信会改变互联网,也不相信游戏会改变生活一样。我不希望我的儿子玩游戏,我也不想别人的儿子玩游戏。我坚信电子商务会影响中国经济。中国正因为缺乏诚信体系,缺乏网络基础的建设,所以它会有一个蛙跳式的发展。"

锋芒毕露不如相忘于江湖。不管别人怎么看、怎么说,马云坚持埋头专注自己的B2B模式,"任凭风大浪急,我自闲庭信步"。

马云成功了。在电子商务领域,阿里巴巴一骑绝尘,无人能及。全球网站的综合排名中,阿里巴巴早已超过eBay。

回首往事,马云也承认,电子商务的盈利周期比较长,大概要五年,如果想要赚钱的话,还是可以进入短信领域的。但是他也庆幸自己当初做出了正确的决定:"十只兔子摆在那里,你到底抓哪一只?有些人一会儿抓这只兔子,一会儿抓那只兔子,最后可能一只也抓不住。CEO的主要任务不是寻找机会而是对机会说'NO'(不)。机会太多,我只能抓一只兔子,抓多了,什么都会丢掉。"

曾经有人求助于马云,说他自己曾经经营了一家酒店,没干一年就关门了。接着发现房地产开发热,买房子的特多,就卖整体橱柜和卫浴,做了五年,没想到不但没挣到钱,反而做赔了,前些日子也关门了。因为本钱问题,他也不敢再盲目投资了。后来,他发现山寨手机利润还可以,就问马云是否可以开个手机店,还有某地板,很有卖点,想做个市级代理。

马云给他的回复很简单:"你没有入错行,是心太花,不知道自己要什么。你永远追在市场之后,追在今天最赚钱的行业之后,看到这个行业有钱赚,跳进去了,而不是看到这个行业,你觉得这个行业我可以做得更好。你有独特的方法,坚定不移地相信我能为这个行业做出独特的价值,为这个行业的客户做出独特的价值,如果你这样想,就可以坚持走下去。"

在当今的市场中,绝大部分的失败企业都是因为不够专注。在工作或者创业的过程中,一个人的专注决定了他的能量。专注可以使人远离那些不必要的朋友,那些没有价值的、不合格的、对个人的生活没有贡献的人;专注可以让人远离叨扰的烦心事,那些纷繁复杂却没有必要去做的事情。由此可以一心一意地去做自己真正爱的事业,专注加上努力再加上好的时机,成功也就是水到渠成的事情了。

要记住:人们失败的唯一原因就是专注被打破了。

2.阿里巴巴的四次重大决策

决策是为了达到目标,没有清晰明确的目标就没有方向,也就无法进行决策。清晰的战略目标指明了战略决策想要得到的结果。一个清晰的战略目标可以使企业对自己产品的现状进行全面分析,找到自己的最大优势,是质量取胜,还是服务领先。尤其是投资项目,是着重技术研究还是营销策略,是着重渠道沟通还是广告宣传,这些都需要有一个清晰的构思和策划。但如果每一个目标都想达到,没有计划地乱抓,最后只能是一塌糊涂。马云总是能通过决策让阿里巴巴这支团队走在正确的轨道上。

马云创业12年做过四次重大战略决策,每一次都关系到他和阿里巴巴的命运。在这四次决策中,只要有一次决策错了,阿里巴巴也许就会与今天的辉煌擦肩而过。

第一次战略决策是1995年创建中国第一个商业网站,即"中国黄页"。马云第一次触网之后,预见了一个伟大的网络时代即将到来。他深信,网络将改变人类社会,也将改变整个商业活动。

在起初的几年里,很多人都不看好"中国黄页",这其中就包括网易CEO丁磊、搜狐CEO张朝阳等人,但马云不在乎别人的看法,他只相信自己的感觉。在马云心里,别人越看好,他不见得做;别人越不看好,他越可能会去试试。

第二次战略决策是1999年创办中国式B2B模式的阿里巴巴。马云创办阿里巴巴时,网络大潮已经覆盖中国大地,各种模式的网站已经很多,门户网站也已成为主流。但马云偏偏选择了电子商务——中国式的B2B。而在当时,中国并不具备推行电子商务的基本条件。

虽然当时做不了真正的电子商务,阿里巴巴B2B只能做信息流,虽然这种大BBS式的阿里巴巴没有赢利模式,虽然几乎所有业界人士都不看好,但马云还是要做电子商务,因为他相信自己的直觉,也因为他比多数网络界精英看得更远。

第三次战略决策是2003年进入C2C领域,创建淘宝网。

马云自从创建了阿里巴巴后,坚信B2B的电子商务模式是最好的,那时的他并不看好B2C和C2C。在他看来,B2C、C2C之间的交易额怎么也不会有B2B多。

然而网络是变化莫测的,应变也是马云的生存之道。两年后,eBay在美国的成功,易趣在中国的成功,雅虎在日本的成功,让马云看到了C2C的巨大潜力。马云敏感地意识到中国的C2C市场很快会超过美国。而这时,eBay在美国收购了一家B2B公司——FairMarket。这个举动被马云看作eBay进军B2B的信号。要染指B2B的eBay,同时还要大举进军中国市场,而投资3000万美元收购易趣33%控股只是其中国战略的第一步。与此同时,易趣网上也出现了非个人对个人的大宗交易,其实质与企业对企业的B2B已无区别。而B2B是阿里巴巴的领地,在马云看来,eBay和易趣的举动已经威胁到阿里巴巴。

从这时起,马云就开始觊觎C2C。他决定,不仅要确保阿里巴巴在B2B领域第一的位置,还要在C2C这个领域力争第一,做全中国的第一位。

马云知道，要玩C2C就得烧钱，于是一个新的融资计划在他心里诞生了。2003年2月，马云带领公司副总裁李琪、金建杭等一行赴日本考察。这一次，软银总裁孙正义和马云进行了一次意义重大的会谈。

孙正义利用他一手打造的雅虎日本在日本C2C市场上一举打败了在全球所向披靡的eBay。雅虎日本最终占领了日本C2C市场70%的份额。大胜之后的孙正义把目光转移到中国的阿里巴巴，他想在中国复制雅虎日本在C2C上的成功。孙正义的扩张计划与马云以攻为守进军C2C的念头不谋而合。

马云知道资金已不成问题，于是立即秘密打造淘宝网。2003年7月10日，阿里巴巴在新闻发布会上宣布投资一个亿打造淘宝网。此后，马云通过孙正义为淘宝融资8200万美元。马云进军C2C打造淘宝网的重大战略决策就是这样拍板的。

第四个战略决策是2005年进军搜索收购雅虎中国。

2005年11月，谷歌的市值已经突破1000亿美元，差不多是eBay和雅虎的两倍。从此，门户网和电子商务网主宰天下的时代结束了，搜索时代悄然而至。谷歌的神话不仅改变了世界互联网的格局，而且还威胁到电子商务和门户网的生存。

电子商务有很大一部分利润被转移到搜索上，比如，许多在eBay上开店的商人，每年都要投很多广告费给谷歌，以购买靠前的搜索排名，这样本该eBay赚的钱，就被谷歌分走了许多。

阿里巴巴进军搜索不是因为搜索很热门，而是因为电子商务的发展其实绕不开搜索这道坎。马云知道，进军搜索收购雅虎中国要冒的风险很大。因为当时雅虎中国差不多被抽空了，随时会倒掉。而雅虎和阿里巴巴的合作不仅是两个公司的整合，更是两个公司文化的整合。

2005年8月11日，马云在北京宣布阿里巴巴全面收购雅虎中国，用10亿美元打造互联网搜索。

四次重大的决策,对于阿里巴巴而言,都是至关重要的。如果其中有一次失误,阿里巴巴也许就会成为星空中倏忽飘逝的流星,走上夭折之路。

因此,决策的正确与否,关系到企业的生死存亡,每个团队,都必须引起高度重视。当然,决策不是对信息资料的简单汇总,而是要实现认识上的飞跃,它需要在科学方法的指导下,对客观情况进行分析综合。这种分析应遵循以下原则:一是全面系统,相互比较;二是注意变化,动态分析;三是注意特殊性,具体事物具体分析;四是上下反复,慎之又慎。

3.先求生存,再求战略

马云说:"碰到一个强大的对手或者榜样的时候,你应该做的不是去挑战它,而是去弥补它,做它做不到的,去服务好它,先求生存,再求战略,这是所有商家的基本规律,你还没有站稳脚跟就去跟人家挑战肯定是不行的,先生存再挑战,这样赢的机会就会越来越大。"

近年来,就业越来越困难,但是创业的人却越来越多。然而,创业之路"九死一生",这些创业者们大多折戟沉沙,尤其是在一些中小企业身上,这种现象更是频频发生。据统计,日本90%以上新成立的企业是在3年以内消亡的。这个数字甚至可以映射到所有的经济发达国家。

电视剧《士兵突击》中有这样一句经典台词:"好好活就是有意

义,有意义就是好好活。"的确,只有好好活着,才能做更多有意义的事。如果把这句话套用到商业中,那就是一个企业的首要任务,就是要让自己先活下来,只有活下来了,你才能谈战略,谈发展,谈企业文化,要不然这一切就都是无根之木。

一个企业要想有一个好的发展,就必须要有长远的战略规划,但前提是你要生存下来。特别是对于一些刚刚成立的小公司来说,往往是要经历一段艰难的生存斗争的。很多创业者,刚刚创办公司的时候,就抱着"远大"的志向,要"成为全国第一",要"超过××企业",要和"××企业抢占市场份额"。梦想很美好,但现实往往很残酷,有些创业者急功近利,公司还没完全站稳脚,就妄想着扩大规模,一夜暴富,最后往往不能达到预期的结果,反而栽了个大跟头。

Webvan.com(网上杂货零售商)的创始人科佩·霍尔茨曼从他20世纪90年代末经营的杂货店崛起,而后又从破产中学到了很多教训。霍尔茨曼说,他的合伙人说服他,他们可以迅速将规模扩大,可以将沃尔玛和联邦快递相结合,结果他们失败了,变得一无所有。

霍尔茨曼表示:"同时进攻太多的市场是我们失败的根本原因。"吸取教训以后,他对他的新产业高档网上慈善拍卖网站所采取的策略是保持慢速稳步增长。他说:"现在我学会了,让我们的核心业务能够100%满足客户是我们优先考虑的问题,这比征服整个市场更重要。"

的确,对于一个企业来说赚钱很重要,就如日本"经营之神"松下幸之助所说:"企业家的使命就是赚钱,如果不赚钱那就是犯罪。"英特尔公司的CEO格鲁夫也说过:"一个企业家赚钱叫道德,不赚钱就是缺德。如果企业家不赚钱,肯定是会给社会、家庭、团队、个人造成严重伤害的。"

但是企业就算是要赚钱也要分轻重缓急,只有"好好活",才能做"有意义的事",活下来,才有赚钱的资本,如果连生存都成问题,那还谈什么赚钱呢?

在这个世界上,没有人能够一口吃成个胖子,企业也是一样。很少会有一个企业从创立到发展壮大,全部都是一帆风顺的。几乎每一个企业都要经历艰辛,都要在生死线上挣扎几年。就像一位企业家说的:"做企业,首先要有吃苦20年的心理准备。"只有当你脚踏实地,一步一个脚印地把企业的基础打扎实了,那么即便你不想着去赚钱,钱也会主动找上门来。

4.审时度势,进退有度

"进"与"退"都是处世行事的技巧。审时度势,当进则进,当退则退。该进的时候不进会失去机遇,该退的时候不退会惹来麻烦。

阿里巴巴成功的一个关键因素就是"进退有度"。当其他网站风驰电掣般向前冲的时候,阿里巴巴却"像乌龟一样爬行";而当别人都停滞不前的时候,阿里巴巴却能大步向前。马云认为做企业如同做人,能屈能伸方成大丈夫。

马云曾说:"我一如既往坚定地相信互联网,但不相信它在很短的时间里会像人家说的那么好。我们需要时间,好东西需要我们用更多的时间和耐心去等。我说过,在互联网时代,你必须跑得像兔子一样快,又要像乌龟一样有耐心。善始未必善终。"

马云讲究进退之术,"要比兔子快,比乌龟有耐心"。这也正是其能够处变不惊、临危不惧的原因所在。

列宁曾经说过这样一句话:"为了更好地一跃而后退。"面对强大的阻力、难以克服的困难,退,是一种灵动的思维、成熟的智慧,就像为了更有力的一击而收回拳头,在后退中将自己的劣势转化成优势一样。

在成功的路上遇到阻力,何必非得去碰壁?非得去撞个头破血流?退一步想想,这很可能是蓄势待发的更好时机,重整旗鼓之后,是为了下一步更迅猛的进攻做准备。人在面临诸多机遇和挑战时总要做出选择,亦进亦退,通常需要你自己来做决定,如果选择正确,很可能将你从一个被动的状态转变为主动。

"进"与"退"的境地,往往很像在棋局之中博弈。一盘棋,或胜、或负、或和,每一步都与进退有关,无不透着人生点点滴滴的智慧。

进,通常被视为主动,积极进取,这也是大多数人提倡的生活态度。

退,通常被视为被动,而选择后退,却不一定是一种消极的态度。有时候,实现往前迈出一步的最佳方式就是先往后退一步。对多数职场人而言,若个人能力足以胜任现有的工作,就会将目标锁定在职场上再进一步,以获取更大的发展空间。而有些人恰恰相反,他们甘于忍耐,主动去做一份看起来职位稍低的工作。因为他们认为这份工作,必将帮助自己掌握某些新的经验和技能,从而推动其获得更大的提升。当然,这需要对个人前途的清醒判断。

而那一句"退一步海阔天空",则是把"退"的智慧概括得无比精妙了,退一步,可使自己的头脑更冷静地思索,以面对下一次挑战。可使自己有更多的时间去充实自己,可以调整身心状态,告诉自己"退"不是永远的失败,依然要向成功瞭望。审时度势,选择好人生中、职场中的"进"与"退",把主动权掌握在你自己的手里。

5.别奢望一口吃成个胖子

马云说:"听说过捕龙虾致富的,没听说过捕鲸致富的。"有很多人因为性情急躁,贪大求快,总想着能一口吃个胖子。马云告诫想要创业的青年人说:"先把自己沉下来,踏踏实实做一个小公司。要少开店、开好店,店不在于多,而在于精,这样才能开更多的店。"

马云从小并没有生活在精英人群当中,他没有国内名校的出身,更没有海外留学的经历,他一直都生活在普通人当中。或许正是因为这样,马云把自己做电子商务的目光放在了85%中小企业的生意上。这就是马云的"只抓虾米"的理论。

马云说:"如果把企业也分成富人穷人,那么互联网就是穷人的世界。因为在互联网上大企业与小企业发布多少网页是一个价钱。而我就是要领导穷人起来闹革命。"

对于现在很多企业都追求的全球化发展,马云表示:"我们现在对全球化的战略,想得很明白,我觉得我们还没有准备好,我们公司要走102年,现在才走了13年,还有89年要走,未必一定要在马云身上。把全球化做好,时间长着呢。"

对于阿里巴巴的职能,马云是这样理解的:"这就是个广告位的超市。每个广告主都会有自己的预算,然后都会有选择媒体的需求,对很多小公司来说如今选择网络广告进行推广是最划算的,但是他们没有实力去寻求专业广告公司的支持。同样,海量的个人网站、小流量网站也在寻求自身活下去的资金来源,他们想把自己的广告位换成钱,阿里巴巴就干这个。"

马云接着说:"广告位多少钱一个阿里巴巴不管,广告效果和广告价格如何买卖双方自己去协商,哪怕只卖一块钱也可以,每笔广告交易阿里巴巴收8%的佣金就可以。"

马云的理念吸引了大量的中小企业和商家的加入,截至2012年11月30日,淘宝和天猫平台年总交易额突破10000亿元。仅8%的佣金却为阿里巴巴带来了巨额财富。

许多人在工作中受不了最开始的低薪或者是卑微的地位,想一下子就晋升到别人用多年努力换来的位置,或者做生意时一味追求高额利润,甚至恨不得一夜暴富。可一口吃个胖子的事从来都不会发生。

古语有云:"一屋不扫,何以扫天下?"只有先做好每一件小事,最终才能成就大事。许多很有作为的人,他们在低微的薪水下工作多年后,会突然像变魔术一般,跳上一个高级而负重任的位置,为什么?就因为他们不急于成功,不管是薪水少,还是职位卑微,他们都努力去干,去积累更多使他们受益终身的工作经验。所以他们最后的成功来得最稳固。

相比之下,那些急于求成的人往往会对迟迟得不到的提升和回报不满,他们将心思放在如何成名、暴富上,而没有把精力放在脚踏实地的工作中,于是变得浮躁盲从,变得方向和目标不明确,最后使自己备受困扰和折磨。

许振超是青岛港桥吊队队长,他是"文革"时期毕业的"老三届"。他们这一代人因为受教育少,年龄偏大,有很多人后来都成了下岗再就业的"特困户"。但是许振超不但没有下岗,反而成为了世界一流的"技术专家",不仅在合资公司里身担重任,就连外国合资方都佩服他。原因就在于他脚踏实地的精神,他在日记中写道:"悟性在脚下,路由自己找。"

因为一场"文革",打碎了许振超清华、北大的梦想。但是他没有因此消沉,他选择了用知识改变命运。他刚进青岛港当皮带机电工时,努力学习电工知识,看设备图纸,逐渐掌握了电工技术。领导见他好学,就调他去操作当时最先进的机械门机。这一下,他更来劲儿了,把队里仅有的几本技术书都看遍了,就到处找别人借书看。还从牙缝里省钱买书。然后,他就挤时间去看书,别的工友打扑克、下象棋、聊天,而他都在读书。

30多个春夏秋冬,许振超从来没有放弃过学习,他家里的书橱里摆满了与机械、电气有关的报刊、书籍,他读过的各类书籍有2000多册,写了近80万字的读书笔记。功夫不负有心人,他从一名只有初中文化程度的普通工人成长为一名有一手绝活、两破世界纪录的金牌工人。

"合抱之木,生于毫末;九层之台,起于累土;千里之行,始于足下"。许振超的成才之路没有捷径可走,靠的是多年来立足本职工作刻苦钻研业务的结果。

许多年轻人浮躁,急功近利,看不起基层的工作,一进单位就希望自己能够做大事。一旦自己不被重视,就抱怨老板"有眼无珠"。然而事实上,不肯在小事上下功夫的人,一定做不成大事。就像古语所说:"天下大事,必作于细;天下难事,必作于易。"

密斯·凡·德罗是20世纪四位最伟大的建筑师之一,当他被要求用一句话来描述他成功的原因时,他只说了五个字"魔鬼在细节"。他反复强调的是,不管你的建筑设计方案如何恢宏大气,如果对看似小事的细节把握不到位,就不能称之为一件好作品。

在此,我们应该时刻警醒自己:如果希望成功,千万不能急功近利,而要历练自己的心境,沉淀自己的情绪,学会从零做起,从小事做起。只有这样,才能让自己成为一个能担大任的人;也只有这样,才能收获令自己满意的人生。

6.三流的理念,一流的执行

几乎每个一流企业的成功,不仅需要先进的理念,更重要的是其执行的到位。让企业具备一流的执行力,是每个企业管理者都要面对的课题。

马云与日本软银集团总裁孙正义曾就一个问题进行过交流:一流的点子加上三流的执行力,与三流的点子加上一流的执行力,哪一个更重要?

两个人都选择了三流的点子加一流的执行力。真是英雄所见略同。著名的管理咨询专家余世维也认为,对于企业来讲,执行力的意义巨大。

马云是这样理解的,工业时代的发展是人工的,而网络经济时代一切都是信息化的,带有很强的偶然性和非理性因素,因此再高明的领导都难以给予一个确定的预测。阿里巴巴不是计划出来的,而是"现在、立刻、马上"干出来的。

有100个马云的公司肯定会失败,但有1个马云加上99个平凡人的公司就会成功,这是马云的观点,也道出了阿里巴巴成功的原因,那就是高效率的执行力。马云曾将阿里巴巴称为"一支执行队伍而非想法队伍"。他在不同场合反复强调,有时去执行一个错误的决定总比优柔寡断或者没有决定要好得多。因为在执行过程中你可以有更多的时间和机会去发现并改正错误,甚至从失败中获得更宝贵的经验。

细节决定成败,不是所有的失败都源于战略上的错误,有时候就是细节上没做好,才导致了失败。越来越多的事实证明,企业要加快发展,要走在行业的前端,除了要有好的决策班子、好的发展战略、好的管理体制外,更重要的是团队要有执行力。

执行力是指一个组织、一个企业的执行力,即企业、组织在达成目标过程中所有影响最终目标达成效果的因素,如果能对这些影响效果的因素进行规范、控制及整合运用,那么企业就能够提高自身的竞争力。

执行力被越来越多的企业摆上了重要位置。

阿里巴巴刚创办的时候,公司内部对网站的未来还是充满疑惑的,因为那个时候资本市场宠爱的是新浪、搜狐这样的门户网站。而阿里巴巴的模式是独创的,当时还没有多少人能认识它的价值。马云认为阿里巴巴应将网上论坛BBS按行业分类发展而来。因此,马云当时要求技术人员将BBS上的每一个帖子检测并分类。技术人员认为这样做将违背互联网精神,但是马云认为只有这样才能让用户方便、快捷地使用阿里巴巴,所以他坚持己见。其他人不同意,拍着桌子同马云吵。争吵达到最激烈时,马云仍不改初衷,他始终认为方便用户才是对的,自己的思考也是对的。

有一次马云在外地出差,他通过电子邮件要求技术人员立即完成这一程序,他们还是不同意。马云简直有点怒不可遏了,他真想立刻飞回去,猛拍那些技术人员的脑袋。他抓起长途电话,尖声大叫:"你们现在、立刻、马上去做!立刻!现在!马上!"

由于马云的强硬要求,阿里巴巴的发展方向最终确定下来,并获得了有效的执行。这也使得阿里巴巴在互联网泡沫时期不仅坚持了下来,而且实现了盈利。

虽然公司内外对能否完成这些目标提出了极大的质疑,但出人意料的是,这些目标最终都一一实现了。这也就是马云团队为人称道的超强执行力。

平凡的人在一起,可以做出不平凡的事,就是靠着强大的执行力。正因为如此,阿里巴巴才历经艰辛迅速崛起,一举奠定了其在世界互联网领域的地位。

很多时候,不是做不到,而是没有立即去做或者没有投入足够多的行动力。执行需要理念,需要热情,更需要脚踏实地的实现。

7.做好一个,再做第二个

对于企业如何发展,马云说:"不需要多元化的经营,永远做好一个再做第二个。"无论一个人有多大的能耐,多聪慧的头脑,如果他在选择事业时总是三心二意,把精力同时集中在几件事情上,最终的结果就算不是失败,也不会是把事业发扬光大。

马云在创业之初,就认为推动中国经济高速发展的是中小企业和民营经济,所以,阿里巴巴应该帮助那些真正需要帮助的企业。这是马云最早的构思。显然,马云的这个构思在经历了几年的互联网风潮的沉浮之后,不仅没有动摇,反而更加坚定了。或者可以说,这个构思成为马云决定要"专心"做的唯一一件事,这也是阿里巴巴能走到今天,并越走越坚定的关键所在。

有人问马云,阿里巴巴要怎样带领中小企业走出国门,向国际化方向发展。马云在回答这一问题时提到:"我觉得我们中国有一个误区,老是想走出去,其实把自己家生意做好挺好。今天我们出去,并不太受欢迎,我们没想明白,我如果去了美国,我可以给美国的老百姓带来什么好处,为走出去而走出去的企业不管你多大,无一成功。"

在2003年的时候,阿里巴巴的股东孙正义召集了所有他投资的公司的经营者们开会,给每个人5分钟时间来陈述自己公司的运营状况。当马云陈述结束后,孙正义做出了这样的评价:"马云,你是唯一一个三年前对我说什么,现在还是对我说什么的人。"

马云说:"我想告诉大家,创业、做企业,其实很简单,一个强烈的欲望,我想做什么事情,我想改变什么事情,你想清楚之后,要永远坚持这一点。"

在卖掉海博翻译社,放弃了中国黄页后,马云也曾经自嘲地说:"打一枪换一个地方的毛病现在看来该改改了。"于是,他从第一天创立阿里巴巴开始,就想好了自己要做什么,并且能一路坚持到底,不受外界影响。

很多人总是看到什么生意好做就做什么,结果什么事也没有做成。那些事业上取得突出成就的人无一不是坚持把一件事做好、做精。他们在事业刚刚起步的时候,的确要讲究灵活,但慢慢地,随着事业的发展,一定会有一个比较专注的目标,并且会专心地做好它。

北京五福茶艺馆董事长、北京福丽特中国茶城总经理段云松说:"一会儿想干这,一会儿想干那,忙忙碌碌,人很快就老了,结果一事无成,选择是必需的,但选择之后,还得耐得住、挺得住。"就是在这种思想下,段云松才一直坚持下来。在经过多次失败后最终迎来成功。

很多营销大师都在探讨成功的理念,从拿破伦·希尔到安东尼·罗宾,从古代的老子、孔子的中庸思想到西方的心理学,其理念惊人的相似——专注如一。当你定下了目标,就一定要做到对它专注如一,而不是任意地改动它。

马云的谜　阿里巴巴的那套办法

昆虫学家法布尔曾接待过一个青年，青年非常苦恼地对他说："我不知疲劳地把自己的全部精力都花在我爱好的事业上，结果却收效甚微。"

法布尔听后赞许地说："看来你是一位献身科学的有志青年。"

这位青年说："是啊！我爱科学，可我也爱文学，同时对音乐和美术也感兴趣。我把时间全都用上了。"

听完青年的话，法布尔从口袋里掏出一个放大镜说："那么请你把你的精力集中到一个焦点上试试。"

一个人的精力是有限的，只有专心做一件事的人，才能确定一个明确的目标，并集中精力、专心致志地朝这个目标努力。比如伍尔沃斯的目标是要在全国各地设立一连串的"廉价连锁商店"，于是他把全部精力都花在这件事上，终于完成了此项目标，而这项目标也使他获得了巨大成就。

人有两种能力是千金难求的，其一是思考能力，其二是集中力量在重要的事情上，全身心地投入工作的能力。每天早晨，当你走进办公室或者进入你的工作区间时，无论是否面临着一项新的任务，你都要清楚地、坚定地告诉自己，你将全力以赴地投入这项工作，摒除一切干扰，在工作完成之前绝不三心二意。

一次只专心做一件事，全身心地投入并积极地希望它成功。你可以把需要做的事想象成是一大排抽屉中的一个小抽屉。你的工作只是一次拉开一个抽屉，令人满意地完成抽屉内的工作，然后将抽屉推回去。不要总想着所有的抽屉，而要将精力集中于你已经打开的那个抽屉。一旦你把一个抽屉推回去了，就不要再去想它。

8.进攻是最好的防守

当今社会,先发制人显得越来越重要了。如果对手已经杀奔过来,你还沉醉于安全无虞的自我安慰中,注定是要吃亏的。在硝烟弥漫的商战中,当对手即将兵临城下之时,创业者没有撤退的理由,只能接受挑战。由被动接受挑战到主动获取成功,需要做的就是进攻、不断地进攻。

从小就敢打敢拼、喜欢进攻的马云,自创业以来,也上演了一幕幕精彩的"战争"大戏。为了阻击eBay,他秘密制造了淘宝;为了阻击谷歌,他选择了"阿雅联盟"。用马云的话解释:进攻者,永远都有机会。

2005年的进军搜索和2003年的进军C2C有相似之处,都可看作阿里巴巴的以攻为守,当然也是阿里巴巴的乘势扩张。如果说2003年阿里巴巴进军C2C是马云和孙正义的一拍即合,那么,2005年阿里巴巴进军搜索,马云和杨致远可谓是不谋而合。

搜索是互联网最古老的行当,搜索的历史与互联网的历史相伴始终。互联网搜索的鼻祖是雅虎,但一直到2002年以前,搜索都没有成为一种成熟的赢利模式,没有一家网站可以单靠搜索生存,以至于靠搜索起家的雅虎都不得不把自己变成门户网站和综合网站。

阿里巴巴控股雅虎后,在中国雅虎的誓师大会上,马云说:

"从今天起,在中国,雅虎就是搜索,搜索就是雅虎。这是马云向谷歌下的战书。未来2~3年内,我们将动用所有的资源全力发展搜索业务。我们已经赢得了与易趣的竞争,收购了雅虎中国的业务,我们下一步的目标是阻击谷歌。在网站搜索领域,谷歌是非常强劲的竞争对手,但它在中国还不够强大。阿里巴巴要与世界网络公司老大、市值1000亿美元的谷歌决战搜索。

开始战场在中国,随后战场转移到了世界。

前一段时间百度在纳斯达克上的优秀表现,给中国的公司长足了面子,我们希望所有在纳斯达克上市的中国公司,都能取得非凡的成绩,给我们的后来者树立一个良好的榜样,创造一个很好的机会。

榜样是榜样,竞争是难免的,阿里巴巴从来不怕竞争,但是我觉得竞争的主要目的并不是打败谁,也不是为了赢得什么,而是为中国做一个真正持续发展的、世界一流的搜索引擎。我相信凭借雅虎中国的技术和阿里巴巴的管理团队,特别是阿里巴巴拥有的强大客户资源,在搜索引擎里阿里巴巴一定能够有所建树。"

谷歌的神话发生在美国市场,但接下来百度创造的奇迹则掀起了中国互联网的搜索热潮。2005年8月,百度在美国纳斯达克上市,当天股价冲过150美元,创造了又一个搜索神话。2005年百度第三季度总营业收入为1100万美元,净利润为110万美元。随着搜狐投资打造"搜狗",新浪投资推出"爱问",中国市场的搜索热开始升温。

2005年年初,互联网市场还有一个重大迹象,那就是谷歌开始进军中国。

搜索的异军突起,不仅使作为C2C老大的eBay感到了威胁,而且使作为B2B老大的阿里巴巴也倍感压力。如果事态继续发展,阿里巴巴和淘宝的钱则会转移到百度上,这是马云无论如何都不能接受的。

一向不愿意凑热闹,不愿意做热门的马云这次终于按捺不住了,马云说:

我们进军搜索不是因为搜索现在是热门，而是因为电子商务的发展实在绕不开搜索这道坎。我认为,在中国市场,至少会存在三个比较强大的搜索引擎。谷歌的优势在技术,百度的优势在本土化,我们既有雅虎的强大技术,又有阿里巴巴的本土化优势,两者加在一起,一定会如虎添翼。

每个人都期待我们与百度、谷歌的竞争方式会像淘宝和eBay之间那样。不,我们不会那么做。在竞争的时候,首先要尊敬你的对手,我尊敬谷歌和百度,我们不会去激怒他们,但是我们要确保在3~4年后的竞争中,他们会说他们佩服阿里巴巴的智慧,他们会向我们致敬。

我们有用户群、有技术、有专业知识、有电子商务,我认为搜索引擎是电子商务很重要的一部分。竞争对我来说是有趣的,是一种艺术,我们首先应该在竞争中生存下来,然后努力赢得胜利。我认为阿里巴巴拥有雅虎搜索引擎以后,在竞争中生存下来并不是问题。所以我们的竞争对手最好不要出现任何失误,否则他们就会有麻烦了。

我觉得今天全球范围内的电子商务的竞争,或者全球范围内的搜索引擎之争,在中国才刚刚开始,游戏刚刚开始。所以阿里巴巴进入这个市场的目的就是改变游戏规则,要是按照谷歌和百度的规则玩下去,就没意思了。

美国的搜索引擎技术发展得很好,谷歌非常伟大,把收费的模式做成现在的规模,我觉得任何一家公司都会眼红,任何一家公司都会为此敬仰。但是中国不一样,我觉得在中国做搜索引擎,第一它是一个技术,第二是中国和美国的习惯不一样。

中国的搜索引擎,百度也好,谷歌中国也好,雅虎中国也好,搜索引擎技术跟美国的技术差距正不断缩短,但是收费的诚信体系还没有建立,比方说,现在的收费里面还存在欺诈的行为。还有各种各样的机制、环境、诚信力都没有建立,我觉得要把搜索引擎变成真正赚钱的工具,就必须对客户负责,必须要把时间缩短。

一个要反击谷歌和百度以保住电子商务的利润,一个要在中国大陆复制雅虎日本和雅虎奇摩对谷歌的胜利,马云和杨致远的合作似乎早晚要发生的,其结果就是阿里巴巴和雅虎的惊天大并购。因为他们都深知这样一个道理,当强劲对手接二连三出现的时候,进攻就是最好的防守,而只有和强者联手,才会达到更好的竞争效果。

孙子兵法上说,先使自己处于不败之地,然后才能去打击别人。

但是,看书最忌讳的是教条,历史上从来不缺少反其道而行之的胜利。马云喜欢进攻,并把进攻看成是最好的防守,是有着其高明之处的。

9.御敌之道,跟对手打太极

马云小时候练过"武功",懂得借力打力的好处,并把这一招用到了商战之中。面对强敌没必要害怕,只要会"打太极",懂得周旋,就能将对手绕入埋伏圈中。

eBay是国际巨头,2003年eBay年收入超过33亿美元,用户超过1.2亿人,是在全球30个国家拥有本地站点的全球最大的C2C网站。

当时的易趣是中国第一家C2C电子商务网站。虽然完全是拷贝eBay模式,但由于起步早,所以成长迅速。到了2003年,易趣的注册用户已有400万人,每月交易量达6000多万元,在线商品达30多万种,成为中国C2C网站的龙头老大。加之世界C2C网站霸主eBay的3000万美元注资,更是如虎添翼。

eBay一开始看轻了马云,这是它的失误。因为2003年5月10日,淘宝作为一个C2C网站在网上出现时,它并没有进入eBay和eBay易趣的视野,当时国内这样的C2C网站有很多。也可以说,正是因为eBay的轻敌,使它错过了封杀淘宝的绝好时机。马云说:

孙正义把eBay赶出了日本市场,我在中国也有同样的机会。eBay没有把我当作威胁,所以它在中国市场上会比在日本败得更惨。eBay的长处是资本、人才和对未来电子商务的理解,而淘宝的优势在于对中国的人才和中国市场的理解。

大家都告诉我,他们资金雄厚。我们的战略就是在他们的口袋里剪个洞,让他们的钱快速漏掉。我们只在一流的网站投入了1亿元人民币,而他们在市场上投入了1亿美元。他们的战略是用钱来买中国的市场,但这是一种错误:用钱是买不来市场的。

他们在新浪等大型网站拦截我们,他们认为那些大型网站拥有70%~80%的流量。但是我们相信中小型网站,同样有很好的流量,它们的广告量很少,所以对我们来说更加便宜,它们会全力推广"淘宝"这个名字,以确保流量上升。我们采用很多不同的方式,但这并不是说我们有多聪明,因为一开始eBay并没有重视我们,而后来又太过重视我们,他们想消灭我们,但是很困难,因为中国的市场太大了,我们的宣传可以无孔不入,他们拦不过来。

资本雄厚的eBay进军中国市场后,决定显示它们的实力,于是疯狂地投入巨资,在许多网站上封杀淘宝的广告。面对eBay在中国的疯狂投资,马云显得非常理智。他认为,eBay中国的1亿美元不仅帮助了中国电子商务市场的培育，也帮助了淘宝。马云断言，eBay浪费了很多钱在户外广告上，一个城市200万美元，且完全不考虑这个城市市场的重要性。"我办公室前面的大楼上就是一个巨大的eBay广告。"马云说，"他们不过是希望我不高兴，但那不过是一种情绪反应。"

战斗在不断升级，2003年6月12日，eBay正式入驻易趣。淘宝自2003年5月10日成立，背后虽有阿里巴巴的支持，但比起eBay的大手笔，仍显得很薄弱。eBay在资本和时间上，都遥遥领先于淘宝。

在2003年7月7日，马云和淘宝的高层开始计划做大规模的推广时，遇到了挫折。他们到各大门户网站去谈广告投放的时候，几乎无一例外地碰了壁。eBay在与各大门户网站签订的合同里都附加了一个条件，不接受同类网站的广告。

事情很棘手，eBay想把淘宝封杀在弱小的状态，怎么办，马云自有办法。由于门户网站无法投放广告，甚至在次一级的有影响的网站也遭到了封杀，马云觉得硬的不行，就软着来。中国功夫里早就有以柔克刚的思想，四两可拨千斤，曲径可通幽。于是淘宝在中国各大城市的地铁、公交车身、路牌、灯箱等地做广告。细心的人们甚至可以在电影《天下无贼》里找到淘宝的广告。

线下宣传虽然有效果，但线上宣传效果才更直接，因为电子商务本来就是互联网时代的产品，只有网民才是他们的客户。

有商业头脑的人到处寻找着商机，在中国互联网大潮的不断冲击下，网上涌现了很多个性化的小网站。小网站的成立也是为满足一部分人的需要设立的，专业化程度较高，能够聚集一些人气。在这些网站投放广告的费用比较低。相对于大的网站，这里的广告费用和流量的比值还是比较好的，也就是用少的钱可以换得比较高的流量。至于操作过程也不麻烦。"其实真正做起来也不难。当时互联网上的小站点已经有了站长联盟，淘宝只要和盟主谈判就可以一次性拿下一批站点的广告,而且价格也不贵。"马云说。

就像足球比赛一样,如果一方猛烈进攻,却没有将对方打败,那么自己的球门可能会被偷袭。18个月过去了,eBay易趣对以淘宝为代表的C2C网站的封杀收效甚微。虽然雅宝、酷必得等一些网站在重压之下惨遭淘汰,但作为eBay易趣封杀的主要对象和主要竞争对手的淘宝不但活了下来,而且迅速壮大。

面对强劲于自己的对手,不要硬碰硬,这样只会两败俱伤、一无所获,以柔克刚才是王者的选择。

第十章

营销高手,酒香也怕巷子深

1. 事件营销,在被人忽略的角落里找商机

现今社会,早已不再是一个仅靠自身实力就可以独步天下的时代了,既要有实力,也要会吆喝。聪明的商人一定会利用一切可以利用的机会,来吸引大众的眼球。生于商业文化背景浓厚的浙江的马云当然深谙此道,他一次次地利用外界出现的各种事件,给自己好好地做宣传。

2003年的伊拉克战争,那是一个注定不平凡的年份,苦难和恐慌笼罩在伊拉克人的心上。

小布什不停地警告着萨达姆,萨达姆也不停地用激烈的言语进行着反击。很多人都以为这只是一直以来美伊打嘴仗的重复,但马云不这么认为,一种强烈的直觉冲向他的大脑:战争随时可能爆发。

伊拉克要遭殃了,这是马云的第一个念头,他当然无法阻止;但

接下来的另一个念头符合了他的身份,这难道不是千载难逢的好机会吗?借战争进行营销,把阿里巴巴推向世界。

马云其实早就有这个想法,他一直都想向西方好好地宣传阿里巴巴,但一直都没有机会,现在,机会来了!

于是,这个以花每一分钱都要考虑清楚的阿里巴巴,这个曾经在互联网最寒冷时期做出过市场、公关"零预算"决策的CEO,竟然一反常态:向美国大规模投放广告!

商人都是半个政治家,此话一点不错。如果只能做到低买高卖,那么他只是一个优秀的商贩,如果能利用好时局,那么就能既承担社会责任,树立良好的企业形象;又能赚取大量的利益。马云像一位国际形势的"分析师"或者"研究员"那样,分析着当下的国际局势。他认为,伊拉克战争一旦打起来,必将是全世界关注的焦点。而代表北约,或者说代表整个西方世界出征的美国,则是"焦点中的焦点"。而这个焦点,正是他最需要的。

当时,阿里巴巴的第一个拳头产品"中国供应商"已经推向中国市场一年有余,马云对这个产品有足够的底气,但他一直很低调地运行这个项目。他需要的只是个时机,一个向国外的买家推销,进而带动整个中国市场的时机。而2003年,如此多重大事件的发生,尤其是伊拉克战争这样的战事,正是最好的时机。

简直可以用"烧钱"来形容马云接下来的举动,他向CNBC(消费者新闻与商业频道)电视台大量投放广告,而且都是黄金强档,没有万贯家财,肯定是玩不起的。

2003年的上半年不只有伊拉克战争,那是一个"内忧外患"的年份,让每个中国人心里都觉得有点堵。内忧,自然是指"非典";至于外患,更多的应该是从人道主义角度出发,我们对苦难深重的伊拉克人民的一种饱含温暖的同情。而对于以电子商务为主营方向的阿里巴巴而言,那却是一个"最好的时代"。阿里巴巴巨资投放的广告,此时明显发挥了重要作用。应该说，在那之前，很多国外客户也许并不习惯借助互联网这种新兴的平台做生意。

但是，作为他们尤其是美国客户最主要的贸易伙伴之一，中国在那时又爆发了"非典"这样的天灾，他们不得不和中国客户一起学着逐渐适应互联网这个新工具。

只要形成习惯，事情就容易多了，哪怕起初是被迫的。在2003年那个非常时期，国内外的客户在开始被迫使用"中国供应商"的过程中，有了他们之前不曾想象的喜悦，简直兴奋得合不拢嘴："哇，简直不可思议，原来还可以这样做生意！"于是，越来越多的人开始接受这种方式。

更重要的是，那些发现了"新大陆"的美国客户们，刚刚发完一封电子邮件回到家，坐到沙发上看电视。实况转播的电视画面上就出现了阿里巴巴的巨幅广告。于是，这群商人惊呼："是的，就是它，阿里巴巴！"

随后，他们赶紧去网上再查查阿里巴巴，同时也催促他们的"中国供应商"们关注一下这家产于自己国度的网络公司。

就这样，一场轰轰烈烈的战争，让阿里巴巴在美国也火得"一塌糊涂"。商人有别于普通人的地方，就在于他总能在一些被人忽略的角落里找到商机，这样既参与了事件，又借事件进行了营销，不得不让人发出感慨："高，实在是高！"

可见，吸引别人的注意力，不仅仅需要自身的特色，也需要找到良好的宣传时机。

2.名人效应，金庸"西湖论剑"

今天的阿里巴巴之所以驰名中外，在某种程度上也依赖于马云独特的营销学。精明的马云懂得利用一切营销手段为阿里巴巴造势。他策划的"西湖论剑"就是一个典型的例子。

"西湖论剑"是马云一手策划的互联网论坛，为了提高这个论坛的知名度，马云请来著名作家金庸来吸引一些人气。果然从第三届开始，"西湖论剑"的人气越来越旺，尤其是在互联网经济重新开始聚集人气的第四届"西湖论剑"上，由于场地和资源有限，马云不得不开始拒绝那些纷纷前来报名参加论坛的互联网商。

20世纪90年代，马云和金庸因为一个偶然的机会在香港见过一次面。武侠作家金庸和武侠迷马云十分投缘，那一次相见，金庸给马云写了一幅字：多年神交，一见如故。

2000年的阿里巴巴正处于最强盛的时期。阿里巴巴接连注入两笔融资，从股东、管理层到员工，士气都十分高涨。

不过，由于此前的低调和模式的特殊性，阿里巴巴在中国互联网领域一直处于一个名气较低的地位，搜狐、新浪、网易三大门户网站的知名度要远远高于它。马云决心要改变这种情况，他想通过举办一个大型的活动来提高阿里巴巴的"江湖地位"。

可是拿什么来吸引人气？这在当时是一个很大的问题。因为资金充裕，互联网新贵们为了吸引眼球几乎把所有的方法都用遍了，沿着别人走过的道路再走一遍是马云所不能接受的。在2000年很长一段时间里，阿里巴巴的高层一直都为这件事苦恼，直到有一天马云想到了请金庸来主持。

马云对手下人说出这个主意之后，立即得到他们的赞同。但是有人对马云能不能请得动金庸表示怀疑。马云立刻就给金庸打电话，或许是第一次见面时马云给金庸留下了较好的印象，对于马云的要求金庸非常爽快地答应了。初战告捷，马云兴奋得手舞足蹈。有了金庸的加入，马云就有了绝对的号召力。然后马云开始筛选互联网最具影响力的人物，他们是三大门户的王志东、张朝阳、丁磊，还有当时做B2C如日中天的王峻涛等人。其实，这几个人对金庸的武侠小说都有浓厚的兴趣，这一点也是西湖论坛得以顺利筹办的渊源。例如，网易的丁磊是伴着武侠小说长大的，他见到金庸时略带调侃地说："金大侠，你把我们一代年轻人的时间给耽误了呀。"而王峻涛对金庸更是佩服得五体投地，马云邀请他参加西湖论坛的时候说："你来不来自己看着办，反正金庸要来。"王峻涛听说金庸要参加，便毫不犹豫地答应了马云的邀请。唯独新浪的王志东表现得有一点儿犹豫，原因可能是当时新浪处于老大的位置，这种事情本来应该由他牵头筹办，现在却被马云抢了先，未免让他有点下不来台。但是马云亲自出马，专门来到北京上门邀请王志东，最后王志东也答应了马云的邀请。

2000年9月9日，受邀的人都到了杭州，马云租用一条画舫请大家在西湖上观光，杭州市政府还为此专门提前打开了环绕西湖的景观灯光，出生于大西北的张朝阳在这条船上在丁磊的指导下平生第一次学会了吃螃蟹。在第二天论坛结束后，东道主马云送给自己和其他四巨头的礼物是金庸亲笔签名的《笑傲江湖》；而在论坛上似乎谈武侠也远多于谈网络。马云说："我们坐到一起，平静地想一想一年多以来行业里的变化，交流一下各自发生了一些什么事情，这本身也是一种收获。"

但实际上，就在这届论坛上，金庸代表所有网民把一个严肃的问题用一种轻松的方式放到了这五大互联网巨头的面前。金庸说：

"你们很忙,也不收钱。从国外调集资本,上市筹钱,规模做得很大也很成功。但是钱花光了怎么办?维持不下去了怎么办?"同时他还委婉地说出了自己的担心:"还有一个比方不是很恰当,武侠小说中有一些邪派武功可以把人家的功力吸过来,网络公司要扩大也需要引入国外资金,把资金拿过来就不还给他了,所以这个比喻不是很恰当。但是吸收一些外资也是需要的,将来还需要还给他的。张无忌受伤了,遇到张三丰帮他治一治伤,就是有借有还的。"金庸一语中的,指出了当时互联网的要害之处。当互联网吸引了人们的注意力之后,无论是在网民还是在投资人心里,这个问题都会很自然地浮现出来。

对于金庸的问题,互联网老大王志东说:"网络公司要挣钱有4种方式。新浪网广告收入4000万元人民币,这是第一种标准的挣钱方式。第二种挣钱的方式是收费服务。现在是免费的,不等于永远是免费的,或者说现在这些东西是免费的,不等于以后出的东西都是免费的。有很多新的服务是可以挣钱的,前一阵子讨论过像电子邮件该不该收费等,这就是一种思路。当然,我并不主张电子邮件或者现在这样的东西要拿去挣钱。第三种挣钱的方法,其实是一种所谓的佣金的方法。网站帮助达成某种交易、解决某种问题之后,你把你在其中所取得的利益或者节省下来的价值分我一部分,电子商务绝大部分是这样挣钱的,其他的也可以转化成这样一种方式。第四种标准挣钱的方式叫做提供解决方案,按照这种解决方案收费。ASP(动态服务器页面)或者一些软件、系统集成等,其实都属于这一类。我有一种感觉,互联网经济可以有各种各样的名词,有各种各样的花样,但是万变不离其宗。我觉得基本上有上面4种,你仔细去看它,其实这4种方式传统经济里面都有了。我们只是换了一种玩法。从股市、从投资人那里拿来的钱,我觉得不应算在内。"

网易的丁磊说:"大家不要觉得网络就等于网站,网络背后有许许多多其他的东西。近15年来网络对其他的硬件厂商有很大影响，网站不仅仅是网络，服务性的硬件产业在背后有支持，这种局势不会局限在其中的4种赚钱方式当中。任何一个发展起来都要花一定的钱，盈亏平衡以后才是赚钱的真方法。"

马云说："赚钱有一二三四，我是觉得，看得清的模式不一定是最好的模式，看不出你怎么赚钱的模式说不定才好。全世界的投资者，到现在为止都看不清楚微软是怎么赚钱的，但它却是赚钱最多的企业，用传统的思路去考虑网络经济也许并不一定很对。另外一个，我觉得现在在中国这样的情况下，发展网络正是时候，在低潮的时候，在大家都不看好的时候，正是练内功的时候。"

从这几个人的回答当中，多少可以解读出他们的心态。王志东显然是领先心态，虽然此时距离新浪股东哗变只有一年不到的时间，张朝阳虽然"秀"名在外，但是在敏感问题上却躲在了王志东的身后，把自己定位在"聪明的老二"的位置上，丁磊的发言强烈地彰显出他是个技术派，心里有很强的底气，而马云虽然要求延长时间，但他的理由却是最具颠覆性的，他甚至要求投资者不要用传统经济的思路来要求自己，很有一种"世人皆醉我独醒"的姿态。

让我们看看，马云从西湖论坛中获得了怎样的好处吧。

马云牵头筹办西湖论坛，在某种角度来讲，他让阿里巴巴顺理成章地成为中国互联网行业的五大巨头之一。马云顺利地把阿里巴巴推销了出去，虽然到这个时候大部分台下的听众还是不知道阿里巴巴到底在做些什么。而更妙的是，从第二届"西湖论剑"论坛开始，马云就得到了意想不到的好处——杭州市政府把这个论坛加入到了西湖博览会的项目中。而从第三届"西湖论剑"开始，马云的东道主身份优势显露无遗，"西湖论剑"每年都邀请互联网界当年表现最为出色的公司出席，而阿里巴巴则始终以种子选手的身份列入这个名单之中。虽然阿里巴巴自身的发展确实很顺,但这并不意味着它在"西湖论剑"这个平台上的借力之举就没有了意义。

马云将名人的营销价值运用得可谓是淋漓尽致。其中,他请来美国前总统克林顿参加"西湖论剑"更是其高明的一招。

2005年9月10日第五届"西湖论剑"上,美国前任总统、极力推广互联网经济的比尔·克林顿出席了这次会议,并就"中国互联网的未来"发表开幕式主题演讲。显然,马云请来克林顿为自己"摇旗呐喊",他要的不仅是为了打造"西湖论剑"的影响力,这或许更是马云表示全面出击电子商务市场的一个决心。此前,马云就曾多次向媒体表示,要将阿里巴巴打造成一个伟大的企业。因此为了实现自己的这个诺言,在争夺国内电子商务市场份额的同时,马云也没有忘记扩大阿里巴巴在国际市场上的影响力。

"好风凭借力,送我上青云"。马云就是这样一个精明的营销大师,他利用"西湖论剑"非常巧妙地把阿里巴巴成功地推销给了世界。

3.娱乐营销,用支付宝让"天下无贼"

好的产品必须要借助营销才能够为外人所知,马云选中的是大手笔娱乐化营销路线而非传统的专业化营销。

娱乐营销就是借助娱乐活动,通过各种活动形式与消费者实现互动,将娱乐因素融入产品或服务从而促进产品或服务取得良好的市场表现。"三位一体"与"互动"是娱乐营销不同于传统营销的最显著的特点。马云为淘宝做营销的时候,也采取了娱乐营销的战术。

为了迅速提高淘宝网的知名度，马云费尽了心思，直到有一部电影的出现。

　　2004年4月，刚刚出生不到1年的淘宝网，就借助一个好平台，着实火了一把——淘宝网正式结缘冯小刚的年度贺岁片《天下无贼》。

　　《天下无贼》中那些经典台词，相信看过的人都会说一两句，尤其是那句"21世纪什么最重要，人才"。俗话说，大树底下好乘凉，淘宝的确沾了这部电影的光。一部《天下无贼》，让淘宝网出尽了风头。一夜之间，千家万户记住了淘宝网这个原本陌生的名字。其实，从《天下无贼》开始播放的那一刻起，这部电影就充当了淘宝网的一台营销机器的角色。比如，从片中观众不仅能看到诺基亚的手机，还能看到"淘宝网"的小旗在片中飘扬，吸引了观众的眼球。

　　电影上映完毕，但淘宝网的营销却没有结束。马云把自己的娱乐营销战术发挥到了极致。淘宝网开始成为全中国最吸引人眼球的拍卖网站。除了影迷们自己拿东西来拍卖之外，还有重量级明星的助阵。连《天下无贼》中明星使用过的道具也被拿到淘宝网上拍卖，从刘德华的数码摄像机、开机仪式上的藏式马靴和礼帽，到李冰冰的数码相机，无一不是拍卖的对象。

　　有意思的是，这些商品在拍卖时都是1元起价，但是成交价却让人瞠目结舌。刘德华的皮裤更被炒到2万元，无形中增加了用户关注度。马云可谓是一箭双雕，出名又得利。淘宝是第一家在电视台和路牌做广告的电子商务公司，也是将娱乐营销和体育营销运用得非常成功的一家公司。

　　令人们没有想到的是，在马云推出支付宝的时候，他再次利用了《天下无贼》这部电影。

　　控制交易风险一直是困扰电子商务发展的难题，而诚信与安全甚至决定了明天电子商务的何去何从。于是，一直把"只有解决了支付问题，才能够做到真正的电子商务"挂在嘴边的马云始终在寻找解决网上交易安全的手段。支付宝的问世，也就意味着马云"天下无贼"的梦想成真。当电子商务呈现大好形势的时候，马云相信未来的网上消费会更好。于是，从阿里巴巴到淘宝网，再从淘宝网到支付宝，马云不断推陈出新。而支付宝无疑是马云电子商务长征路上的点睛之笔。支付宝是为用户提供网上交易安全的信用中介工具。用户通过支付宝交易，"货到付款"与"款到发货"同时兼顾，降低风险。而简单明了的使用方法更为支付宝招揽了人气，凝聚了一批忠实用户。作为互联网企业的一个创举，支付宝是电子商务发展的一个里程碑，它的出现搅动了中国电子商务支付的一池春水。

2005年2月，马云再拿《天下无贼》搞营销。这一次，马云是为了宣传淘宝的在线支付工具"支付宝"平台的全面升级。在这场娱乐大战中，马云更是邀请重量级人物加盟。这一次，他请出了华谊兄弟公司的老板王中军。一部专为"支付宝"摇旗呐喊的广告片如神来之笔一般诞生了。在这部广告片中更是大腕云集，葛优、王宝强、范伟、冯远征等人都纷纷露面。而且这些都是电影《天下无贼》中的原班人马。最富有创意的是，这部广告片延续并扩展了电影《天下无贼》的故事。通过全新的网络安全支付产品——阿里巴巴的支付宝，傻根将其挣得的6万元辛苦钱寄回了老家。这样，他也免掉了汇款所带来的手续费。按照他的计算，这笔省下的手续费，"可以买一头驴"。而片中及时地推出了广告词："用支付宝，天下无贼"，更是将支付宝的安全理念传达无遗。

马云的娱乐化营销正是在肯定和尊重技术的基础上，积极开辟的新的搜索引擎娱乐化、体验式营销，无疑令网民耳目一新。娱乐化、体验式营销优势非常明显，因为这是一个娱乐也可能成为生产力的年代，在营销中娱乐，在娱乐中宣传，在宣传中形成自身产品品牌与口碑，而且娱乐化营销完全将专业化通常无法解决的是否好玩、是否有趣、是否互动等问题给予了很好的大众化演绎与阐释。

无论是"用支付宝，天下无贼"，还是三大名导拍片助威"雅虎搜星"无非都是一种娱乐化的广告宣传。与其他类型的广告相比，娱乐性营销广告更易于被受众接受，并在捧腹大笑中留痕于脑海，并最终作用于消费行为。虽然广告营销学一直告诫我们：一个广告打下去，一半都是浪费。但是这种娱乐式广告投放所产生的效果是：浪费的那一半比常规会更小些。

4.禁果效应，让阿里巴巴更抢眼

营销的关键是要准确抓住顾客的心理，所以很多企业都很喜欢用攻心为上的营销谋略。作为营销大师的马云，对其中道理自然是心知肚明。

马云是一位很会解读大众心理的"心理学家"。当大众媒体对这位互联网狂人倍加追捧时，马云和阿里巴巴却显得非常低调。马云的沉默和低调，从某种程度上更加刺激了传媒者和大众的好奇心。他欲擒故纵、欲拒还羞的态度不由得吊起了更多媒体的胃口，阿里巴巴"犹抱琵琶半遮面"的形象也使众多新闻人按捺不住自己的好奇心。

终于，海外媒体开始对马云表现出极大的热情，第一个来到杭州的是美国的国际媒体《商业周刊》。而此前一言不发、金口难开的阿里巴巴也被《商业周刊》揭开了它的神秘面纱。

1999年8月,《商业周刊》的记者通过多方打通关系,辗转反复才说服马云接受自己的采访。一开始的时候,马云坚决拒绝,后来美国记者动用政府力量,通过外交部和浙江省外办做马云的工作。在多方劝说之下,马云终于答应接受采访。但是他给《商业周刊》一个附加条件,那就是可以采访但绝对不能把文章发表出去。

　　按照常理,能够被美国《商业周刊》这样的国际著名财经媒体看重,应该让马云受宠若惊,为什么马云如此不领情呢?原来,马云也有苦衷。因为,那时的阿里巴巴实在上不了台面,马云不想"家丑外扬"。

　　当该刊记者在杭州一所居民区住宅里找到阿里巴巴时,在记者惊异的目光中,阿里巴巴的诞生被形容为"面积不大的住宅里挤着20多个员工,地上到处都是铺开的床单,空气里还有鞋子的味道"。这样的场景令媒体记者大为吃惊。

　　不管马云的担心是不是多余,结果却是马云借助美国《商业周刊》这棵大树,很快就声名远扬,阿里巴巴的点击率也直线上升。马云不花一分钱为自己做了一个活广告。

　　说到马云的免费宣传营销,我们不能不提一提"AK-47"事件。

　　1999年7月,马云因为资金问题被逼到了死角。阿里巴巴甚至穷困到马云必须借钱发工资的程度。

　　也许是上天青睐这个百折不挠的浙江小子。在山穷水尽的时候,又是美国的《商业周刊》给马云带来了转机,让马云在经商的道路上"柳暗花明又一村"。

　　事情是这样的:《商业周刊》说有人在阿里巴巴网站上发布消息,说可以买到AK-47步枪。这条消息把马云吓了一跳,可是马云找遍网站所有的消息也没有找到这条买卖信息。按说这也不可能。根据以前的经验,马云知道互联网最大的问题在于可信度,所以从一开始他就立下规矩,对所有在阿里巴巴上发布的信息都必须经过编辑审核,这个规矩从阿里巴巴免费会员时代一直坚持到现在,因此马云坚信这样的信息是不可能存在的。不过像《商业周刊》这样的杂志一报道还是把马云吓了一跳,因为《商业周刊》毕竟太权威了。

尽管后来得知是一场虚惊,马云却因祸得福,AK-47的负面报道尽管在一定程度上影响了阿里巴巴,但它带来了更多的国际记者,伴随着国外记者而来的当然还有国外的投资者们。从这个角度来看,国外财经媒体又为马云做了一次免费的广告。

5.媒体营销,互惠双赢的和谐关系

现代社会,传媒业的发展越来越快,传媒的方式早已经不局限于传统的电视、报纸、杂志、广播,随着网络媒体及其他新兴媒体的出现与发展,新闻传播的速度能一夜之间传遍全球。网络信息传播方式,改变了传统电视、报纸的传播速度,第一时间使信息全球化、网络化、透明化。无论是发生在我们周围的大小事,还是发生在地球的其他角落的重大事件,都可以通过网络媒体第一时间向全球传播。可以说,网络媒体的出现改变了我们的生存方式。传媒日益兴盛的时代,管理者绝不能忽视与媒体的关系。媒体人脉是营销环节中最为重要的特殊资源,要学会与媒体打交道,更要与媒体建立互惠双赢的和谐关系。

对企业而言,善于利用媒体,可以借助媒体的力量打开产品销路，而不善于与媒体打交道，也会让企业身败名裂。马云可能是中国网商中最善于与媒体打交道的人物之一。从1995年创办"中国黄页"起，马云就与媒体结下了不解之缘。从1995年到2007年，马云创业的12年间，谁也说不清媒体给了他多少帮助。可以说没有中外媒体的帮助，马云的成功是无法想象的。

借媒体造势是马云的拿手好戏。在阿里巴巴创业初期，马云正是利用中外媒体的访谈报道来为阿里巴巴公司做免费广告的。

看过阿里巴巴推出淘宝和阿里巴巴收购雅虎中国的新闻发布会，你就知道马云利用媒体的本领已经炉火纯青了。

然而媒体历来是把双刃剑，它有影响力也有杀伤力。媒体也给阿里巴巴制造过一些麻烦。

在阿里巴巴的严冬时期，一些媒体做过负面报道。他们质疑阿里巴巴模式，批评马云"假大空"，批评最多的还是阿里巴巴不赚钱。在与媒体较劲时，马云说过这样的话："我不怕媒体联手骂我，反正我皮厚，抗击打能力强。人家骂我，骂阿里巴巴不赚钱时。我对他们说：'你说吧，阿里巴巴就是不赚钱，你想要把我怎么样？'我自己在做什么我自己知道。这类责难与冤枉对我来说已经是家常便饭了。"

但总的来说，媒体对于阿里巴巴的正面报道远远多于负面报道，媒体给予阿里巴巴的帮助也远远大于它给阿里巴巴制造的麻烦。

其实，马云之所以善于与媒体打交道完全依赖于马云在长期实践中的经验积累。早在1995年创业初期，刚刚走出象牙塔的马云就已经具备了很强的媒体公关意识。那个时候，随着一部电视剧《公关小姐》的热播，"公关"这个词开始逐渐为人们所接受。

1995年，马云第一个吃螃蟹，在杭州创办"中国黄页"后，这个领域就出现了竞争者。当时,在中国做企业ASP服务的有3家实力相当的竞争对手:一家是马云的"中国黄页",一家是中国高能物理所的"中国之窗",而第三家就是实力强大的杭州电信。显然,除了"中国黄页",另外两家都是具有一定国资背景的实力机构。不过,由于高能物理所的"中国之窗"地处杭州之外,受地域所限无法与"中国黄页"直接竞争。于是,杭州电信就成了"中国黄页"最直接也是最强大的对手,"同城恩怨"成了不可避免的局面。这是一场实力悬殊的较量。1995年,杭州电信营业额已经达到3亿元,而"中国黄页"的这个数字仅有区区几万元。一个是有国家财政支持的政府机构;一个是教师出身、势单力薄的"个体户",马云如何比拼?拿什么比拼?

此时,马云决定"用两条腿走路",一方面提高客服和质量水平练好内功;另一方面充分运用"媒体武器"。这时候马云在人际交往上的天赋得到了充分的发挥和施展,这大概也跟他从小养成的行侠仗义、广结天下英豪的性格有很大关系。马云通过一个杭州市青年团的朋友,认识了《杭州日报》的一位姓周的记者。很快,在这位记者的帮助下,一篇名为《中国黄页闯世界》的文章在《杭州日报》的头版发表。值得一提的是,在这篇文章里,已经引用了马云鼓吹的"世界首富比尔·盖茨说……"这样的话语了。所以,这篇文章发表之后,不仅在杭州城引起了不小的轰动,全国各地的不少地方媒体也在积极转载和引用,很多人也是从那个时候才知道,杭州是中国做互联网起步最早的城市。

由此可见,马云是一个非常精明的人,他深谙造势的艺术,这也为他出色的营销功夫加上了耀眼的一笔。

6.超级买家,寻找成熟的网购用户

面对市场上的后来者,用大量宣传封杀对手是先至者的惯用手段。当年eBay就是这样封杀淘宝网的,虽然失败了,但是运用之妙,存乎一心。同样的一招,不同的人用,结果往往会不一样。

广告是市场营销的一部分,大型企业每年的广告投入都是一笔不小的数目。有了钱的马云也开始大力宣传,2005年的"超级买家"就是一场声势浩大的宣传活动。

宣传要有创意,以增强对观众的吸引力。2005年9月26日,淘宝网、VISA(信用卡品牌)、MOTO(摩托罗拉)、MSN(微软公司旗下的门户网站)四大顶级品牌联手推出了一场有别于从前的"超级买家"活动,整个活动覆盖北京、上海、成都、广州、深圳、南京、长沙等15个大中城市。根据活动规则,任何在淘宝网上使用支付宝成功购物的会员都可以报名参加淘宝网的"超级买家","秀"出自己购买的宝贝及心情故事,并上传真人秀照片,赚取网上投票。

对于此举,外界有评论认为,淘宝网的"超级买家"活动是在腾讯等公司涉足C2C领域立足未稳前,携国内第一的势头跑马圈地的表现。但是,当淘宝网总经理孙彤宇在被问到腾讯的竞争时,他表示,"欢迎腾讯的进入,大家一起做才能让更多的人知道和使用网上购物"。孙彤宇这话从何而来,为什么淘宝网在这个时候要不惜重金搞这样一场类似全民秀的活动呢?显然,这是最好的时机。

实际上,国际顶尖投资银行摩根士丹利,在2005年9月20日就曾发布一份有关中国互联网的研究报告。报告表明:互联网是中国增长最快的行业,其中电子商务的贡献不容小觑,电子商务已成为众多网络公司的盈利模式,发展迅速。同时,这份报告还特别强调:

257

2005年是中国电子商务的关键一年,而2006年则是普及之年。

所以,"超级买家"的真正目的是在国内寻找成熟的网购用户,将对网上购物感兴趣的网民转化为忠实的网上购物用户群体,并进一步带动对网上购物持观望、犹豫、表示一般的态度的网民,从而推动整个中国网上购物用户的继续增长。

这一赛事从2005年9月27日起到11月15日为海选阶段,经过两轮海选,选出20名"淘友"。然后,晋级的20名"淘友"参加淘宝网与湖南卫视联合主办的"超级买家"秀电视总决选,进行全新网络时尚秀和外景真人秀才艺比拼,最终选出的总冠军(即超级Buyer),冠军将荣任淘宝网形象代言人,获得年薪百万元。

为推广该项活动,四大顶级品牌在3个月内将投入2亿元的活动资金。任何投票参与的用户都有机会获得MOTO手机,VISA提供的韩国冰雪游和淘宝网千元购物红包等奖品。

经过两个月的网络海选,一个月的电视总决选,淘宝网"超级买家"5进1冠军赛,终于在平安夜落下帷幕。来自上海的有着"广告王子"之称的龚超成功当选淘宝网百万年薪代言人。

本次活动的主策划方淘宝网透露,对于这次大胆起用新人作为品牌的形象代言人,对淘宝网品牌形象的推广也是一次全新的挑战。淘宝网希望代言人的推出,能够带领更多的人进入淘宝网这个缤纷多彩的世界、喜欢上网购物这种新的消费方式。

这次成功的商业策划,使得淘宝网的品牌得到了极大的推广。统计结果显示,在海选期间,淘宝网的日点击量超过1亿,两期海选的投票总数也高达48万,更是引起了1.2亿淘宝会员在论坛里开展关于"超级买家"的大讨论。显然,马云策划了一场成功得可以和"超级女声"相提并论的时尚秀活动。

由此可见,唤起消费者对一个企业的信心和兴趣,需要从消费者自身的体验入手。这才是最能吸引人眼球,也是最具有说服力的办法。

7.与雅虎合作，一石激起千层浪

借助收购雅虎中国进行炒作，马云也做得相当完美。雅虎本就是知名品牌，而阿里巴巴也是互联网的新贵，强强联合当然具有足够的炒作分量，从走漏风声到媒体追踪，从新闻发布到业界质疑，可谓闹得沸沸扬扬、满城风雨。

马云也有意无意地透露着关于阿里巴巴收购雅虎中国的小道消息，嗅觉敏锐的媒体当然不会错过。之前的预测性报道已经铺天盖地，直到2005年8月11日下午两点，这一切才成为现实。那天下午，北京的中国大饭店聚集了来自全球的数百名记者。主席台上悬挂了一幅巨大的红布，旁边的显示屏上则定格了一幅照片：雅虎创始人杨致远和阿里巴巴创始人马云并肩坐在长城的阶梯上。

下午两点半，红色的幕布终于拉下，赫然写着"阿里巴巴全面收购雅虎中国，10亿美元打造互联网搜索"两行大字。在掌声中，马云说："我们这次宣布的是阿里巴巴全面收购雅虎中国的所有资产，其中包括了雅虎的门户、雅虎的一搜、雅虎的IM、3721，包括雅虎在一拍网上所有的资产。

马云宣布："我们今天收购这个资产，还有雅虎给阿里巴巴公司投入10亿美元的现金，作为阿里巴巴重要的战略投资者之一，关于股份，雅虎在阿里巴巴的经济利益是40%，拥有35%的投票权，董事会阿里巴巴占两席，雅虎一席，软银一席，所以这个公司还在阿里巴巴的领导之下，我继续担任CEO。"

这就是那个被媒体热炒了三天的惊世大并购。有媒体将阿里巴巴收购雅虎中国的举动戏称为"雅巴合作"。其实这个比喻并不恰当，阿里巴巴和雅虎的合作不仅是世界上最大的互联网并购案，而且是动静最大的举动。

光阴似箭,岁月如梭。这句话用来形容互联网行业的风云变幻再适合不过了。曾几何时,"搜索1.0时代""搜索2.0时代"俱成往事,"搜索3.0时代"粉墨登场,成为2007年中国的生命力与价值所在。那么,"搜索3.0时代"究竟如何理解呢?中国雅虎副总裁兼搜索事业部总经理张忆芬这样描述2.0与3.0的区别:"在2.0里面用户需要什么东西,搜索引擎就给用户什么东西。可是在搜索3.0里面,搜索引擎要去分析、判断你的搜索意图。举例而言,如果一位女性想搜索关于减肥的内容,在2.0里面,她可能只会得到很多关于减肥的文章,而3.0带来的则是关于减肥、抽脂、瘦身等一系列的多元素内容。"

以用户需求为导向、以人性化为核心、以搜索智能化为目的,这正是搜索3.0的核心所在。实际上,对雅虎中国而言,创新是它的使命,技术领先是效益领先的根本。雅虎唯有选择创新的产品,才能重现领跑者的风采,给美国总部的投资者们一个满意的交代。

近年来,在搜索领域,美国雅虎一直保持着20%左右的市场份额,然而,在中国市场这只"老虎"却一直被挤压在第三的位置上,对于这种尴尬的局面,所有和雅虎有关联的人都无法接受。

但是,在互联网细分领域,前三甲的格局一旦形成就很难改变,这是互联网"赢家通吃"的规律使然,因为用户不会轻易改变使用习惯,不愿意为此付出相当大的时间成本。所以,雅虎最终选择了一条"蓝海之路",即直接把战场开辟到搜索3.0上,倡导用户体验。

批评家们的声音不绝于耳,然而,不可否认的是,越来越多的网民正体验并享受着搜索3.0带来的乐趣。

雅虎一路走来,充满斗志,可以说马云在对雅虎的改造以及宣传上所做的努力,值得每个人去思考。由此不难看出,一个企业的成功,需要精明的领导者,更需要合适的合作伙伴。同心协力,才能成为真正的商业王者。

8.招兵买马,全力打造直销团队

在普通人看来,互联网比的就是技术。百度、网易等都是靠技术来制胜的,而马云却另辟蹊径,他要靠销售制胜。马云提出,技术不是最重要的,销售才是最重要的。搜狐掌门人张朝阳认为,阿里巴巴成功的关键在于马云的营销战略。阿里巴巴有一支规模很大的销售大军。阿里巴巴集团目前有7000多名员工,销售人员有6000名。阿里巴巴在中国内地、中国香港、美国和欧洲拥有16个销售服务中心,员工超过3500人,其中营销人员占了相当大的比重,可见马云在营销上下了大功夫。其中最能代表马云营销风格的就是阿里巴巴直销团队的组建。

在2000年10月的"遵义会议"上,马云确定了阿里巴巴将以中国供应商为主打产品。主打产品确定之后销售方式也必须确定。当时阿里巴巴面临3种选择,直销、代理销售和网上销售。阿里巴巴的竞争对手美商网、环球资源等有的采用直销,有的采用直销加代理。经过激烈争论,马云最后决定采用直销。

直销起源于美国,最早始于20世纪40年代,由犹太人卡撒贝创立。随着信息化社会的迅速发展和人们图方便快捷的购物心理兴起。现在直销几乎遍及全球所有国家。说得形象一点,直销就是直接上门面对面的销售。

阿里巴巴选择直销是因为马云把中国供应商之战当成一场决定公司生死命运的决战,志在必胜,他想借此撕开创收的口子为阿里巴巴杀出一条生路。

中国供应商作为项目是在2000年9月推出的,但作为成熟产品是在2000年年底推出的,阿里巴巴的大规模直销团队也是在2000年年底组建的。销售方式确定了,接下来就该点将了。

让谁出任销售大将,统率即将组建的销售大军,指挥即将打响的生死之战呢?马云让李琪出马。李琪当时是技术副总裁,从未做过销售。

为什么选择李琪?马云有充分的理由,一来,李琪以前虽然没做过销售,但他对销售很感兴趣。二来,李琪不仅懂技术而且脑子灵活,思维敏捷,具备吃苦耐劳的品质。李琪知道这场营销战关乎阿里巴巴的生死存亡,他毫不犹豫地从马云手中接过帅印。2000年10月"遵义会议"上,马云把所有销售都集中起来,组建了阿里巴巴的直销团队,其中包括:李琪、孙彤宇、李旭辉,然后从阿里巴巴的市场部直接抽出9个人。在这支9人的拓荒队伍中,除了李旭辉之外,其他人都不懂销售也没做过销售。在战争中学习战争,这是阿里巴巴的一贯作风。李旭辉是这场销售大战的关键人物之一。李旭辉来自台湾,是做销售出身的,2000年年底正式加入阿里巴巴。马云一开始邀请他是为了开拓台湾市场,阿里巴巴实施3个"BTOC"战略之后,他被调到大陆参与销售培训,后来又被李琪留在大陆参与指挥销售之战至今。销售大战初期,李旭辉负责华东地区,后来负责全国。这支直销团队实际上有3员大将。李琪总管,孙彤宇做后台,李旭辉做前台。这个格局一直维持到两年之后孙彤宇去做淘宝网。

2000年年底开始,中国供应商开始从外面招人组建一支30人的直销团队,后来这支队伍扩充到80人。之后直销团队的扩充非常快,队伍又从80人发展到100人、300人、500人,今天这支直销队伍已经突破1000人。阿里巴巴把招募直销员的原则定为:企业文化第一,价值观第一,然后才是能力。

按照常理来说,大战在即,阿里巴巴正是用人之时,直销团队招人应该优先那些有销售经验和手中掌握客户的人,但是马云却不这样认为。马云认为价值观比销售经验重要:"你可以带来客户,也可以带走客户,如果你不能接受阿里巴巴的价值观,不能和阿里巴巴的团队配合,即便你能带来100万的销售收入,阿里巴巴也不要。"当时要想招到能够接受阿里巴巴价值观,有良好创业心态的直销员还是有难度的。2001年,由于阿里巴巴当时的知名度已然很高,慕名而来应聘直销员的人不少,但是人们前来应聘的目的各有不同,很多人期望能得到好的环境设备和高薪。但实际情况是,阿里巴巴销售环境简陋工资也不高,这让很多人颇感失望。最后,经过李琪等人的努力,阿里巴巴招到了一批有共同创业心态并认同公司价值观的人。

马云说:"最近这两年我们在培养员工、培训干部上花了大把的钱。有人问公司先赚钱再培训还是先培训再赚钱?我们提出'YES'理论,既要赚钱也要培训;问要听话的员工还是要能干的员工?我说'YES',他既要听话也要能干;问你们是玩虚的还是玩实的?我说'YES',我们既玩虚的也玩实的。我们这样要求员工,他们的素质就会不一样。有人问制度重要还是人重要?我们说都重要,必须同步进行。如果说公司要以赚钱为目标,那就麻烦了。我们说为赚钱而赚钱那一定会输。我们公司所有的策略、战略都基于价值观。如果我们新来的员工业绩不好,没关系,如果违背我们的价值观去骗客户,好,你就一句话也不要讲了。"

阿里巴巴不是把人招来就让他去卖产品而是先进行培训。每个招来的销售人员都要到杭州总部接受1个月的培训,培训期间每人800元工资管吃管住。培训结束后分到各地办事处实习两个月,实习期间还要参加考试。

一开始培训班叫做销售培训班,后来李琪把它改成"百年大计"。培训新员工的"百年大计"与培训干部的"百年阿里",再加上培训客户的"百年诚信",共同组成了阿里巴巴完整的培训体系。"百年大计"的培训内容首先是价值观,其次才是销售技巧。培训班由阿里巴巴自己主办,公司高层几乎全部参与讲课。"百年大计"的培训效果是明显的,经过培训,新员工不仅了解了阿里巴巴的历史和文化,而且统一了思想、统一了目标,也增强了信心。

在阿里巴巴的销售培训课堂上,马云说:"我们要求销售人员出去时不要盯着客户口袋里的5元钱,你们要负责帮客户把口袋里的5元钱变成50元钱,然后再从中拿出5元钱,每一个销售人员都要接受这种培训。如果客户只有5元钱,而你又把钱拿来,他可能就完了,然后你再去找新的客户,那是骗钱。帮助客户成功是销售人员的使命。"

2007年阿里巴巴B2B业务在香港上市,2008年即在全国启动大规模招聘计划。其中仅销售人才就将招聘2000余名,这在国内企业中并不多见。马云表示,阿里巴巴对销售人员有一整套的福利政策及培养计划,培养一个销售新人的费用达到5万元。按2000人招聘计划预算,B2B公司将为此次招聘支付1亿元的培养费用。阿里巴巴这次计划招聘的2000余名销售人员均要求有大专以上学历及1年以上直销经验。入职第1个月,阿里巴巴销售人员即带薪参加阿里巴巴"百年大计"培训,培训各项总成本人均2万元。此外,销售主管将陪同销售新人一同拜访客户帮助销售新人快速成长,而对于从事销售1年以上、业绩好、有管理潜质的员工,阿里巴巴将培养其成为管理人员。

马云之所以全力打造自己的营销团队,因为他明白在未来的商业时代,谁具备营销实力谁才能永远走在商业的前沿。

9.正视问题，别把灾难当公关

马云说："错了、承认、修改，这玩意儿说大不大，说不大却又可能会出生命危险的问题。"马云非常欣赏海尔集团张瑞敏的管理理念。当年的张瑞敏砸了海尔的冰箱，他砸冰箱不是给别人看的，而是表明自己的态度，坏了就是坏了，企业要勇于正视。马云主张对于类似错误不要用公关手段来处理，而是要从根本上来解决它，最后把错误变成优势。在马云眼里，公关不是目的，解决问题才最重要。

张瑞敏为什么要把冰箱砸掉？事情还得从头说起。1985年，一位用户向海尔集团反映，海尔生产的某批次电冰箱有质量问题。于是张瑞敏突击检查了仓库，发现仓库中不合格的冰箱还有76台。

当时研究处理办法时，有人提出意见将问题冰箱作为福利处理给本厂的员工。就在很多员工十分犹豫时，张瑞敏做出了一个惊人决定：开一个全体员工的现场会，把76台冰箱当众全部砸掉！而且，由生产这些冰箱的员工亲自来砸。

听闻此言，许多老工人当场就流泪了，要知道，那时候别说"毁"东西，企业就连开工资都十分困难。况且，在那个物资紧缺的年代，不要说是正品，就是次品也要凭票购买。如此"糟践"东西，大家十分心疼，甚至连海尔的上级主管部门都难以接受。但张瑞敏说："如果忽视这些产品，就谈不上质量意识！我们不能用任何姑息的做法，来告诉大家可以生产这种带缺陷的冰箱，否则今天是76台，明天就可以是760台、7600台……所以必须实行强制办法，必须要有震撼作用！"张瑞敏不变初衷。结果伴随着那阵阵巨响，真正砸醒了海尔人的质量意识！从此，在家电行业，海尔人砸毁76台不合格冰箱的故事就传开了！至于那把著名的大锤，海尔人把它摆在了展览厅里，让每一个新员工参观时都牢牢记住它。1999年9月28日，张瑞敏在上海《财富》论坛上说："这把大锤对海尔今天走向世界是立了大功的！"

在产品依然紧缺时，海尔就知道次品除了被淘汰，毫无出路。任何企业要走品牌战略的发展道路，质量永远是生存之本。所以海尔提出："有缺陷的产品就是废品！"而海尔的全面质量管理，推广的不是数理统计方法，而是提倡"优秀的产品是优秀的员工干出来的"，从转变员工的质量观念入手实现品牌经营。

马云与张瑞敏的经历有一定的相似之处，阿里巴巴也曾出现过类似的危机。

"招财进宝"是淘宝网历时半年时间研发出来的，并于2006年5月10日推出，为竞价排名服务。它是淘宝网为愿意通过付费推广，而获得更多成交的卖家提供的一种增值服务。然而，淘宝网的这个服务并没有获得人们的认可，还酿成了一次大的风波。在"招财进宝"推出的短短20天内就有6000多名卖家在网上签名，声称要在6月1日集体罢市。

马云立即发表署名文章，就淘宝网和淘友们沟通上存在的问题向卖家们道歉。与此同时，淘宝网还对"招财进宝"的价格进行调整。马云对此事进行了解释，由于淘宝网卖家增长非常快，推出这项服务是希望让新的卖家获得平等的竞争机会。但是有的网友却认为淘宝网此举恰恰违反了公平原则。2006年5月29日，马云又在淘宝论坛上以风清扬的署名发了一篇帖子。在帖子中，马云再次阐述了淘宝网"招财进宝"的根本初衷。马云说，推出"招财进宝"原本是想帮一些网店店主创业更顺利一些。很多店主想给自己的网店做点小投资，让自己的网店效率更高，访问量更大。马云认为这是个小小的投资游戏,是让很多小店主们"小赌怡情"一把的功能而已,与淘宝推出的其他功能没多大区别。而淘宝网现在每天的在线产品已经超过了2800万件,未来3年内将会有5000万~8000万件。如果没有好的管理办法,将会严重影响用户的满意度。马云觉得淘宝网一定要做些大胆的尝试,绝不是出于钱的考虑。

马云解释说,自己没想到这事会产生这么大的反效果,他觉得淘宝网确实有很多地方做得不够好。产品本身不够完善,沟通也不够及时,他多次向卖家们表示深深的歉意。他真诚地恳求大家给他一个机会。

其实,"招财进宝"受到抵制主要是因为淘宝网与顾客之间出现了沟通危机。很多人在参与调查的时候还都没用过,一听说是收费,就认为凡是收费都是不好的。好在马云并没有一味地解释下去,相反,他做出了一个惊人的决定,由网民投票决定"招财进宝"的生死。2006年6月12日,经过10天的网民投票,38%的用户支持,61%的用户反对,于是,马云义无反顾地"砸掉"了自己的产品。这样的举动和当初张瑞敏挥锤砸掉不合格冰箱一样。在这次危机中,马云并没有运用公关手段来拯救"招财进宝",而是采取了积极的行动,毅然决然地取消了"招财进宝"。

对于危机公关,马云有自己的看法。马云给很多创业者一个建议:"千万别把灾难当公关看",经营者出现质量问题也不要觉得自己可以通过告诉媒体"挽救"回来。马云认为,质量问题就是质量问题,必须正面解决,而公关只是一个副产品,是你解决了以后它逐渐传出去的,而不是召开新闻发布会进行宣讲的。